РУДОЛЬФ КОТЛИКОВ

АЛЬБОМ ФОТОГРАФИЙ

БИБЛИОТЕКА АЛЬМАНАХА «СЛОВА, СЛОВА, СЛОВА»

ЧИКАГО, 2016

Фотография – искусство остановить мгновенье

Я шел к этому искусству сквозь неудачи и провалы будто берегли меня на пути к фотографии, и вот однажды как рабкор с производства я попал в престижную двухгодичную школу фоторепортажа при центральном доме журналиста, куда принимали строго по письмам издательств. В то время на факультете журналистики МГУ не преподавали фотографию. При обсуждении дипломных работ пришел мой знакомый фотограф Н И Свищев-Паоло. Ему было тогда 90 лет. Его приняли как свадебного генерала. Он был известен еще с начала века и получал призы на французской выставке. Внешне он выглядел весьма импозантно: громадный берет, толстовка и пышный бант. Он очень любил снимать ню и показывал мне множество снимков на стеклянных пластинках. Он говорил: приведи молодых, вместе поснимаем.

Окончив школу, я трудился в АПН, но скоро перешел в министерство транспортного строительства, где не было бешеной беготни, и я был гораздо свободнее для творческой работы. Я любил снимать портреты и так называемую уличную фотографию: забавные сценки странных людей.

Аппарат всегда со мной дома и в многочисленных поездках. Я участник выставок и даже получил диплом из Австрии за портрет. Живя в Сан-Диего, я имел две выставки. В альбоме представлены снимки разных лет и тематик, а также спортивные фото, близкие мне так как я сам был всю жизнь в спорте.

Надеюсь, это будет любопытно для тех, кто не лишен теплого чувства ностальгии.

Р. Котликов

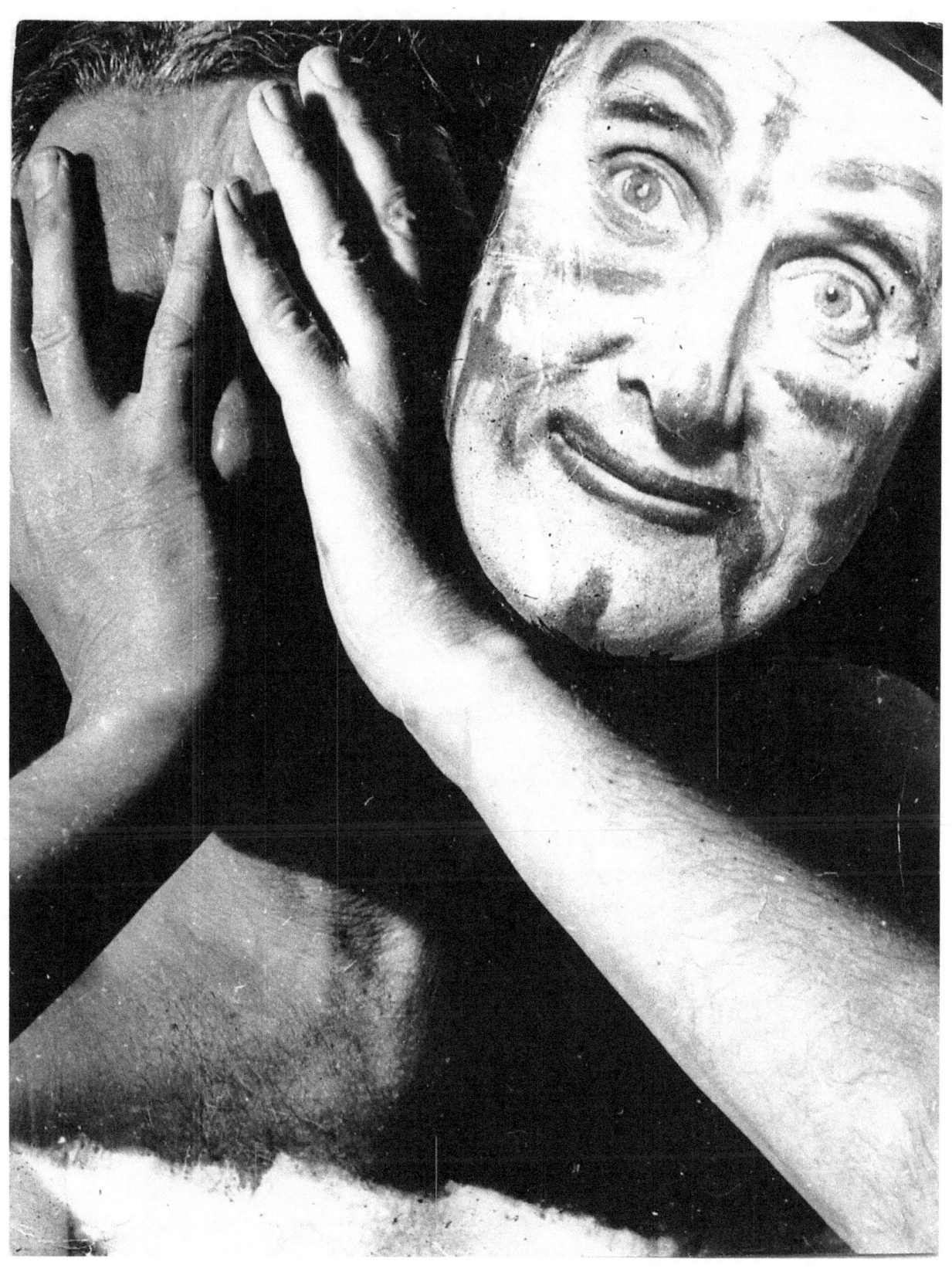

ХУДОЖНИК А.Д. ТИХОМИРОВ (МАСКИ)

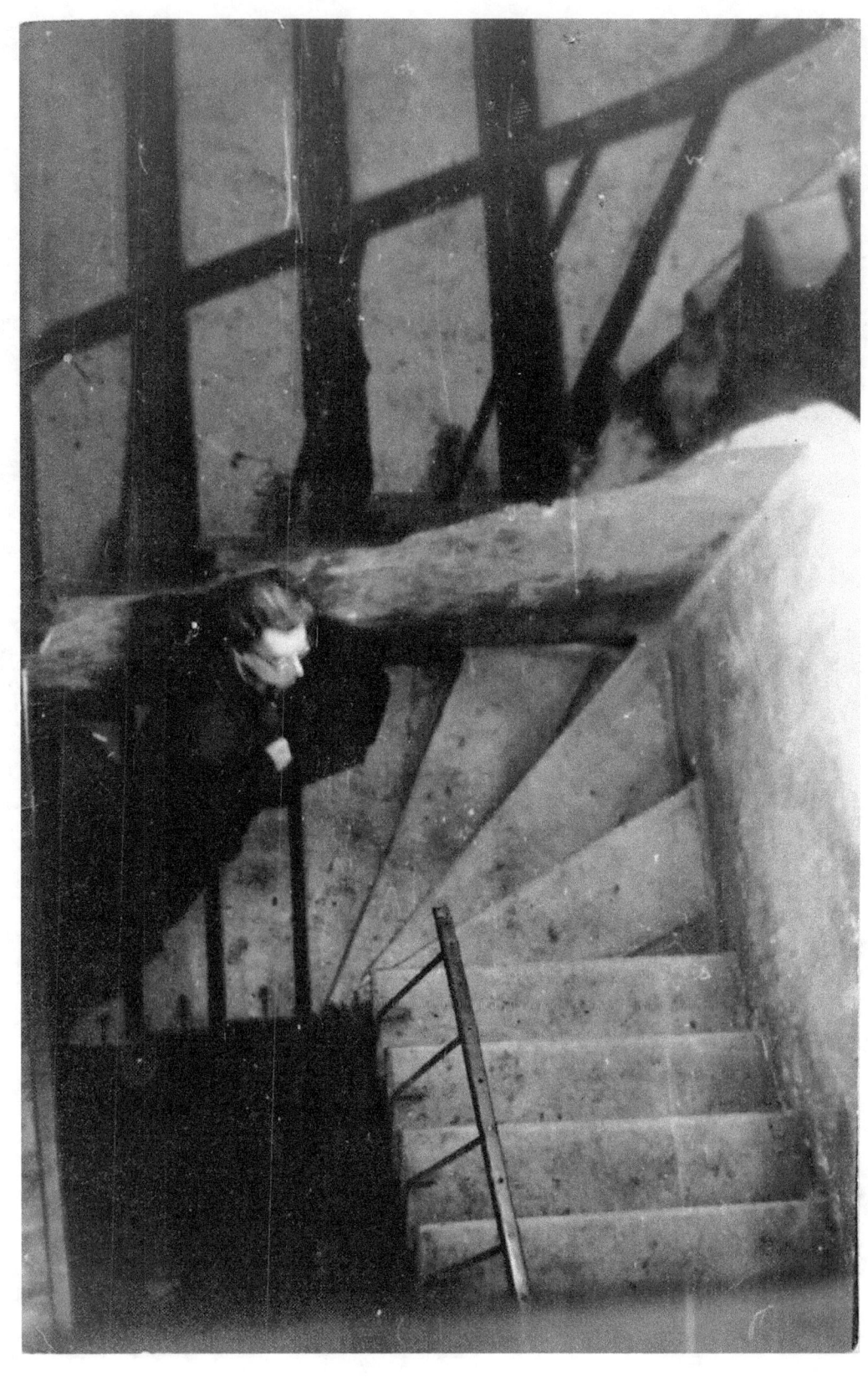

ХУДОЖНИК А.Д. ТИХОМИРОВ (НА ЧЕРНОЙ ЛЕСТНИЦЕ)

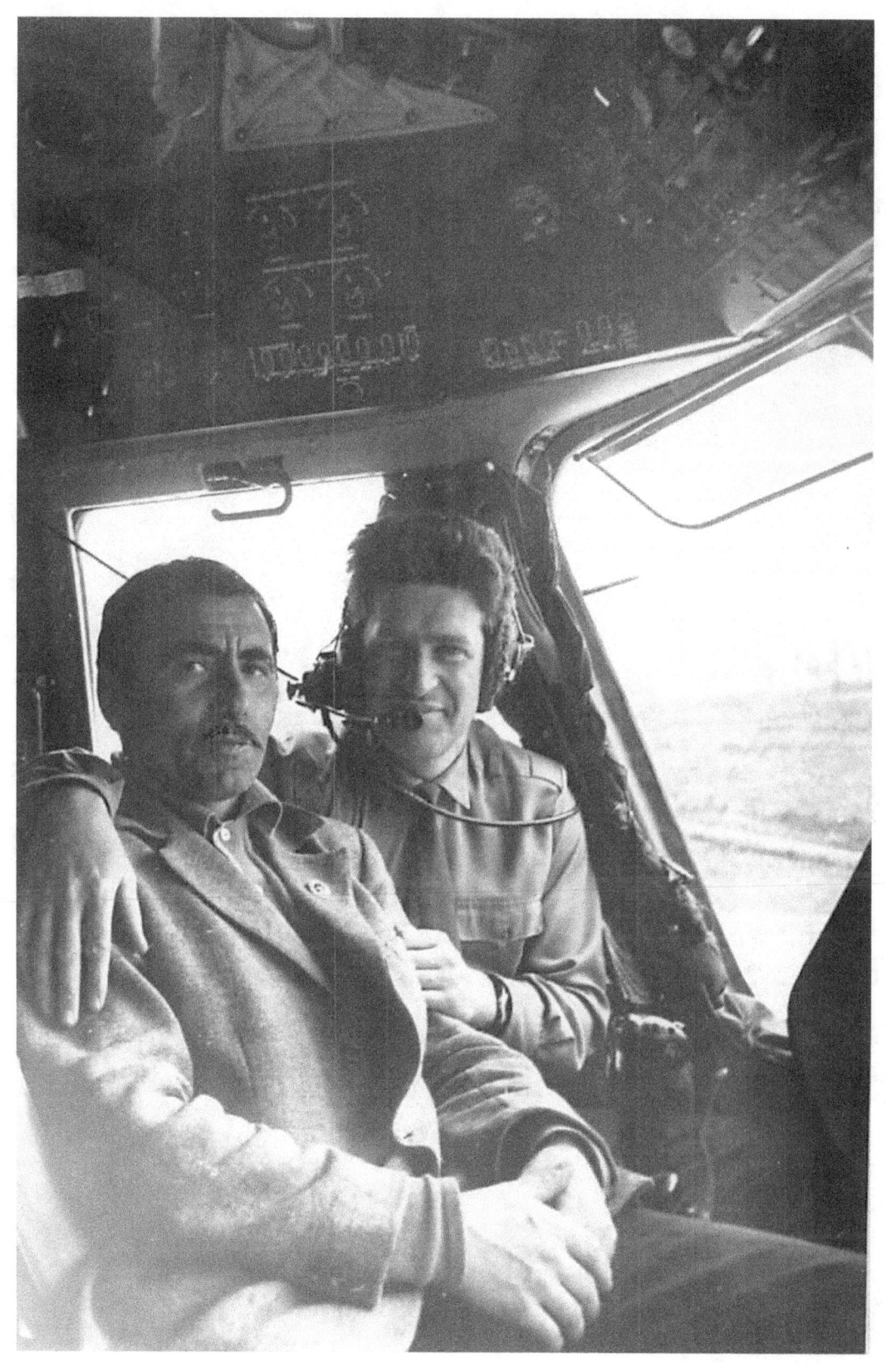

НА БАМе С ПИЛОТОМ Я.Н. МЕЛЬНИКОВЫМ

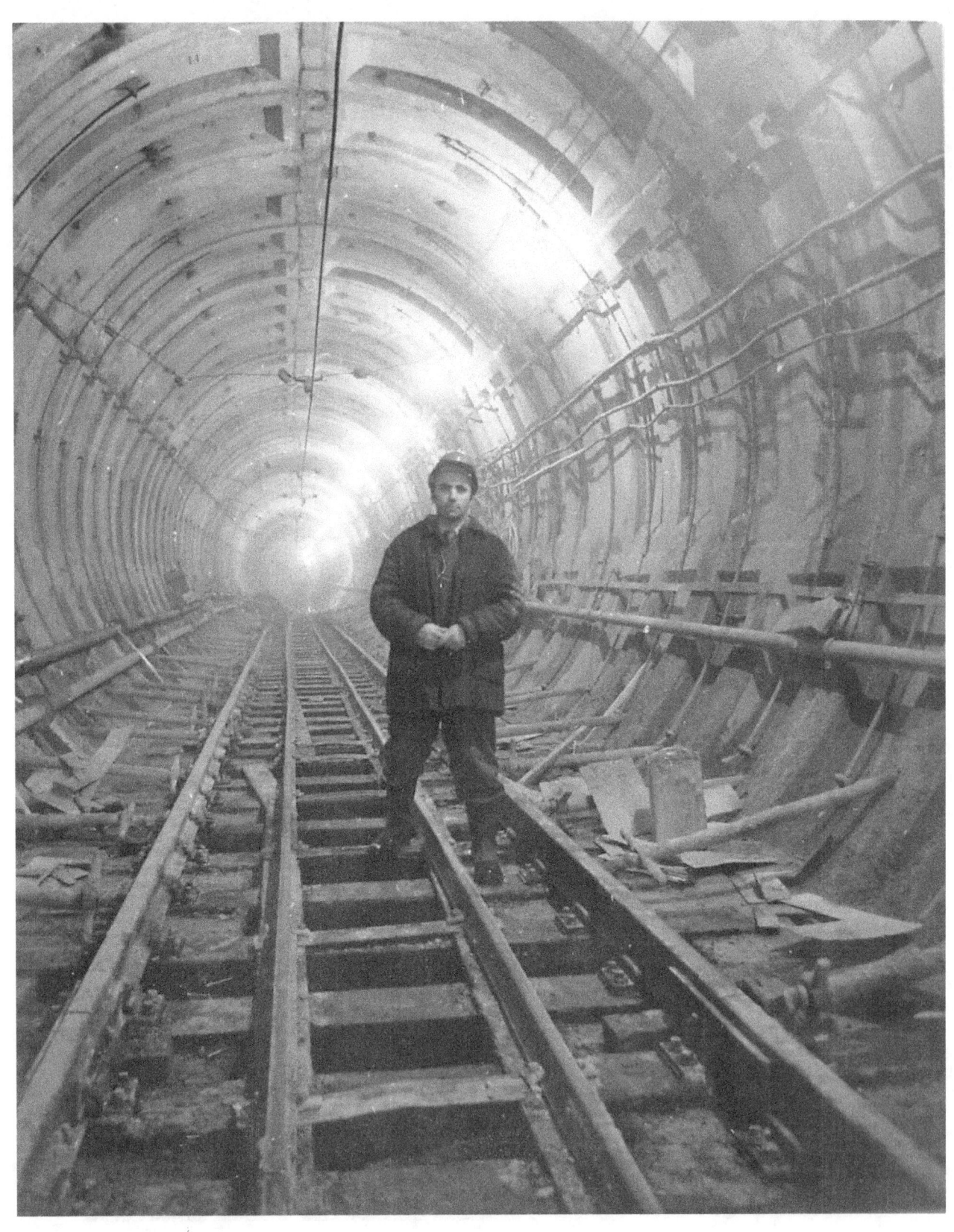

В НОВОЙ ЛИНИИ МЕТРО «КУЗНЕЦКИЙ МОСТ»

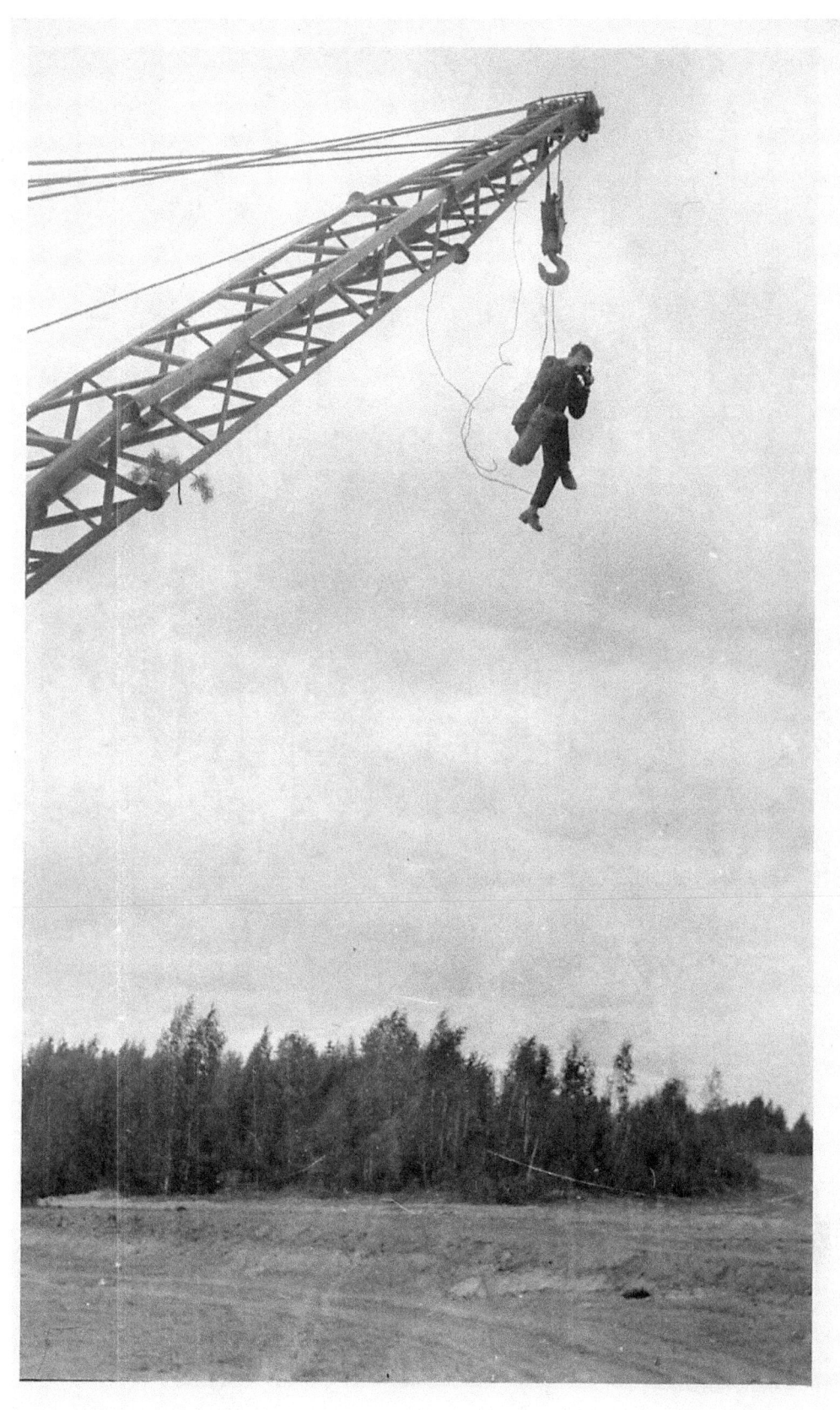

НА СЪЕМКАХ КАНАЛА ВОЛГА-УВОДЬ (1)

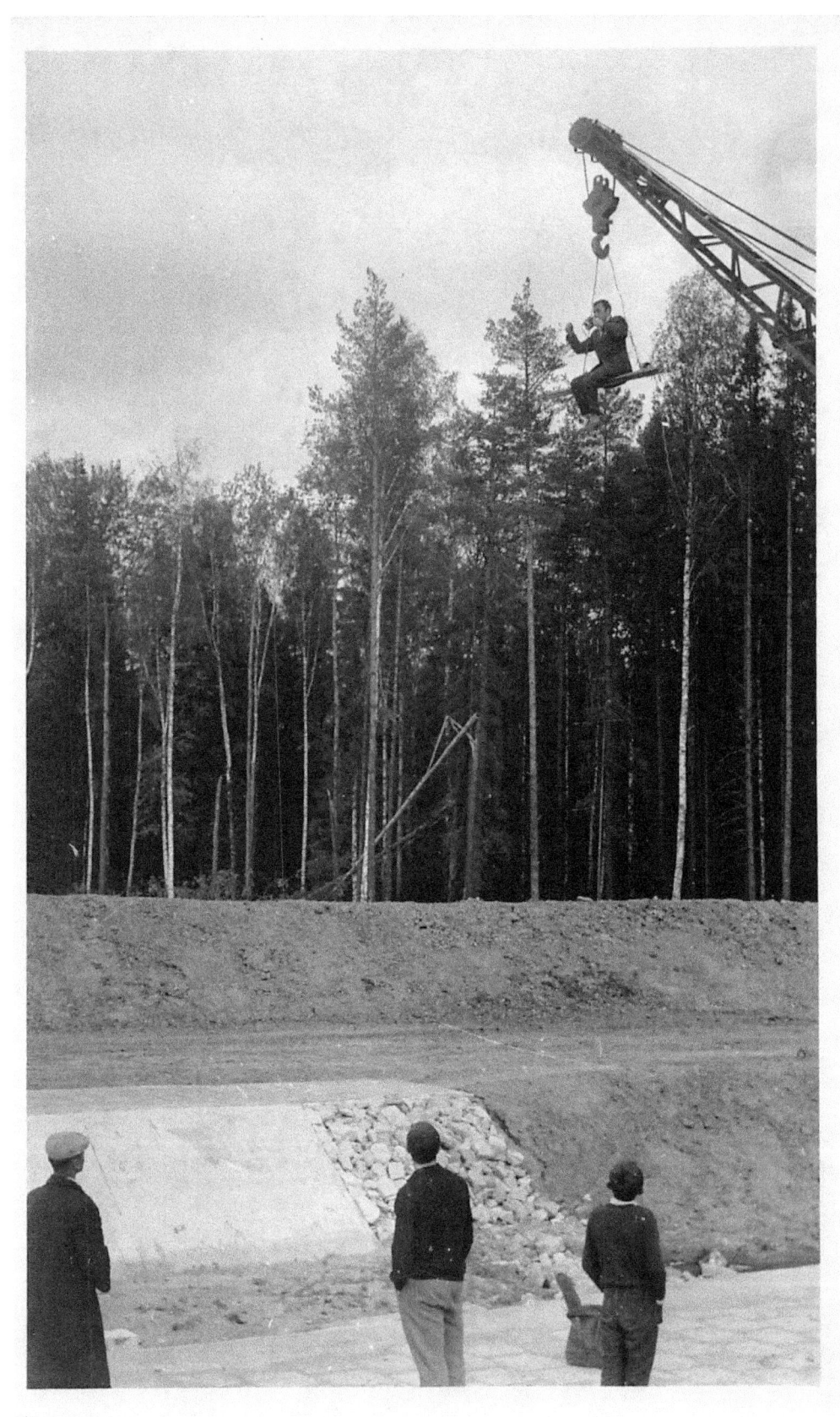

НА СЪЕМКАХ КАНАЛА ВОЛГА-УВОДЬ (2)

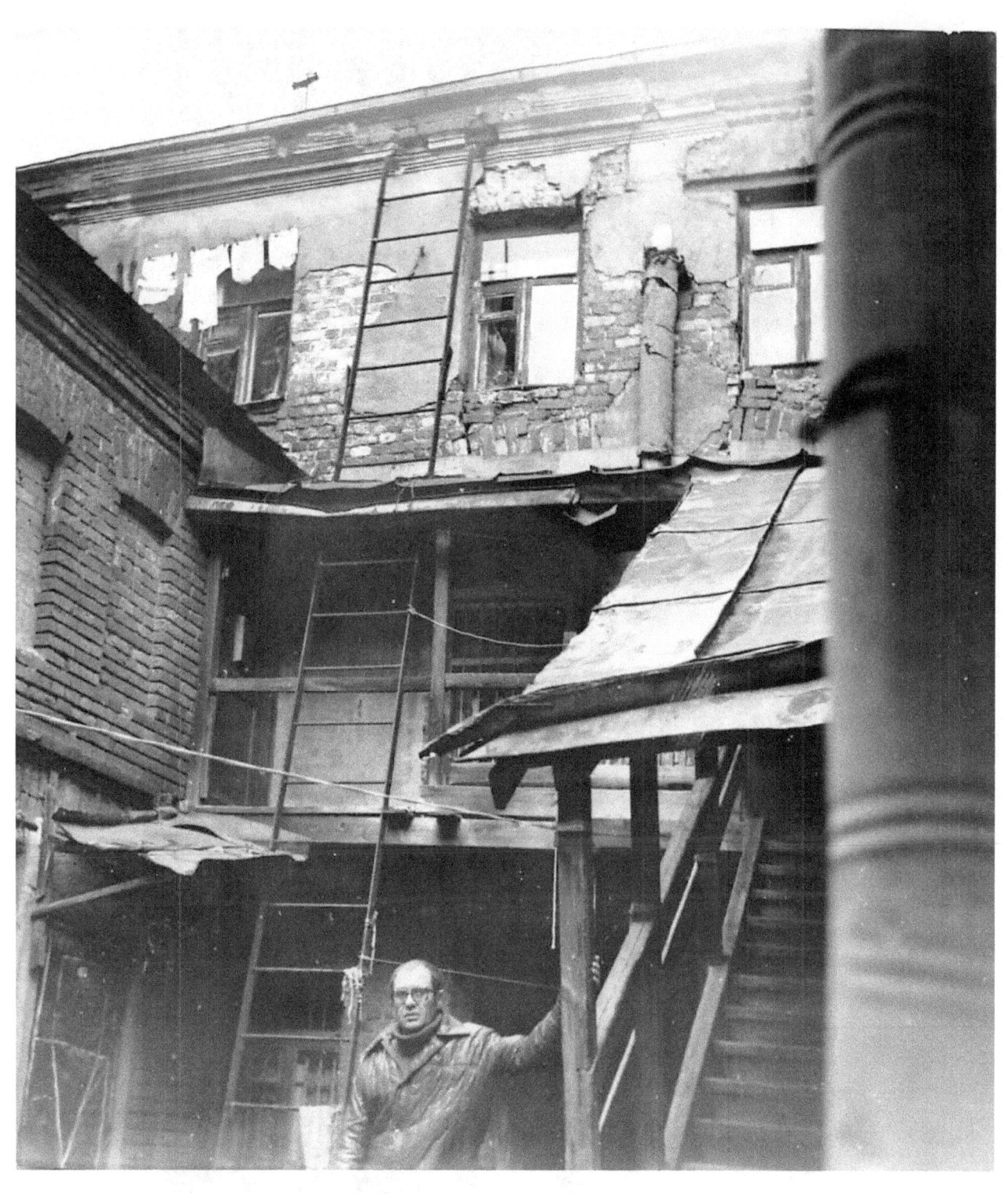

СТАРЫЙ ДВОРИК В МОСКВЕ

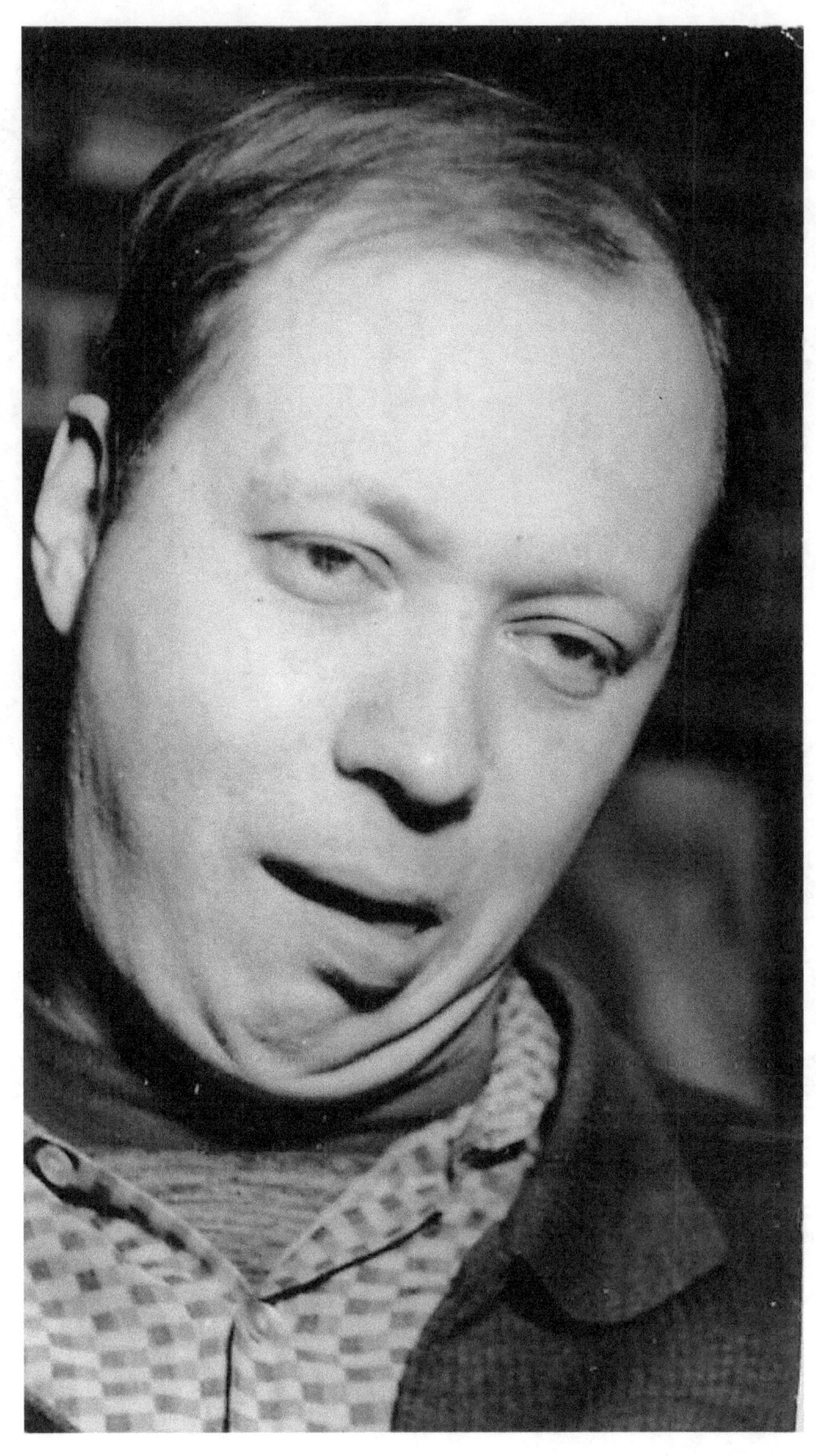

ХУДОЖНИК И МУЗЫКАНТ А.Д.Ж.

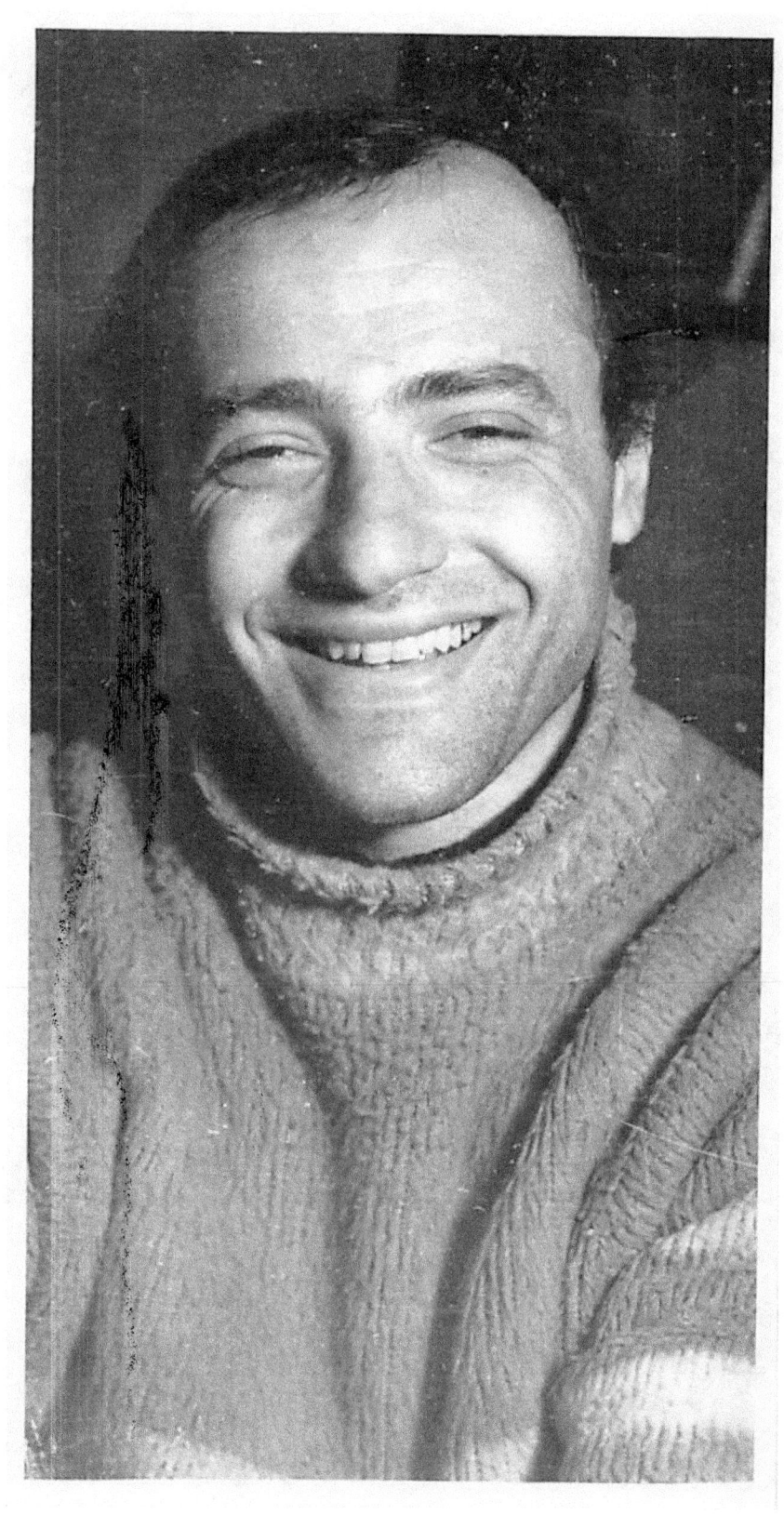

ДОБРАЯ УЛЫБКА (Г. ВАСИН)

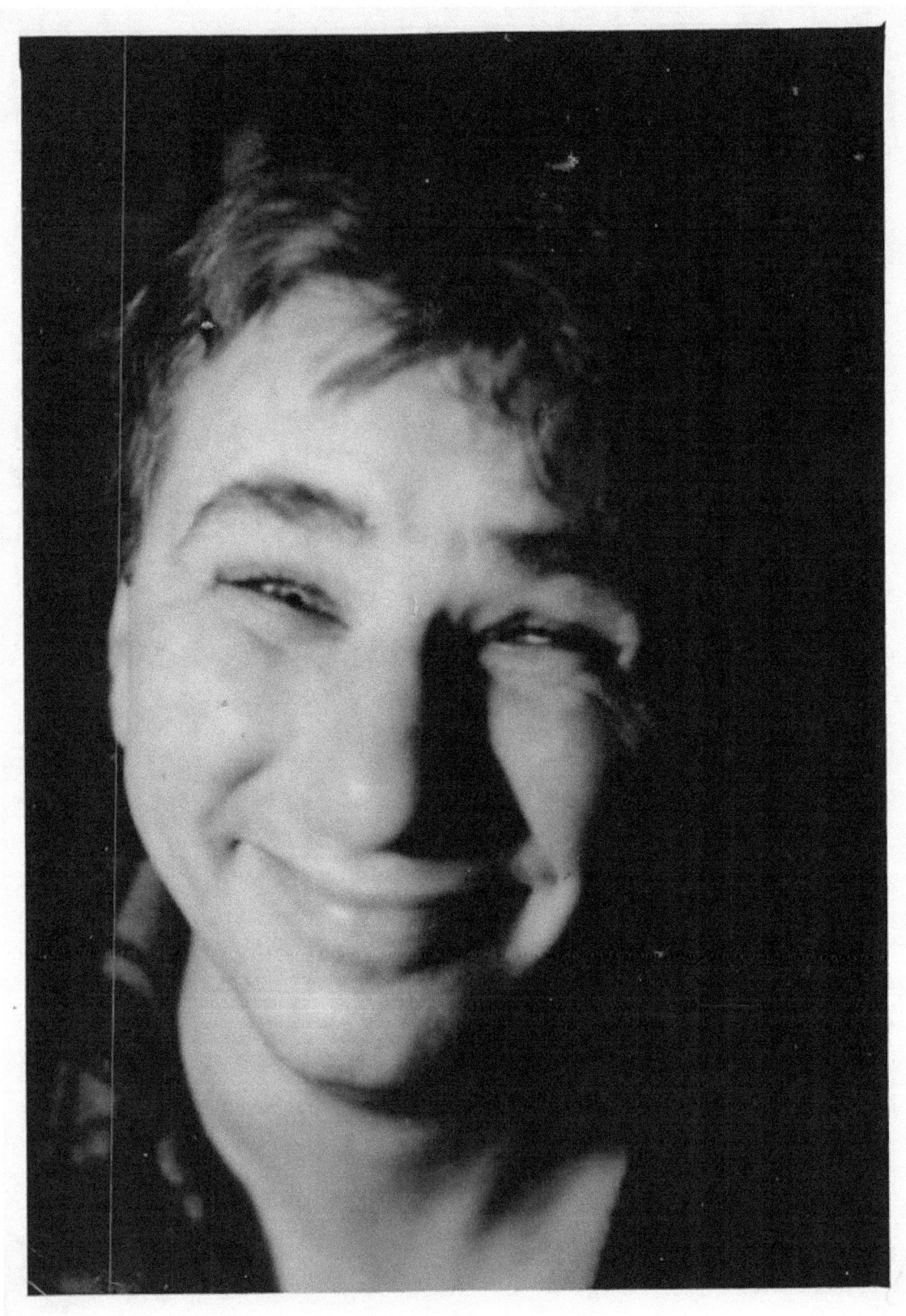

ШКОЛЬНЫЙ ТОВАРИЩ

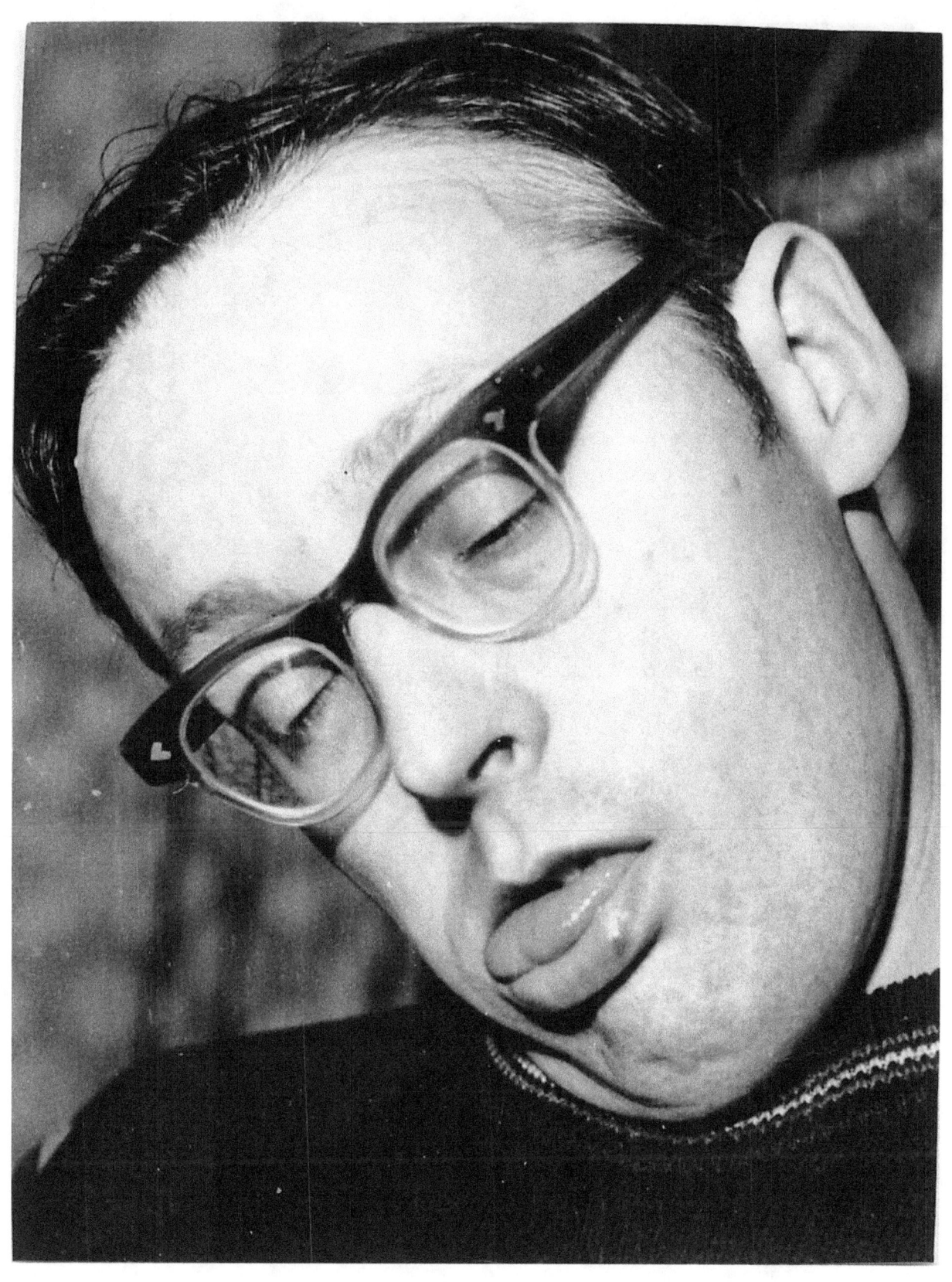

ВОЛОДЯ ЗАДУМАЛСЯ

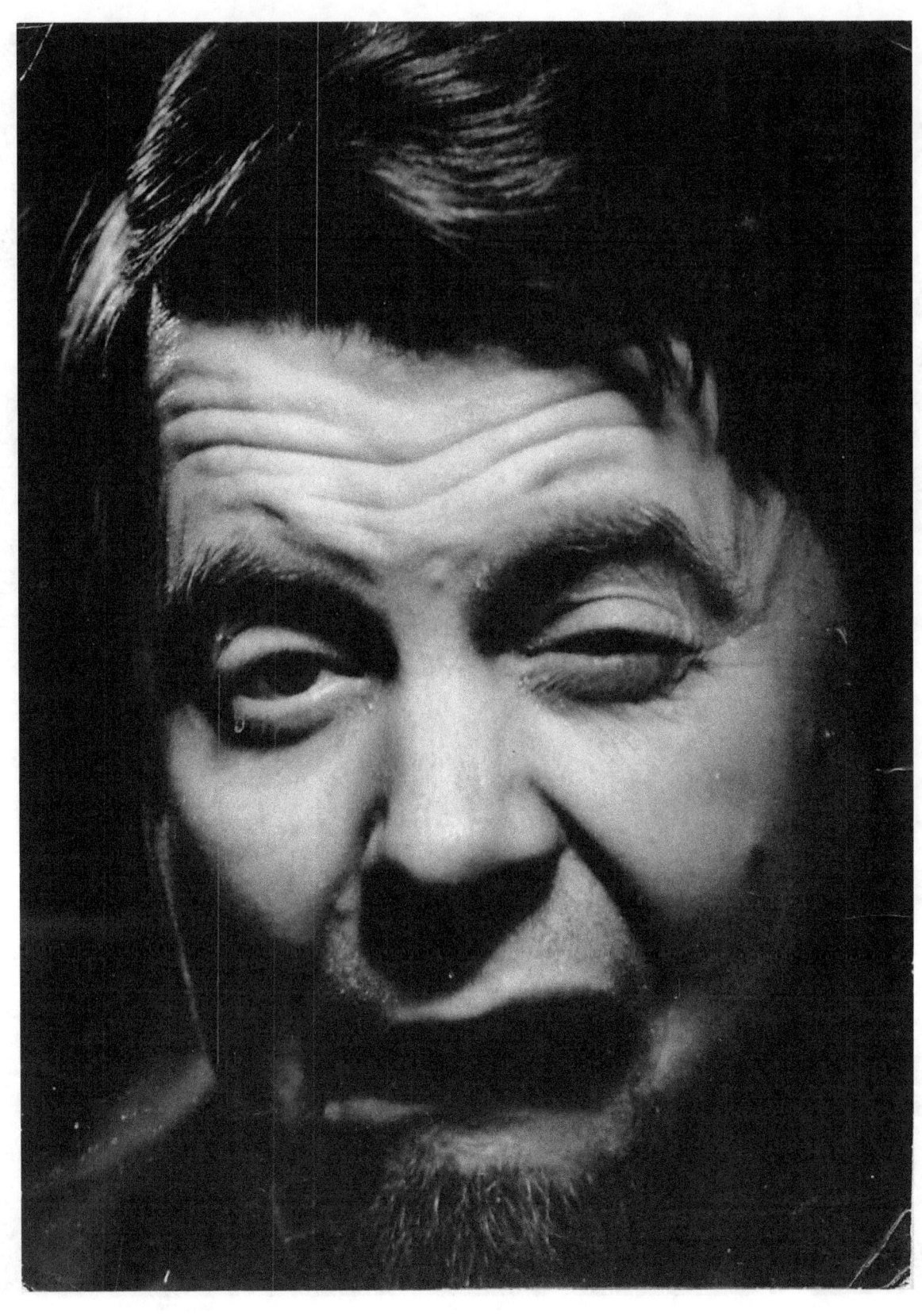

ХУДОЖНИК И ПИСАТЕЛЬ А. БАБАНОВСКИЙ

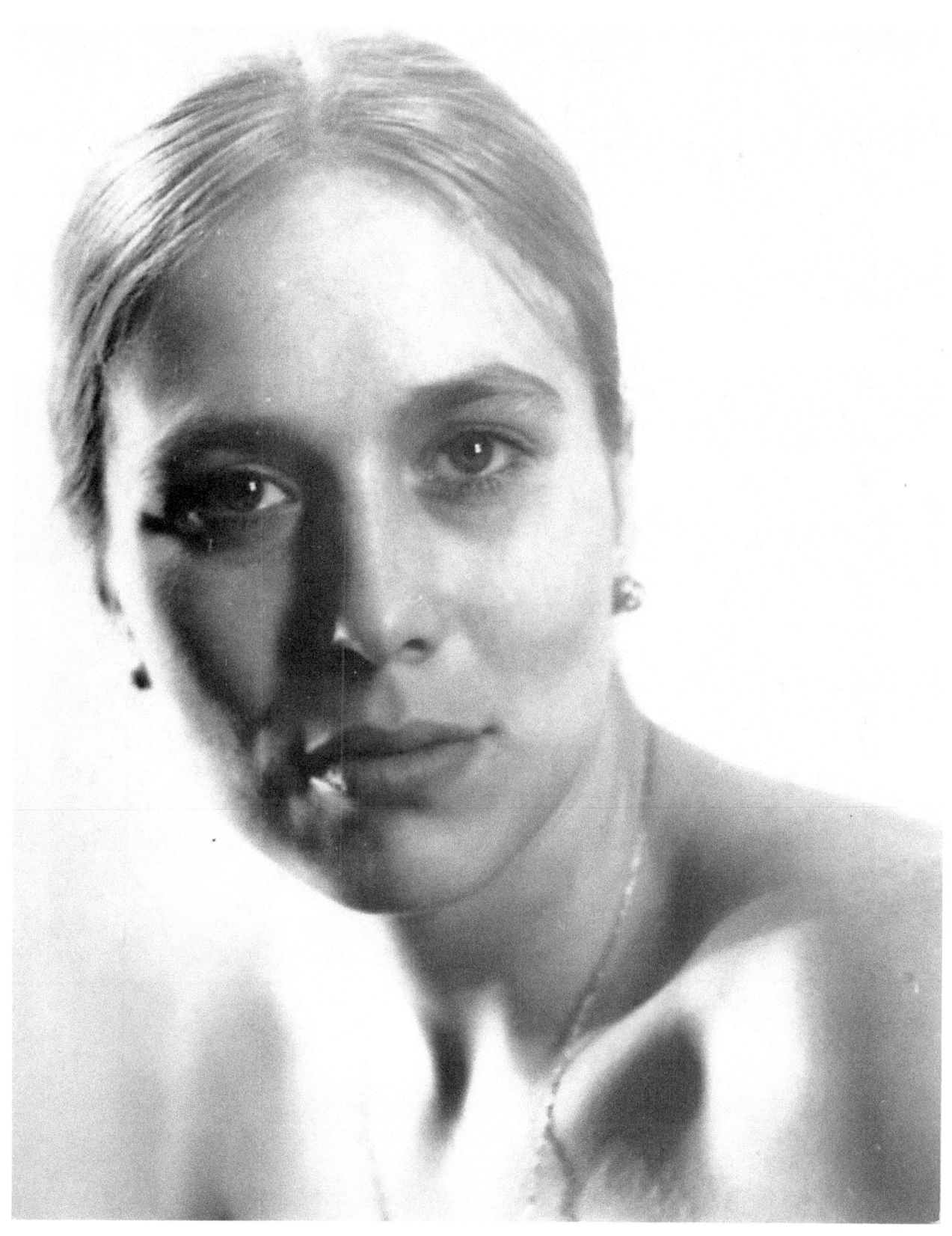

НАТАША (1)

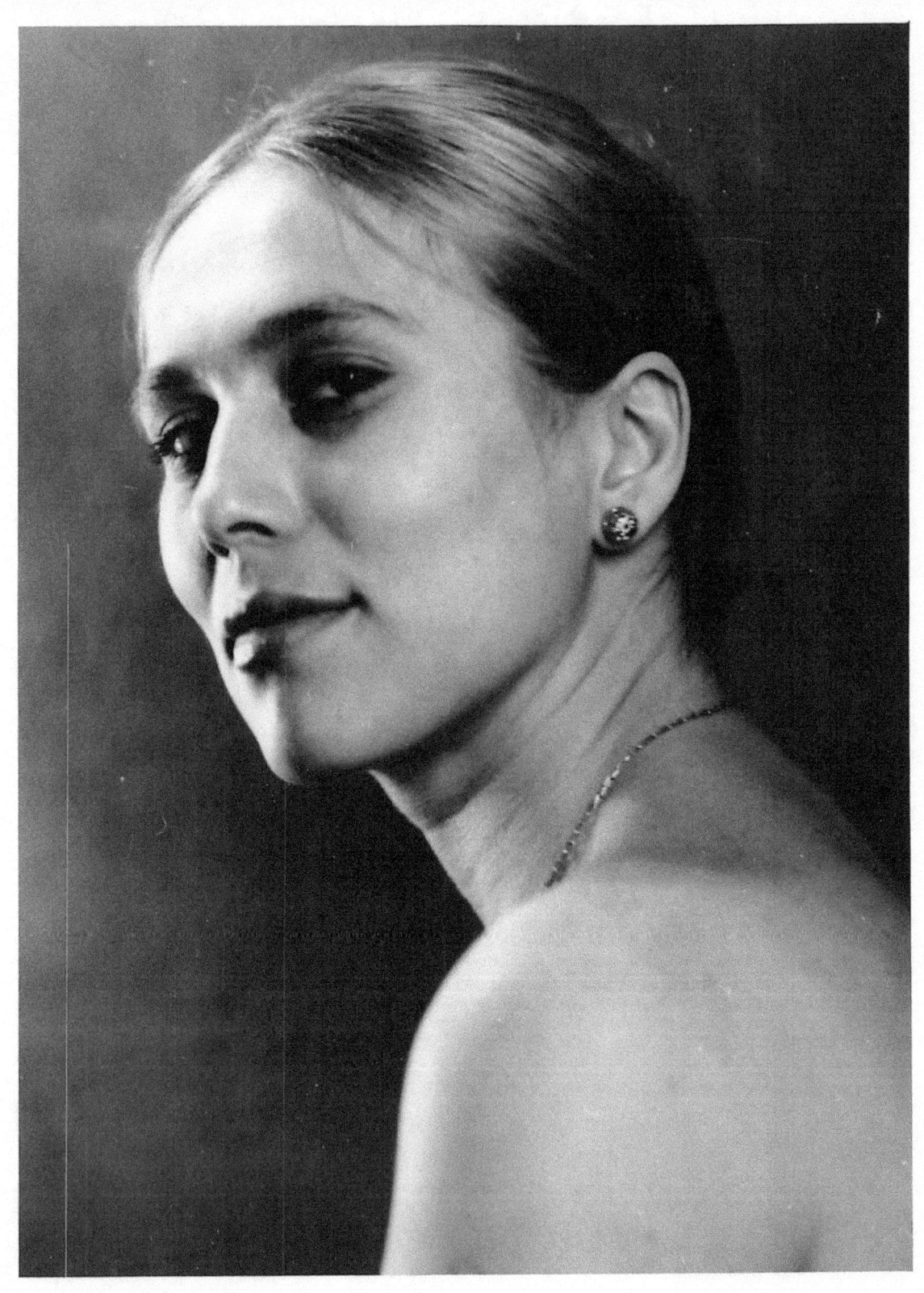

НАТАША (2)

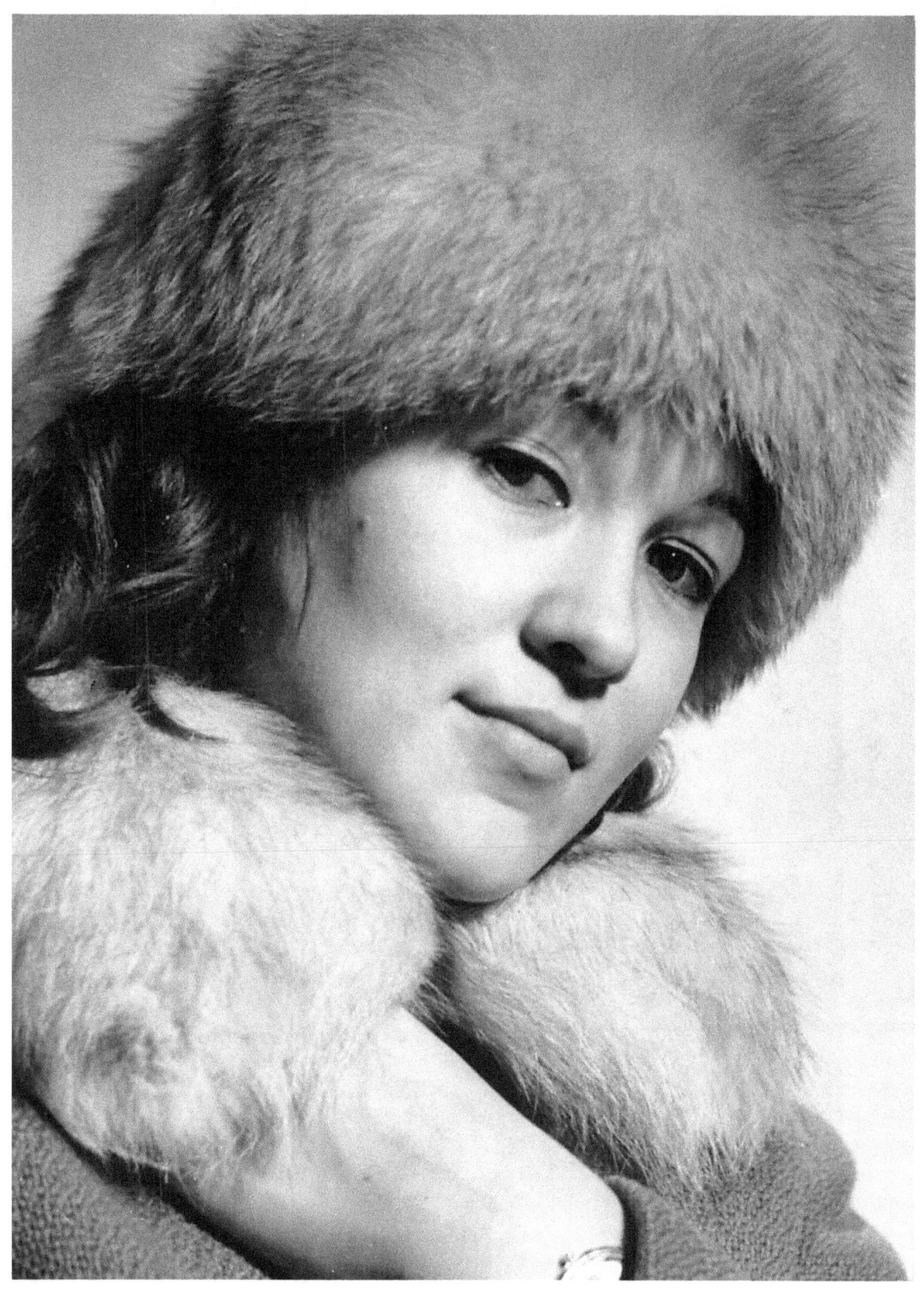

АЛЕНА (1)

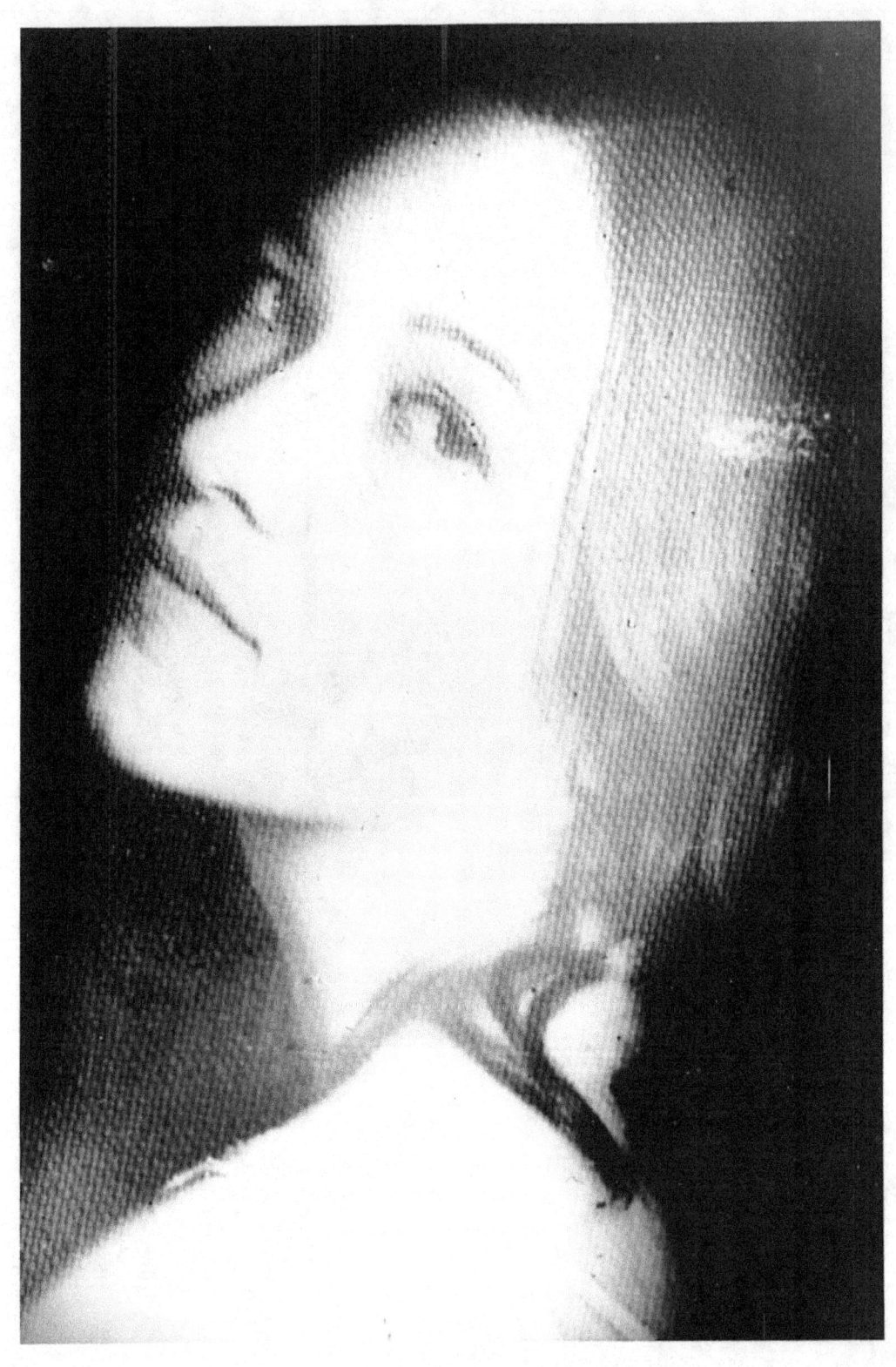

АЛЕНА (2)

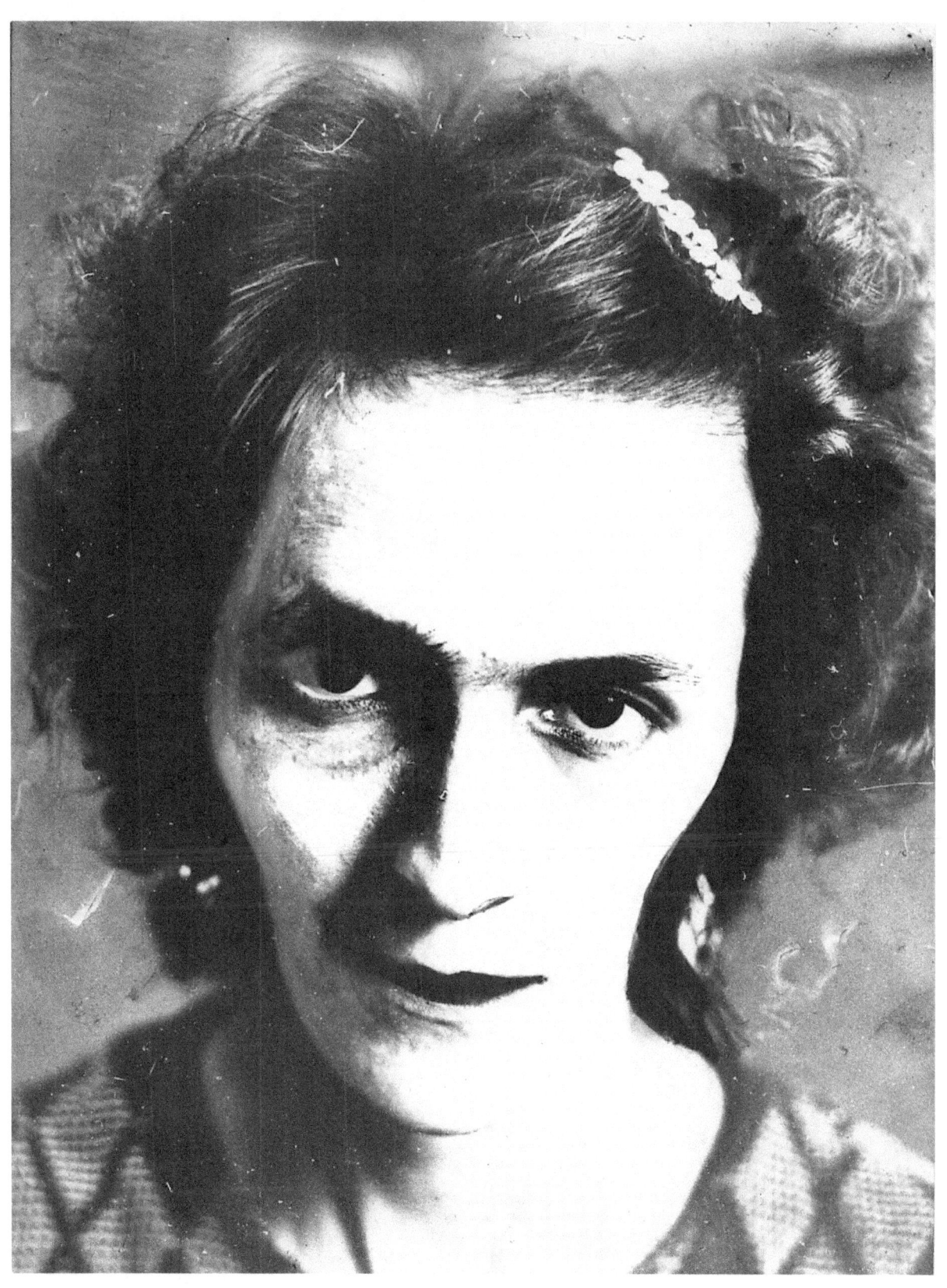

ОЛЬГА ГУК

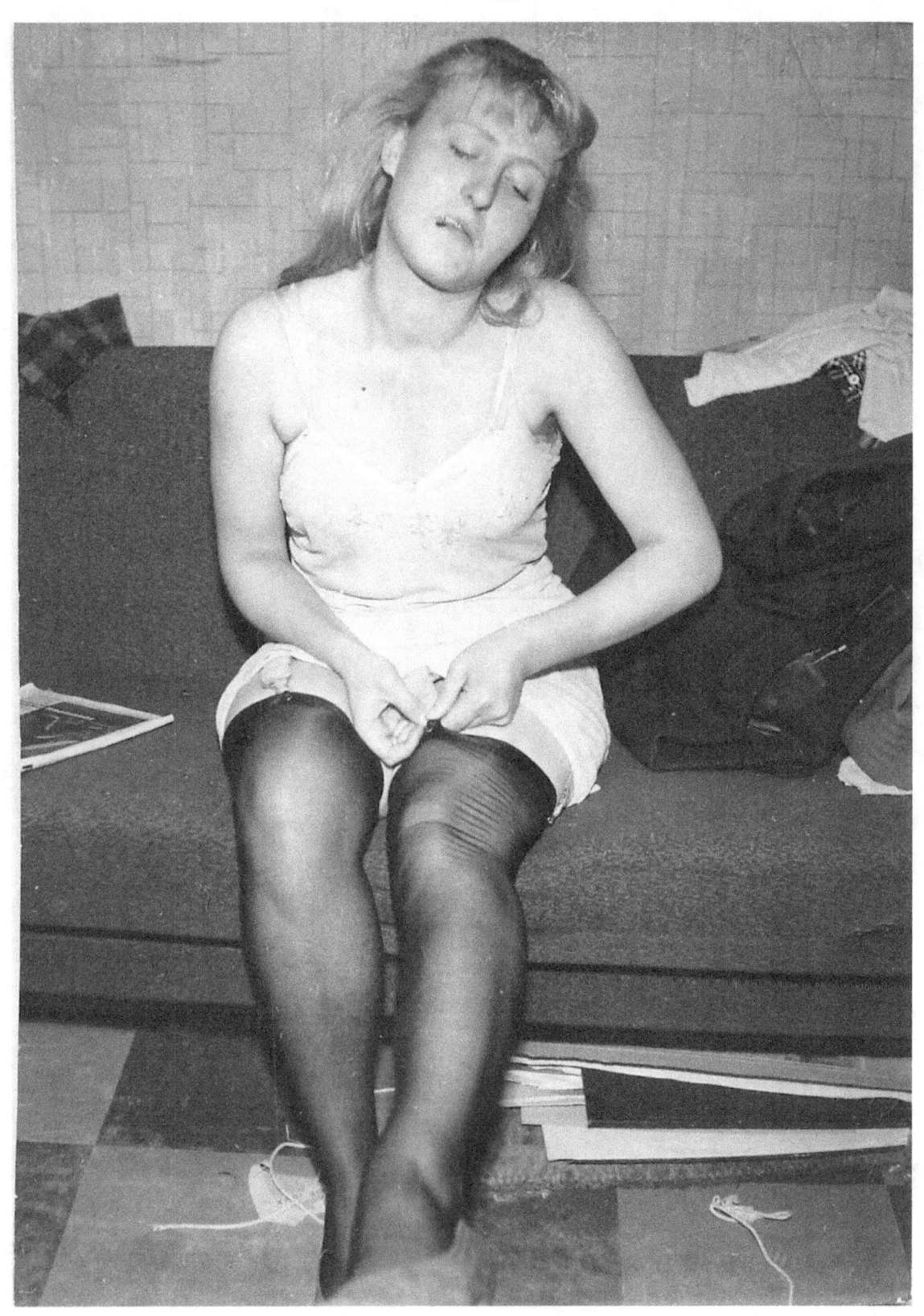

УТРО

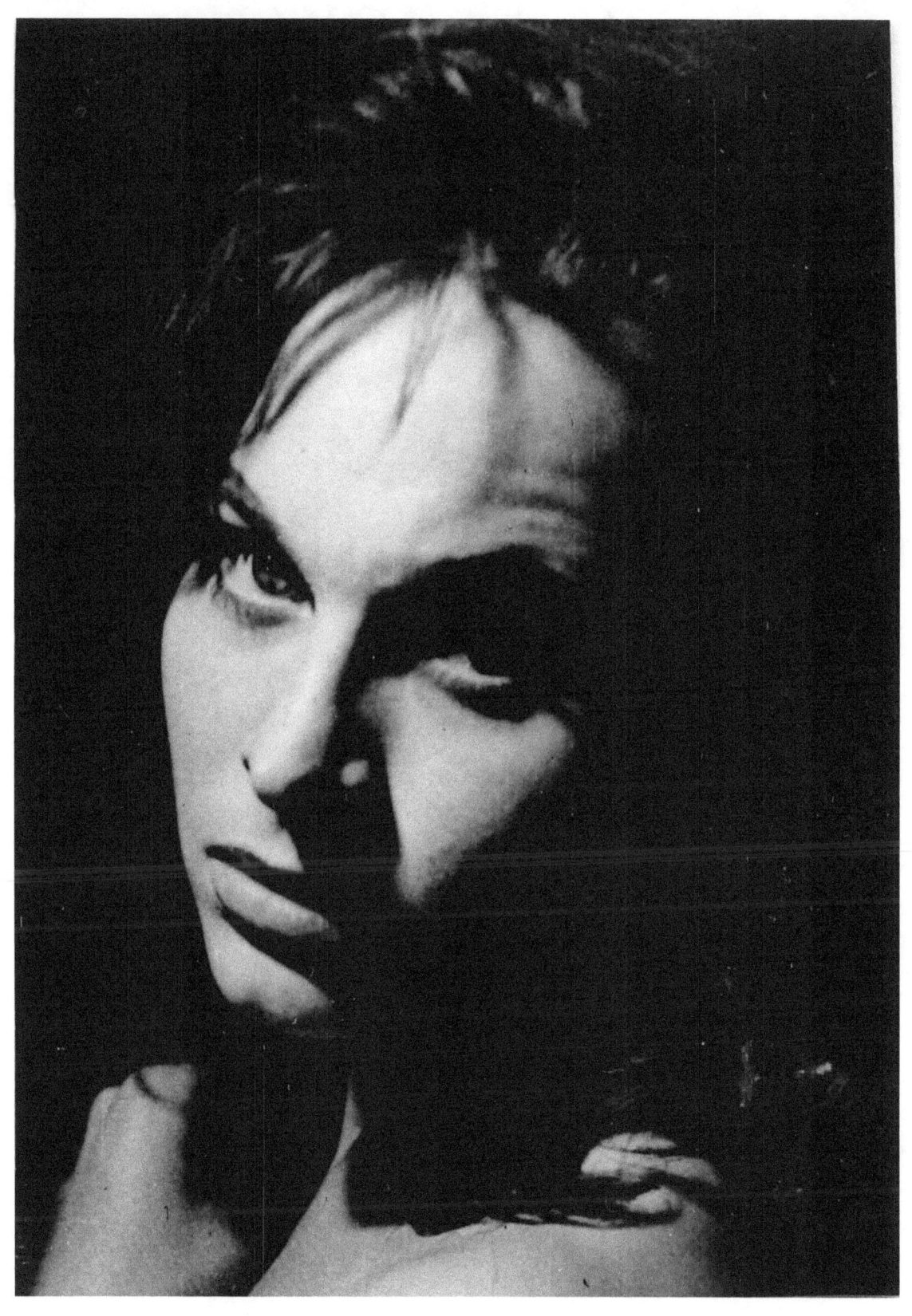

ТАТЬЯНА КОНЬКОВА ПЕВИЦА ОРКЕСТРА ЭДДИ РОЗНЕРА

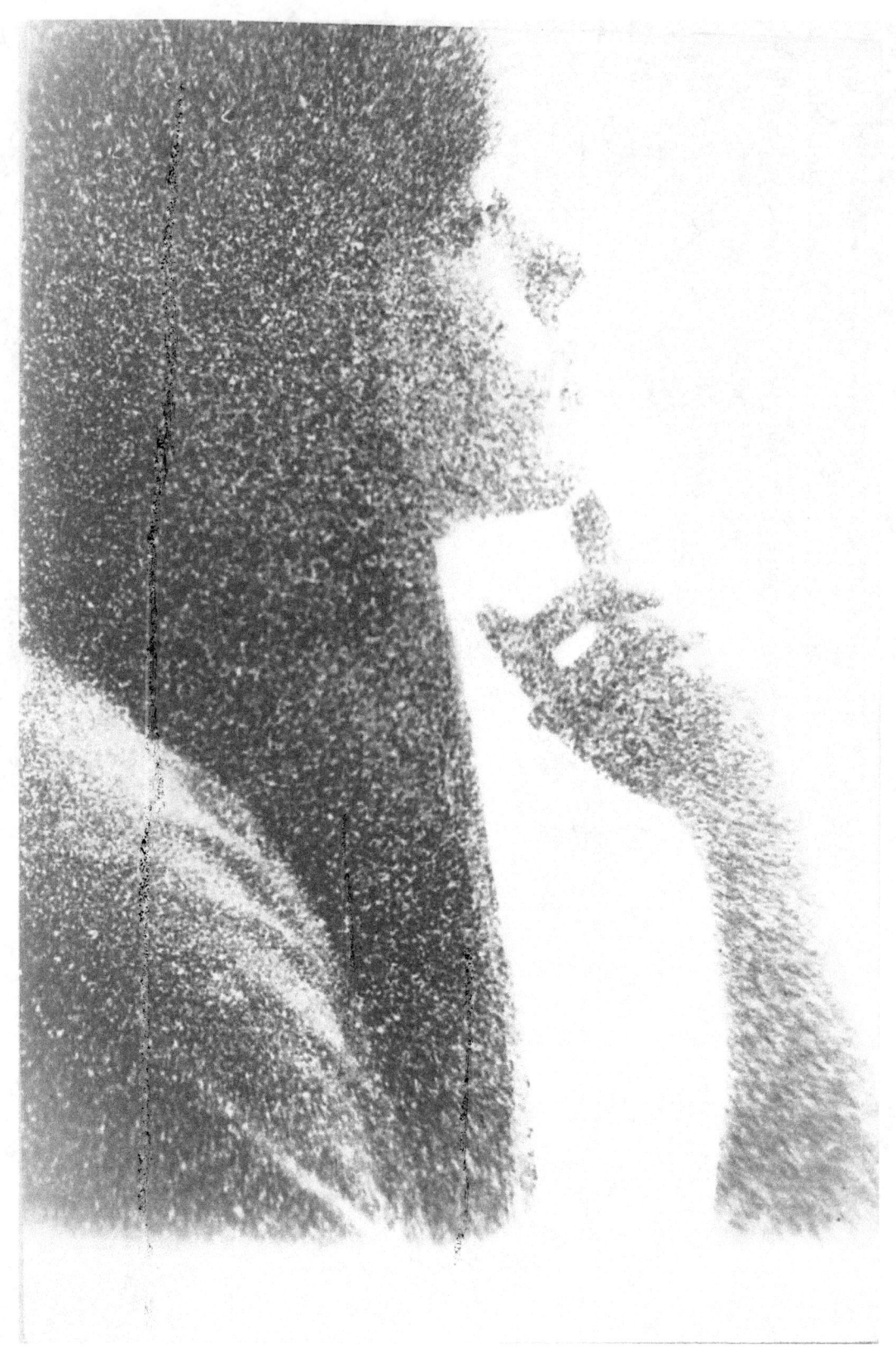

МАРИНА

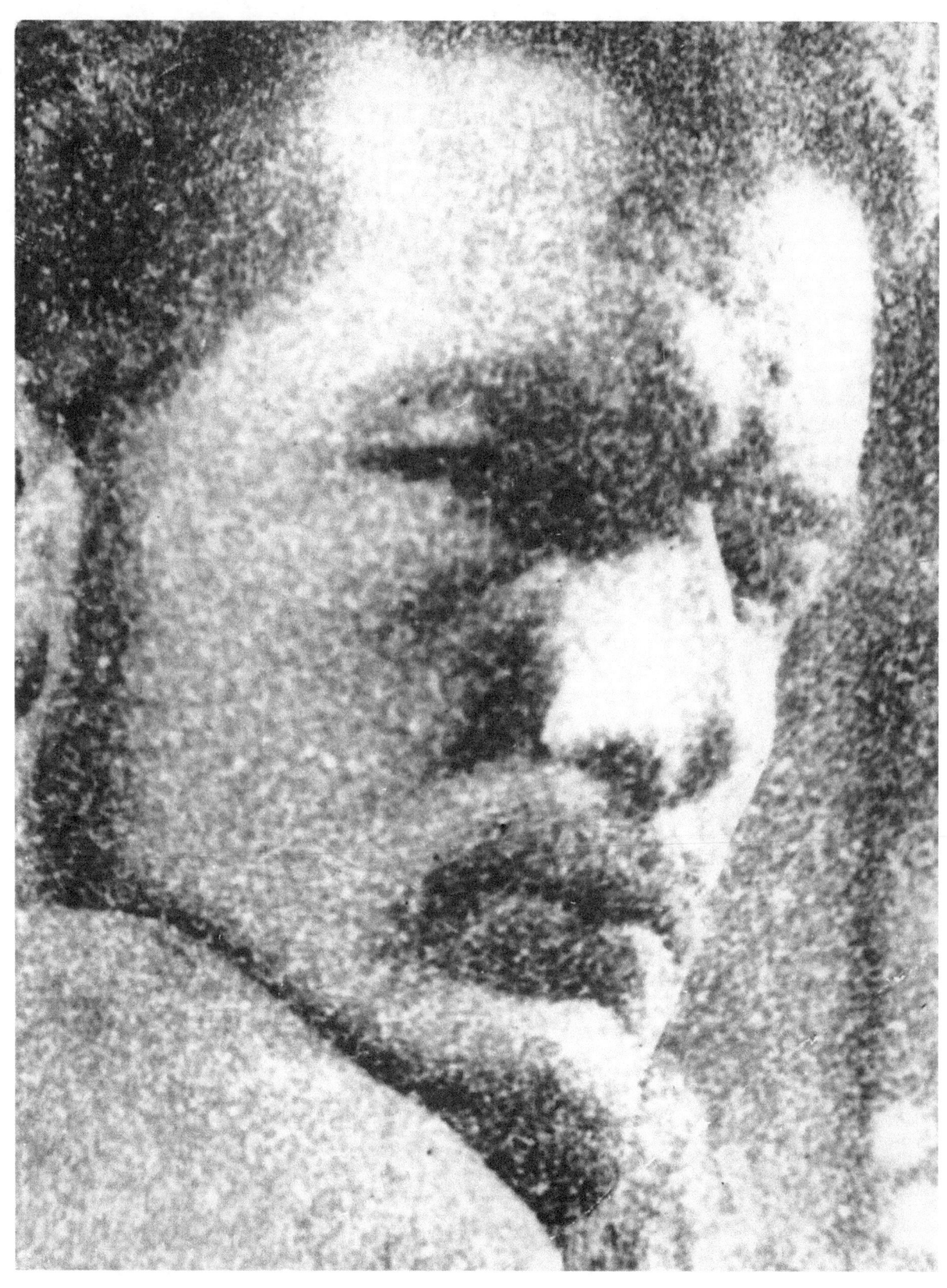

ХУДОЖНИК И ПОЭТ А.А. ГЕРМАН

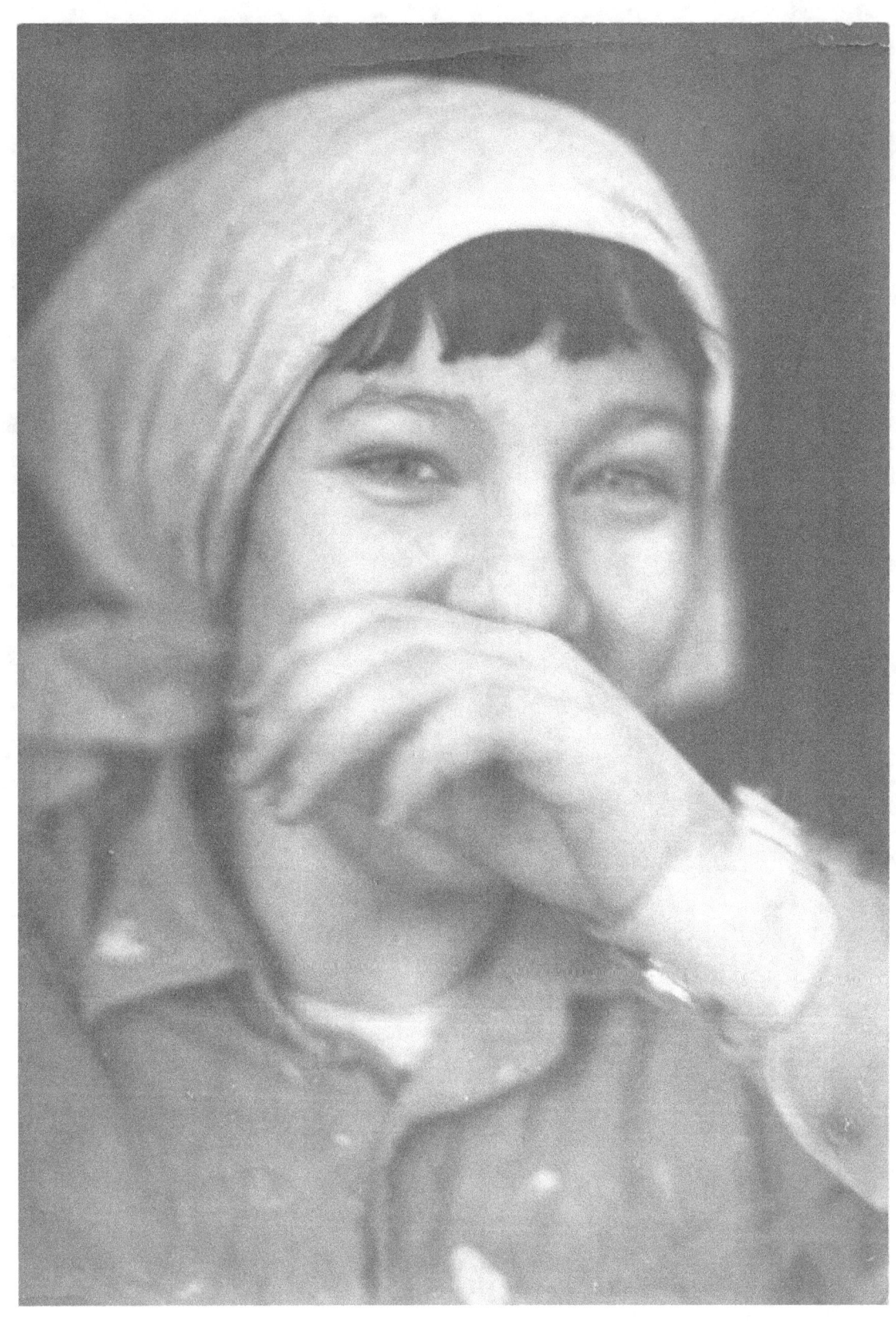

РАБОЧАЯ (МАЛЯР)

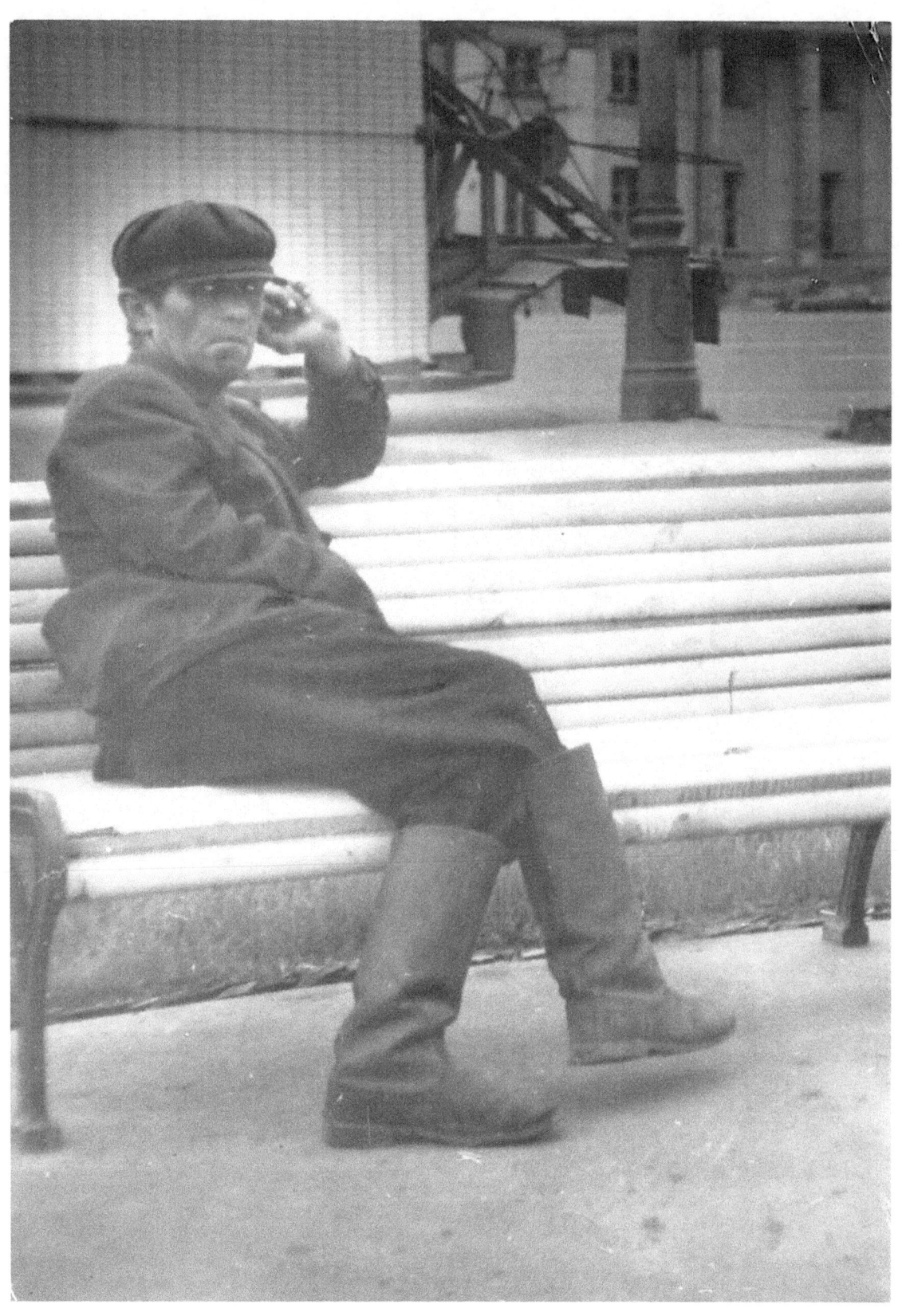

УСТАЛЫЙ РАБОЧИЙ

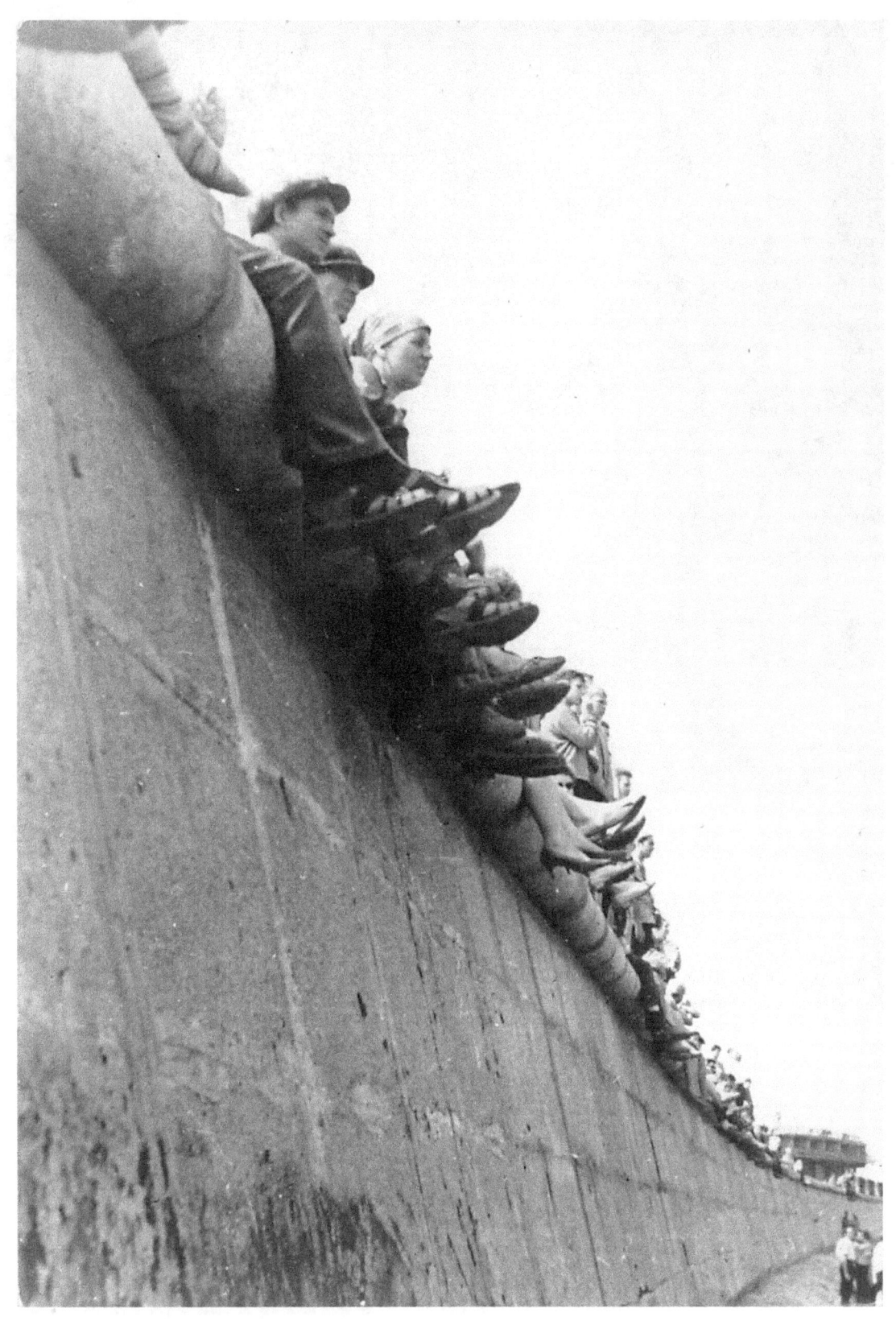

ЗРИТЕЛИ (ОТКРЫТИЕ ПЕРЕМЫЧКИ В НАГАТИНО) НОВОЕ РУСЛО МОСКВЫ РЕКИ

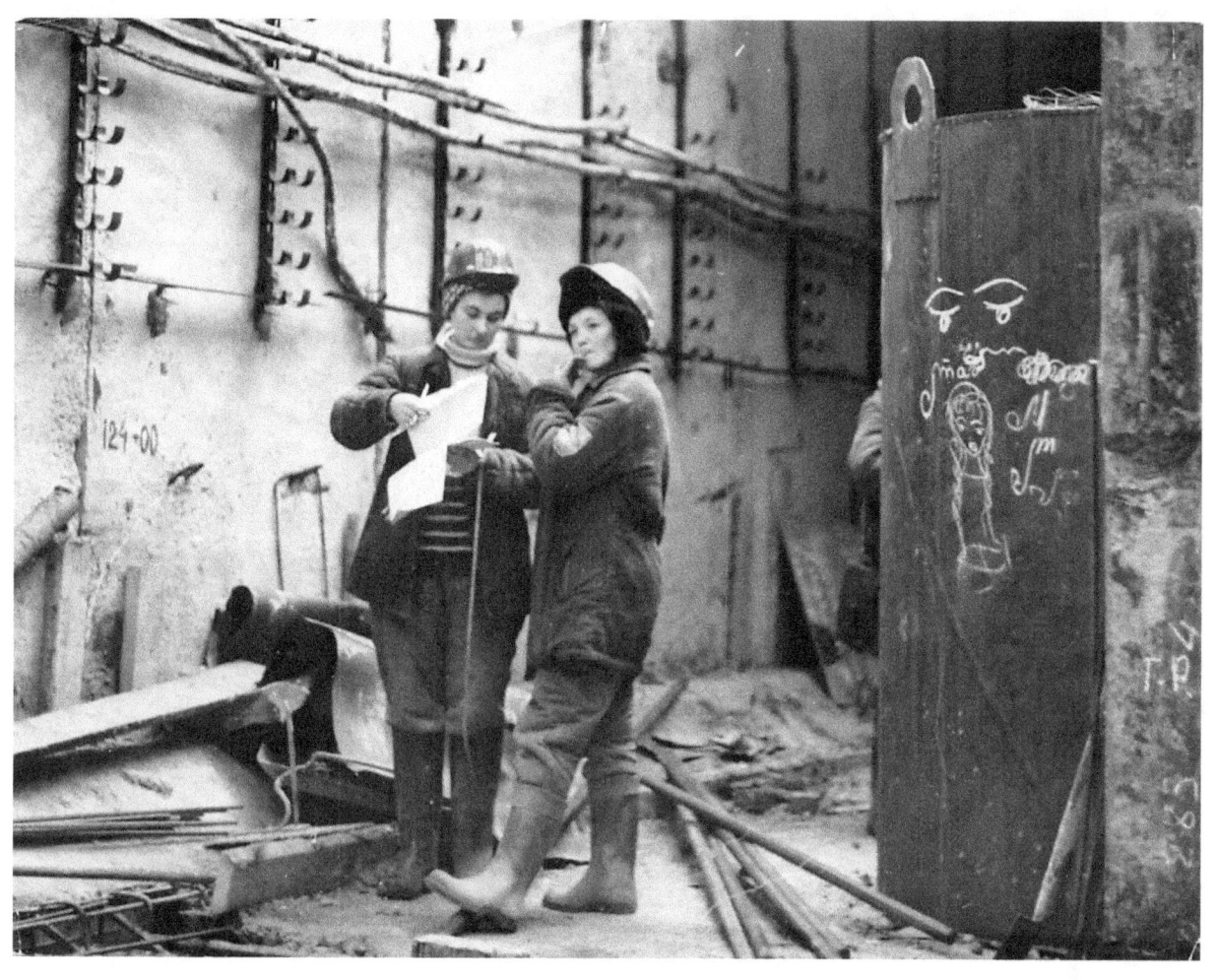

СТРОИТСЯ НОВАЯ ВЕТКА МЕТРО

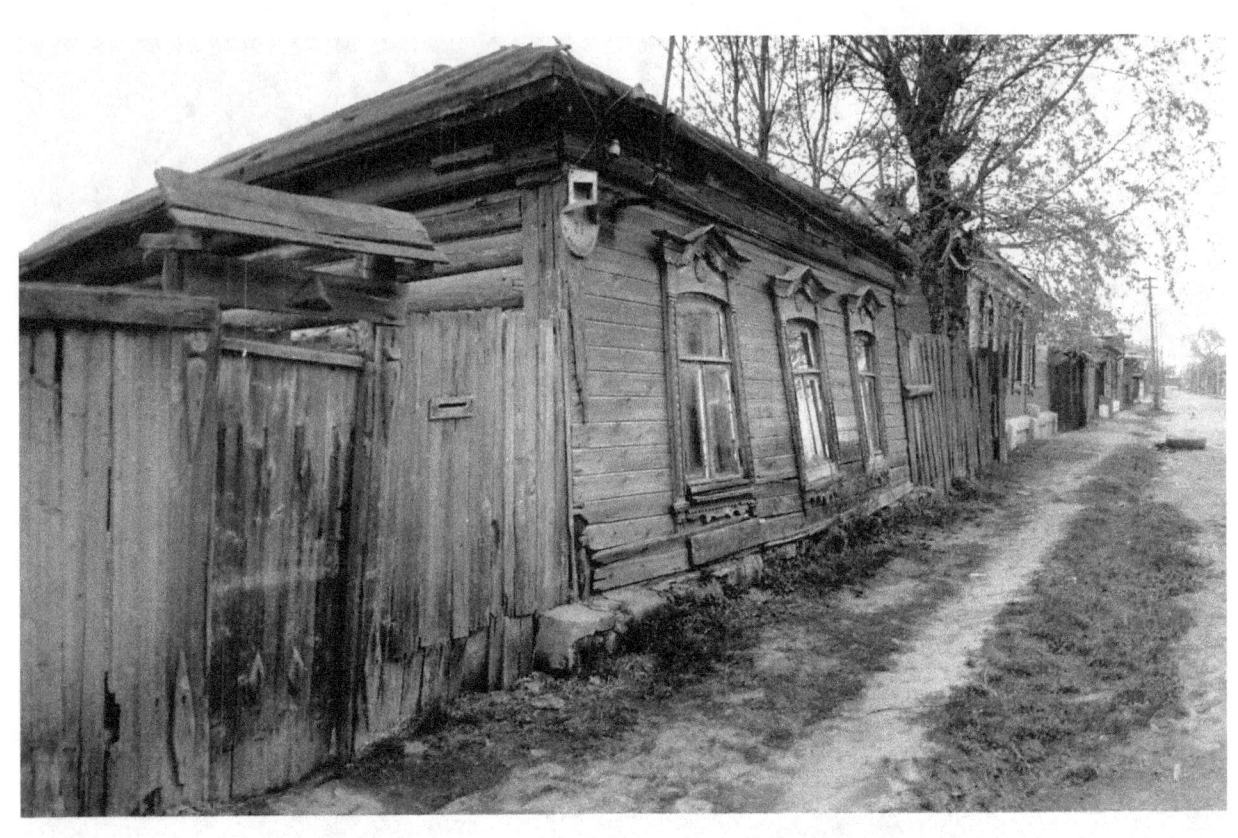

КОЛОМНА (1)

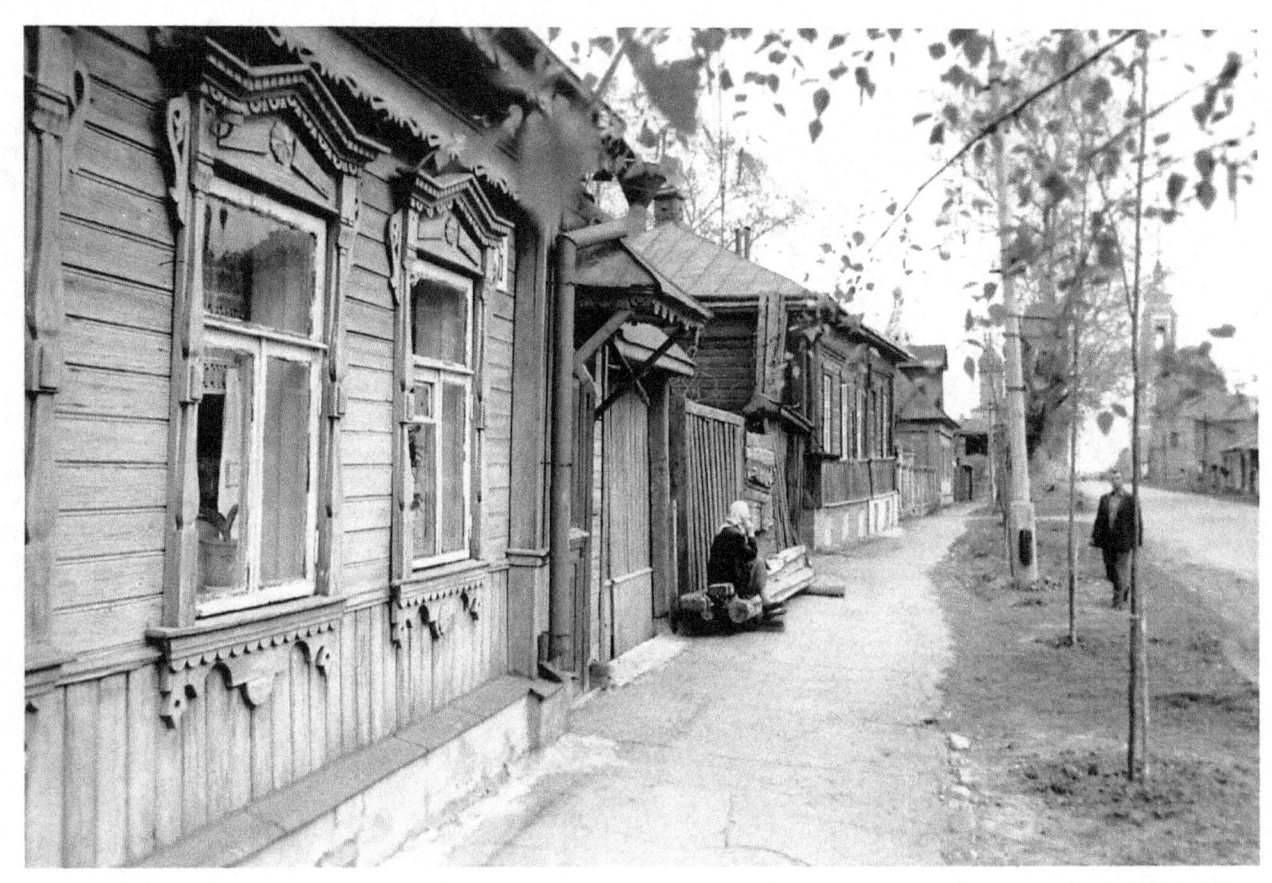

КОЛОМНА (2)

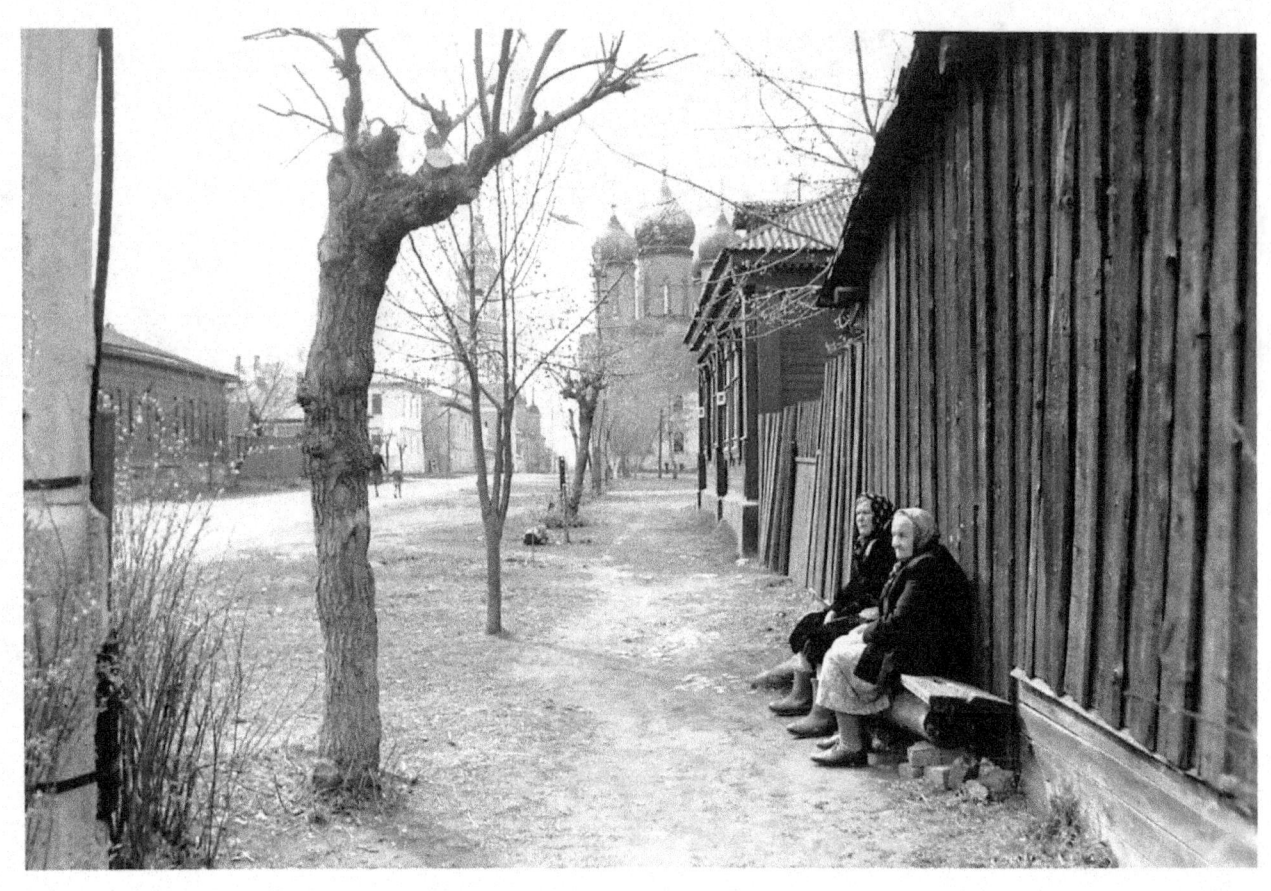

КОЛОМНА (3)

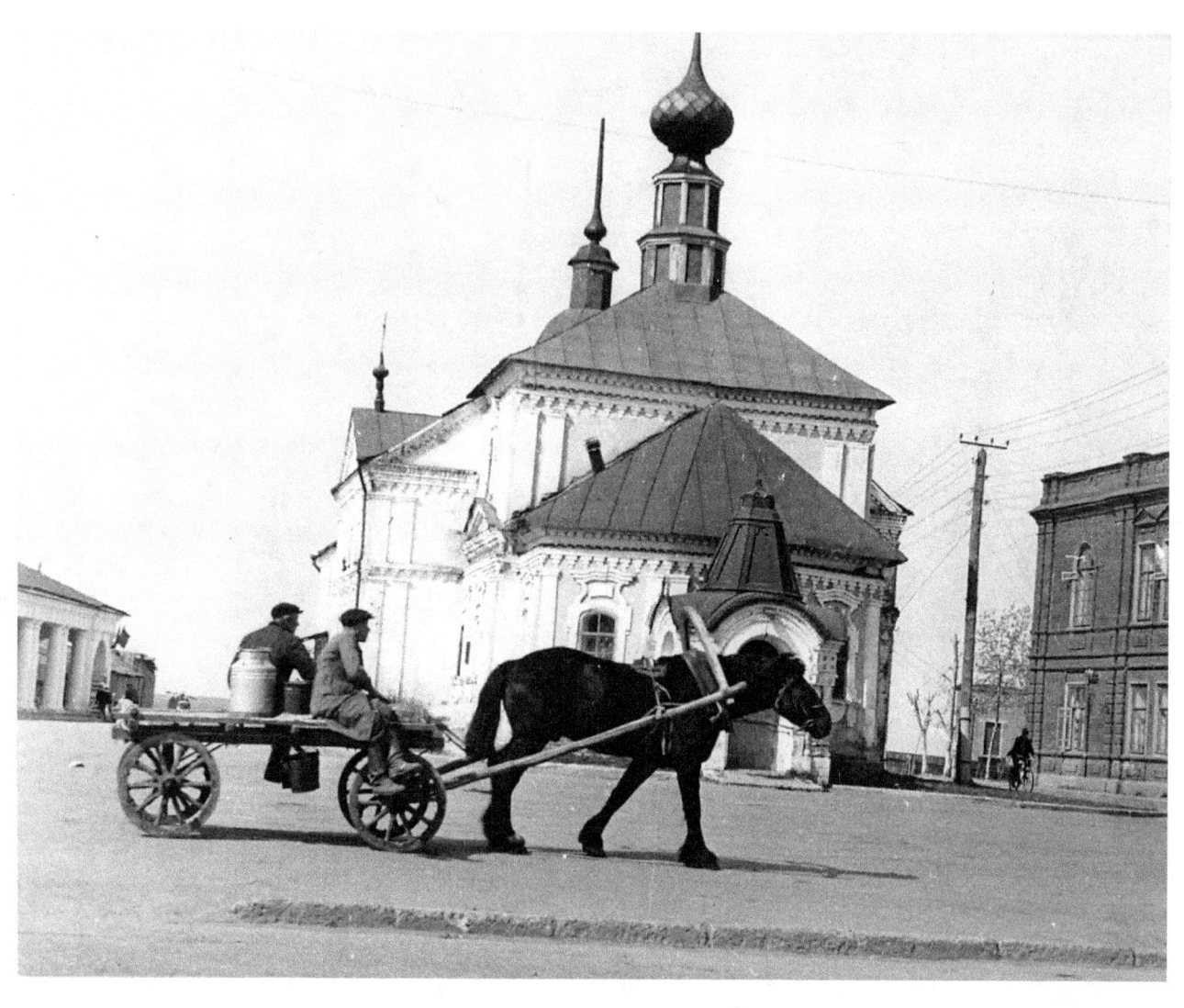

СУЗДАЛЬ (1)

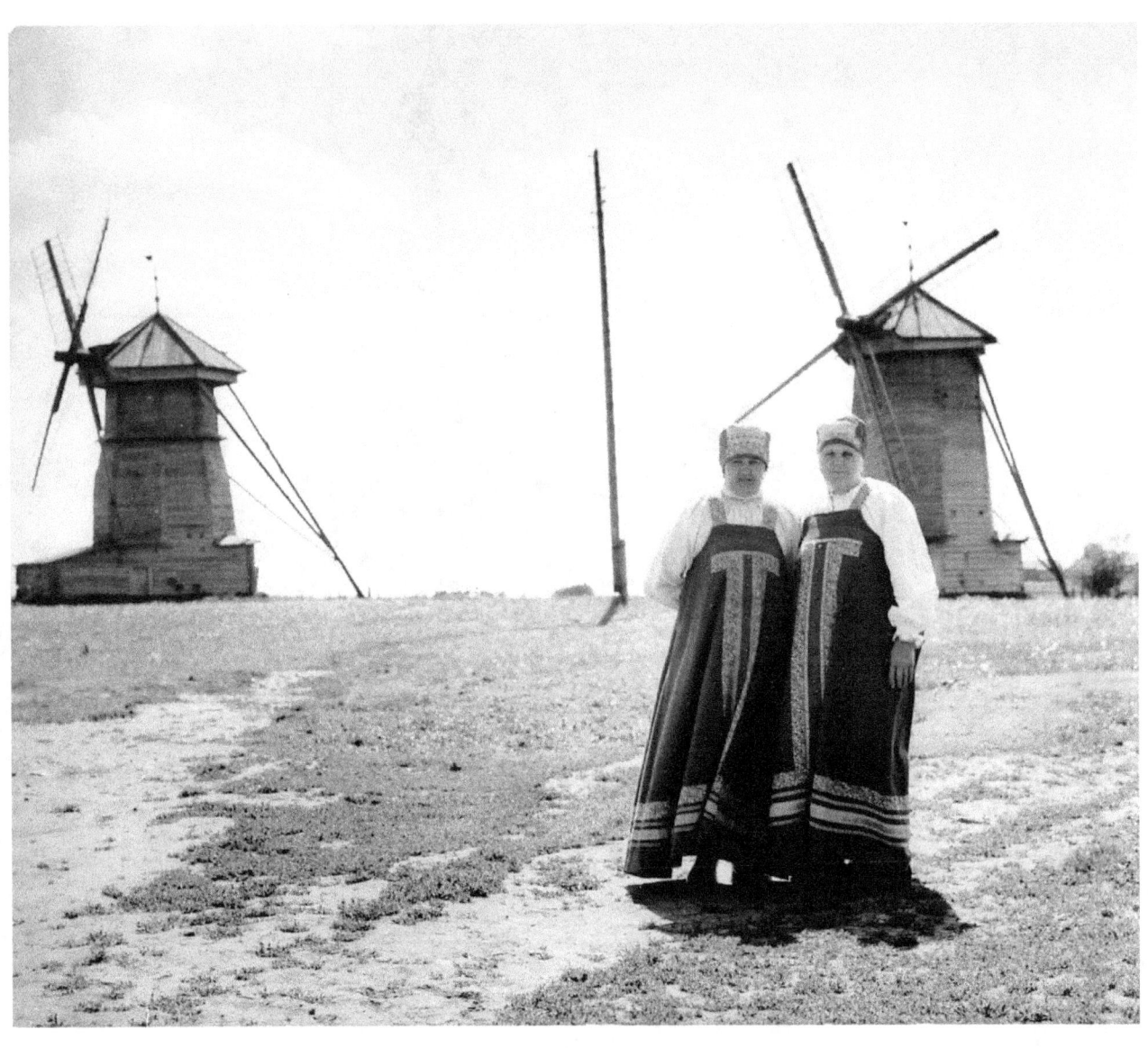

СУЗДАЛЬ (2)

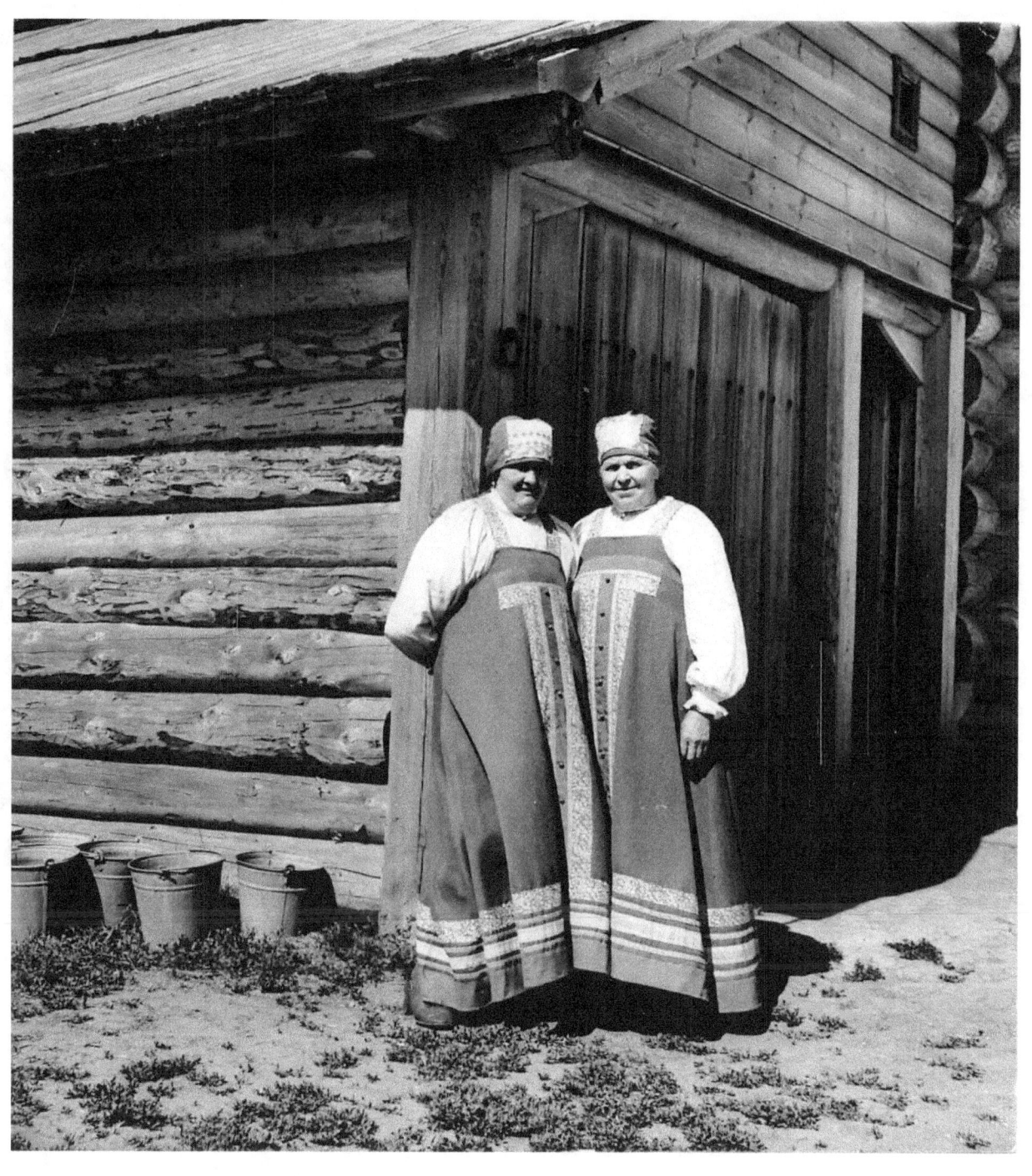

СУЗДАЛЬ (3)

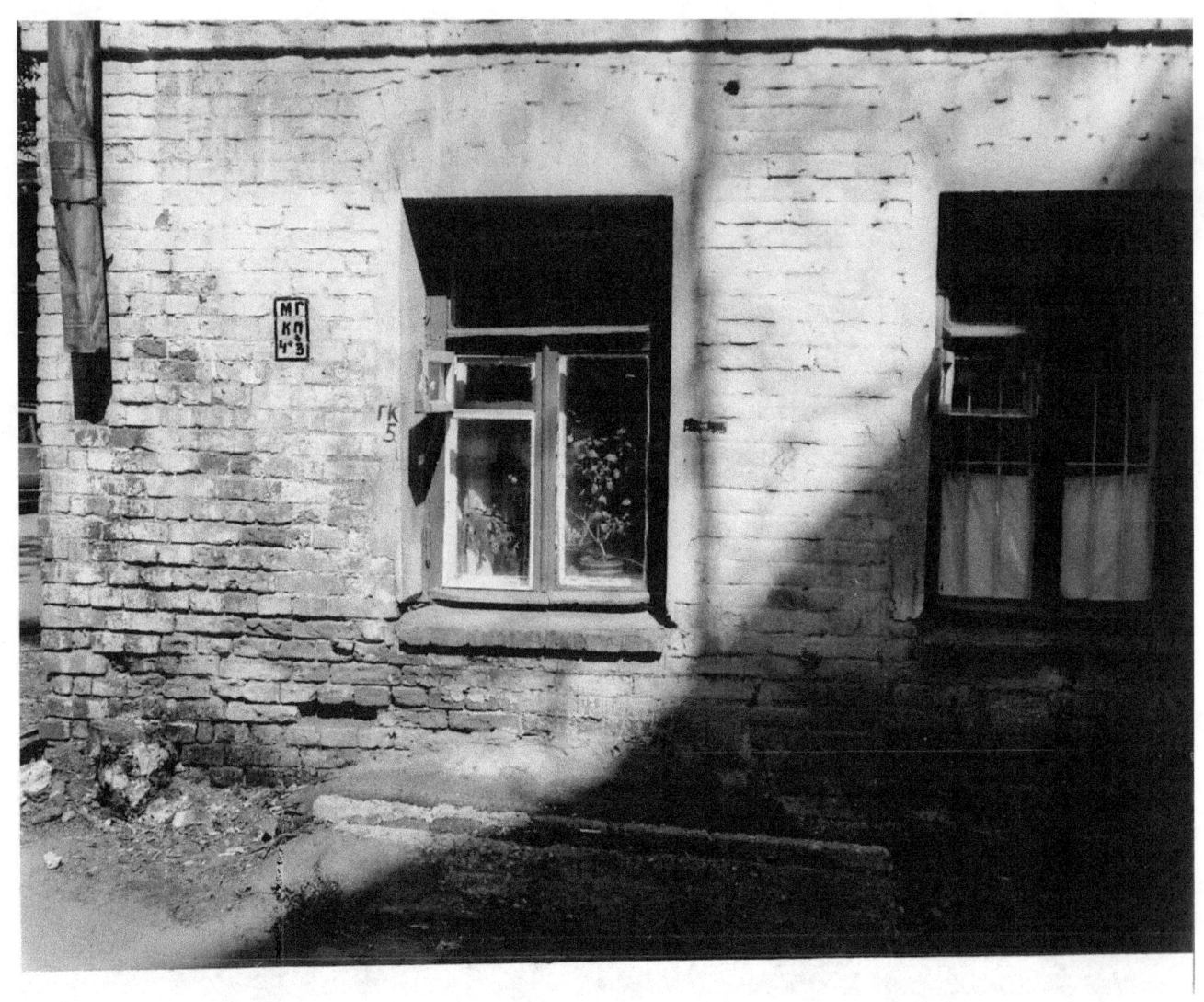

ОКНА ЗАЧАТЬЕВСКОГО МОНАСТЫРЯ

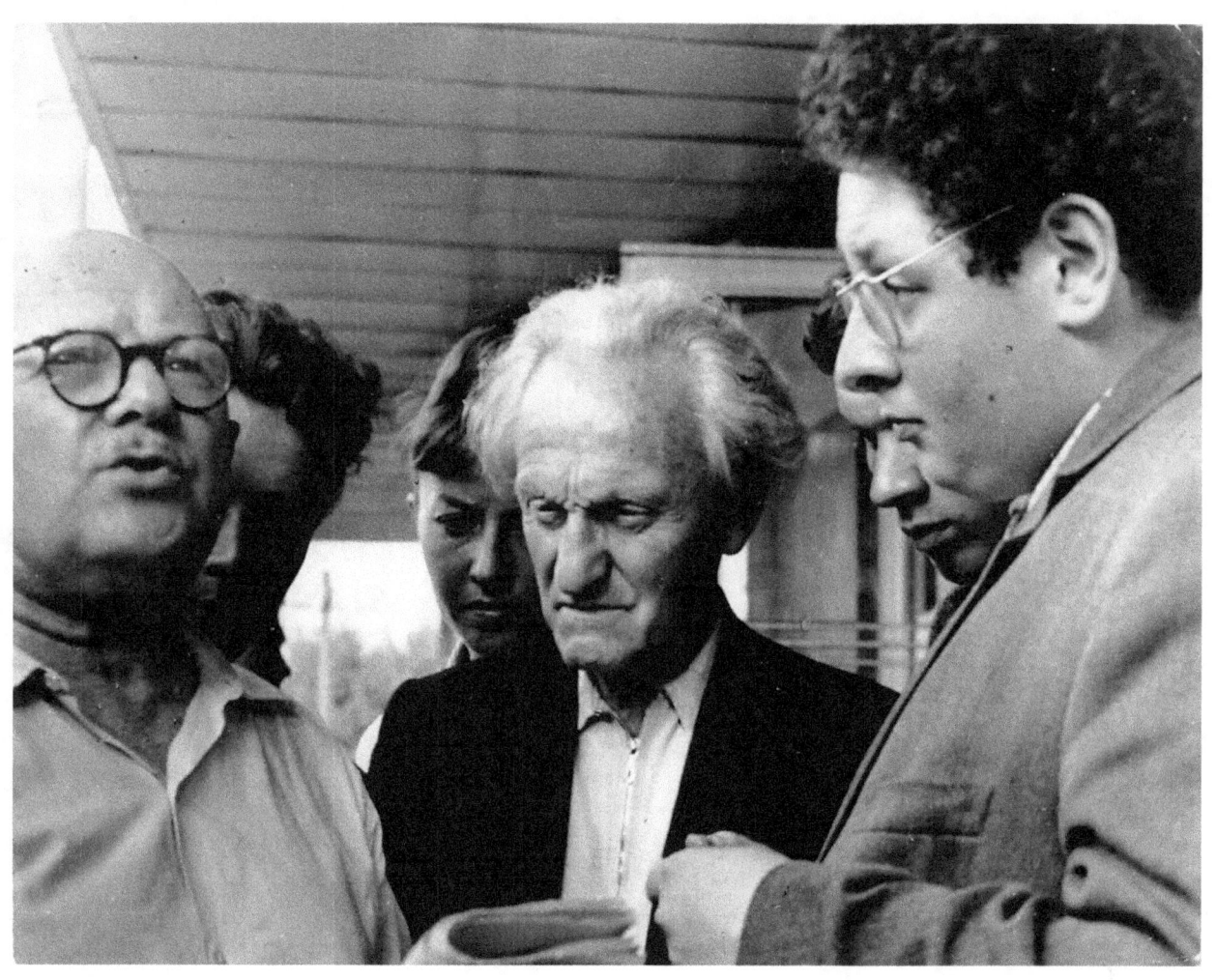

ОБСУЖДЕНИЕ СПЕКТАКЛЯ

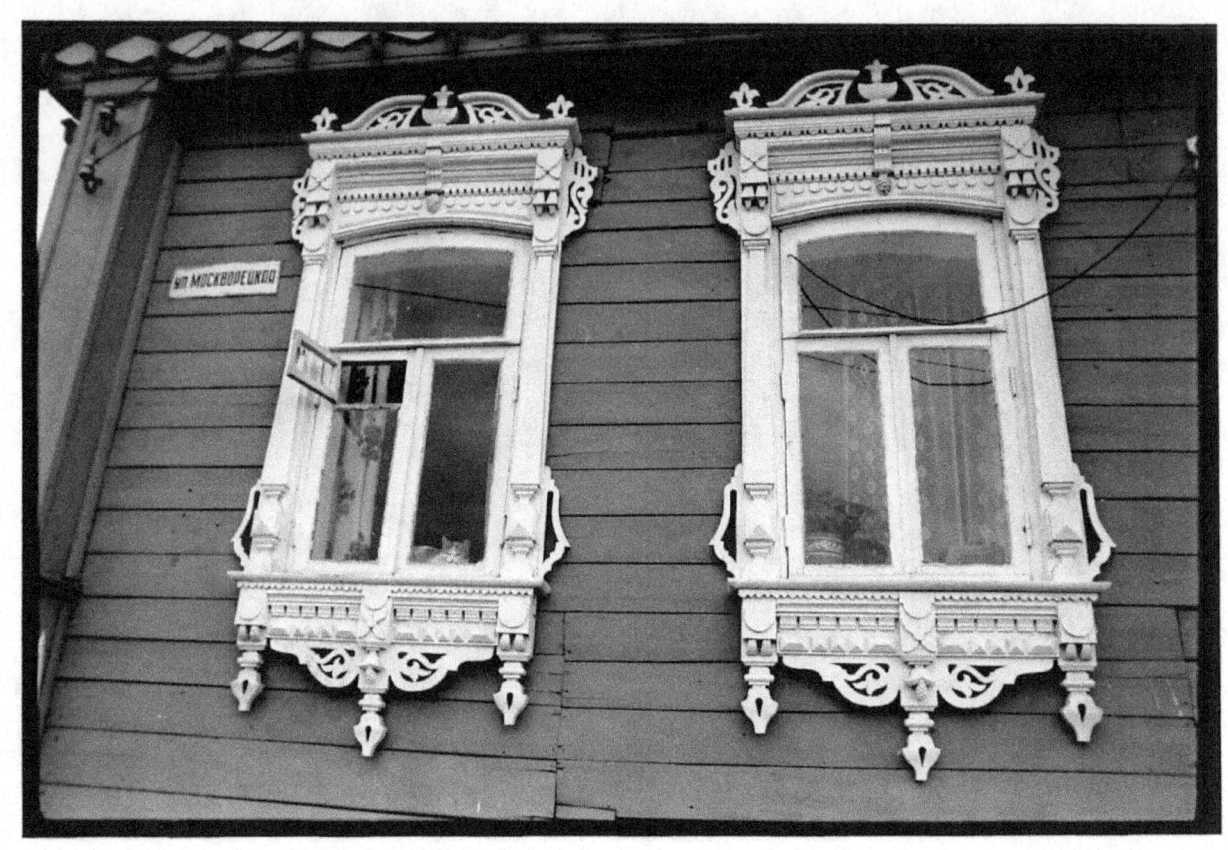

ОКНА

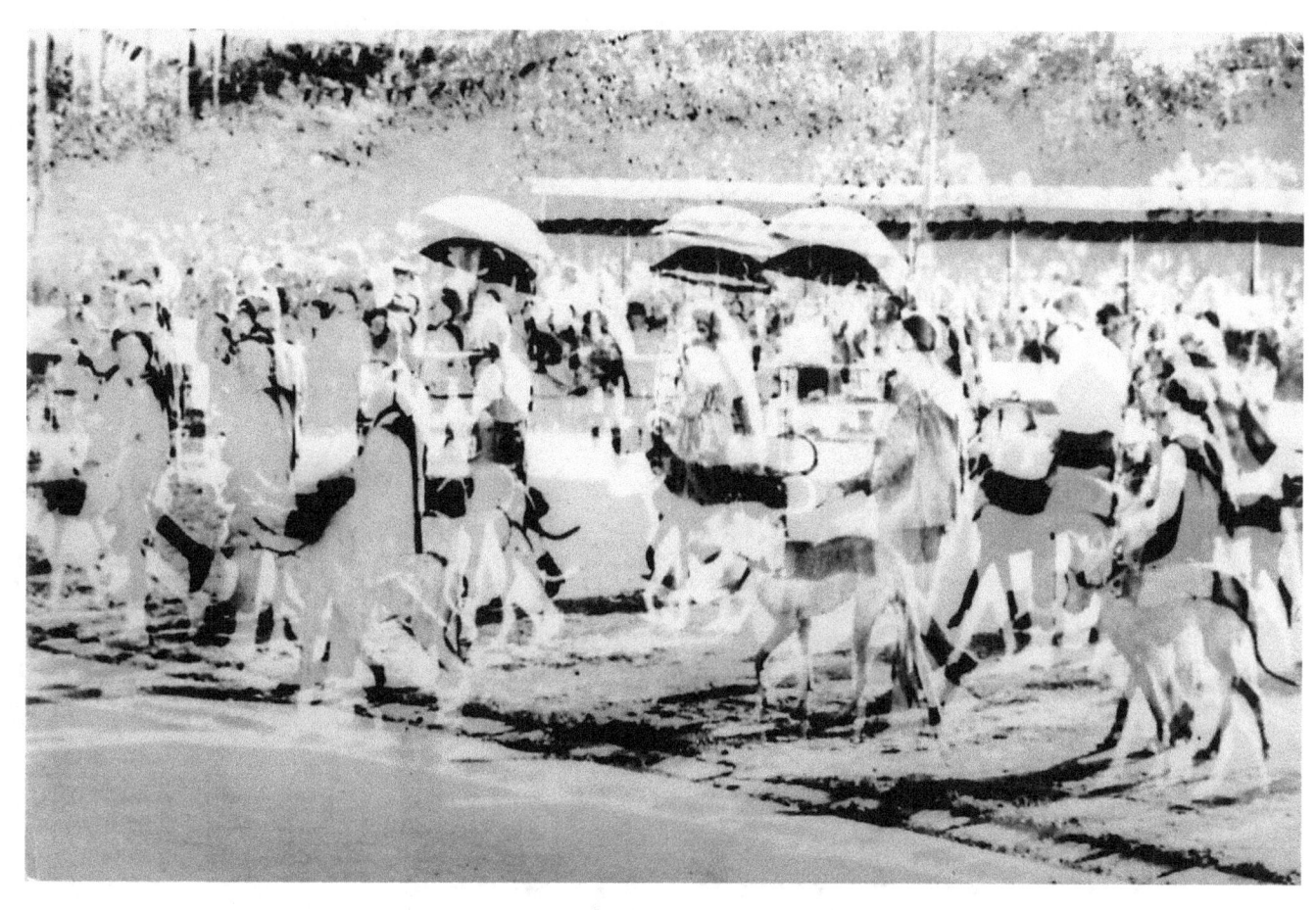

ВЫСТАВКА СОБАК

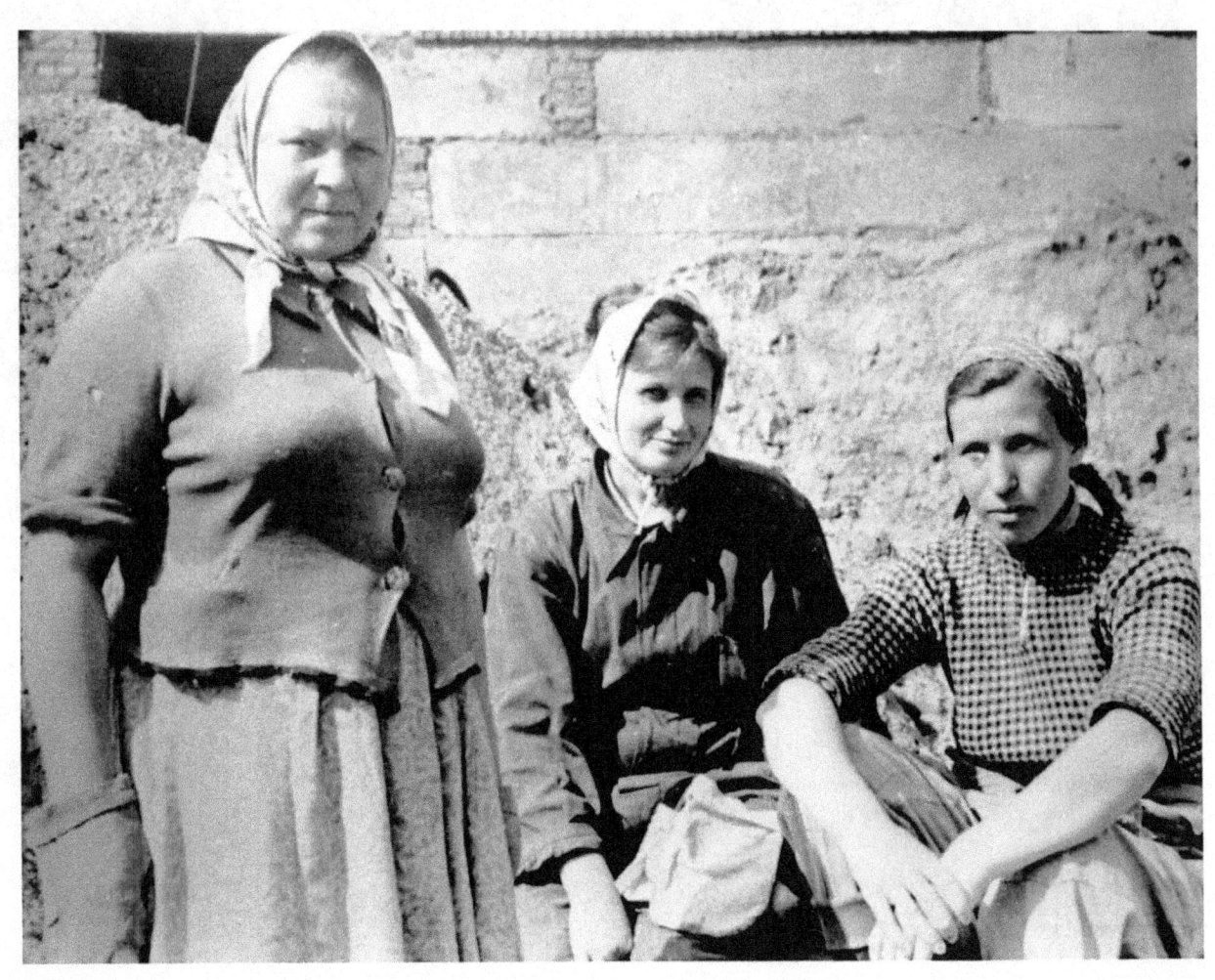

НА СТРОЙКЕ ДОМА (РАБОЧИЕ)

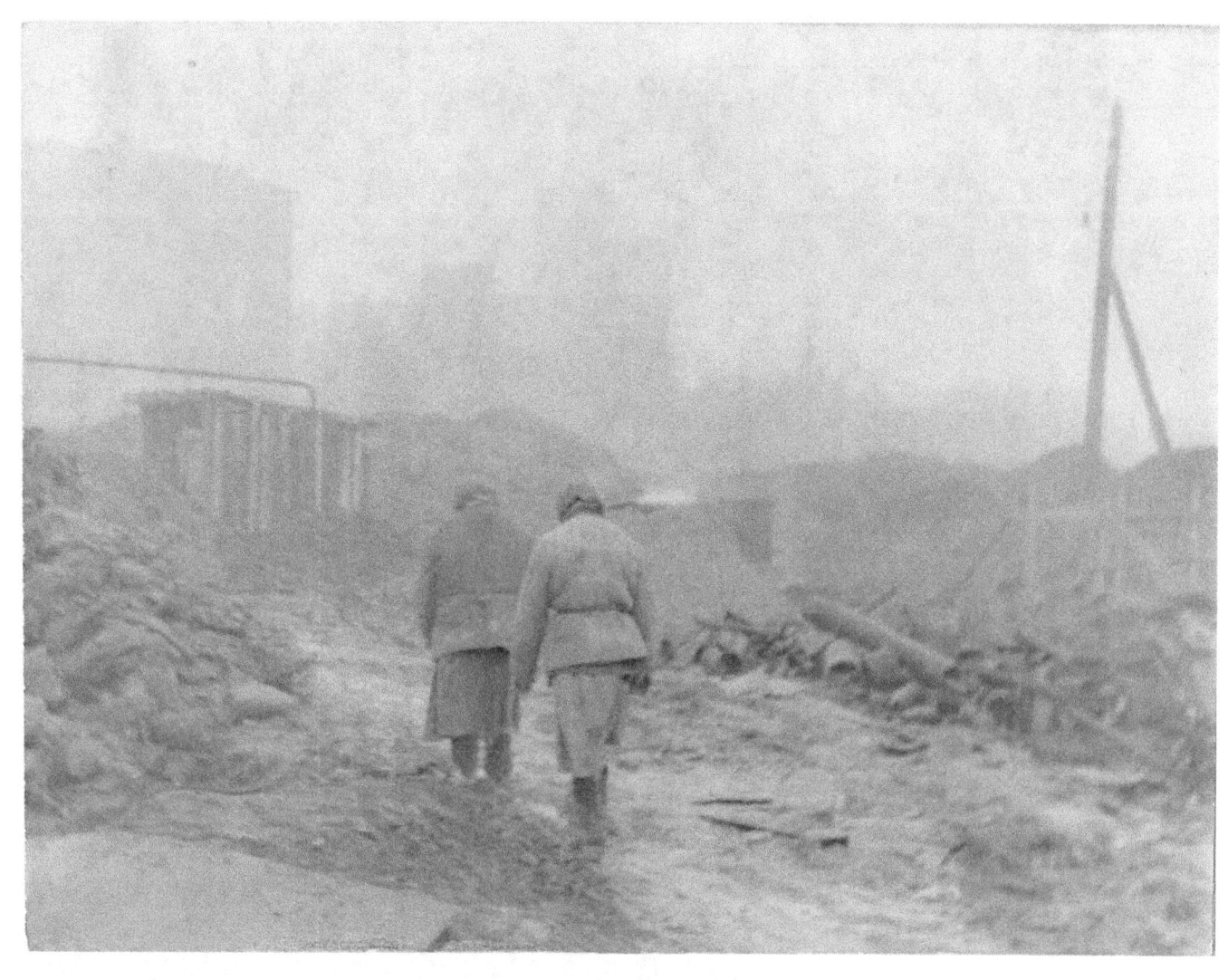

РАБОЧИЕ

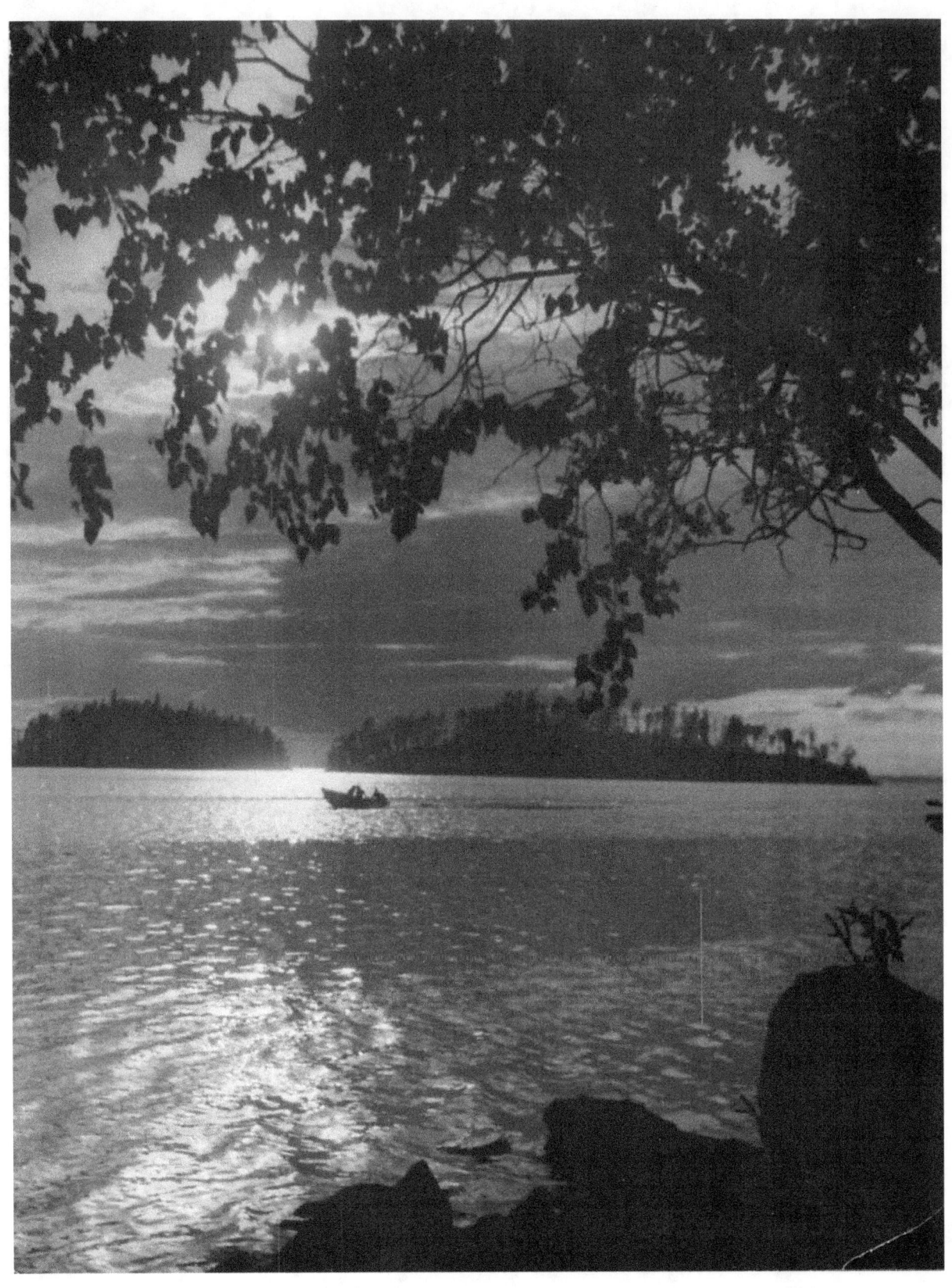

ОСТРОВ ВАЛААМ

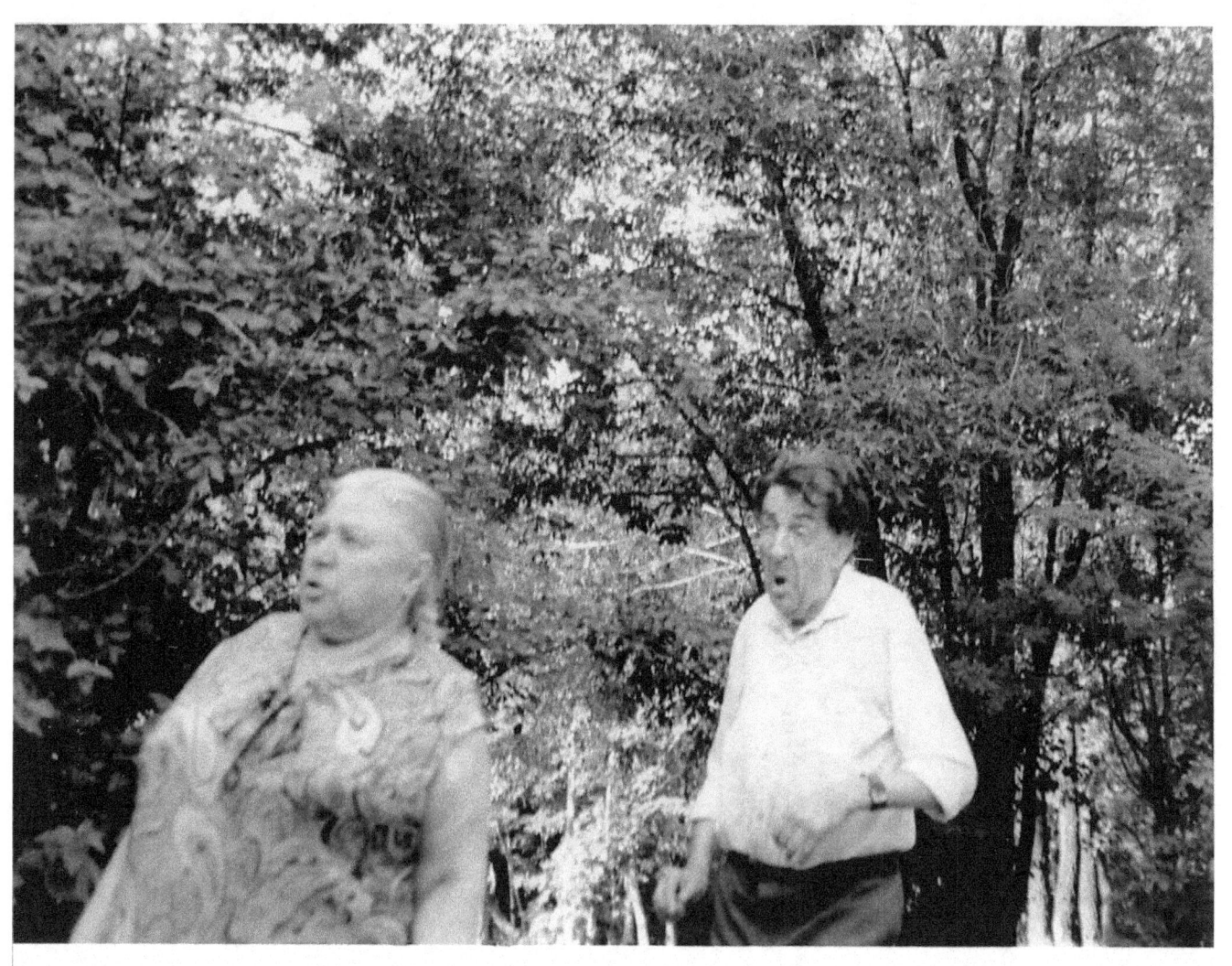

МОСКВИЧИ (1)

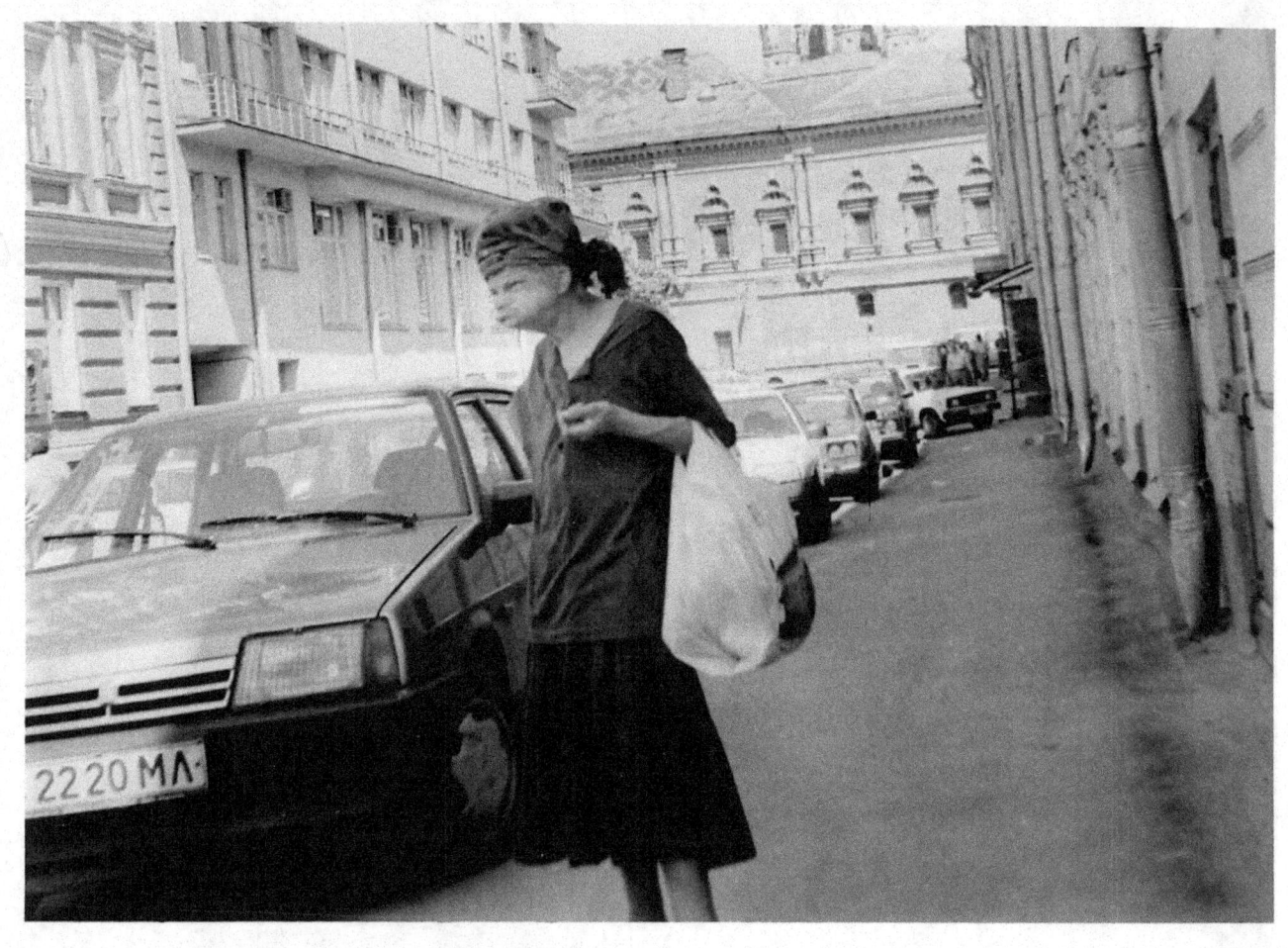

МОСКВИЧИ (2)

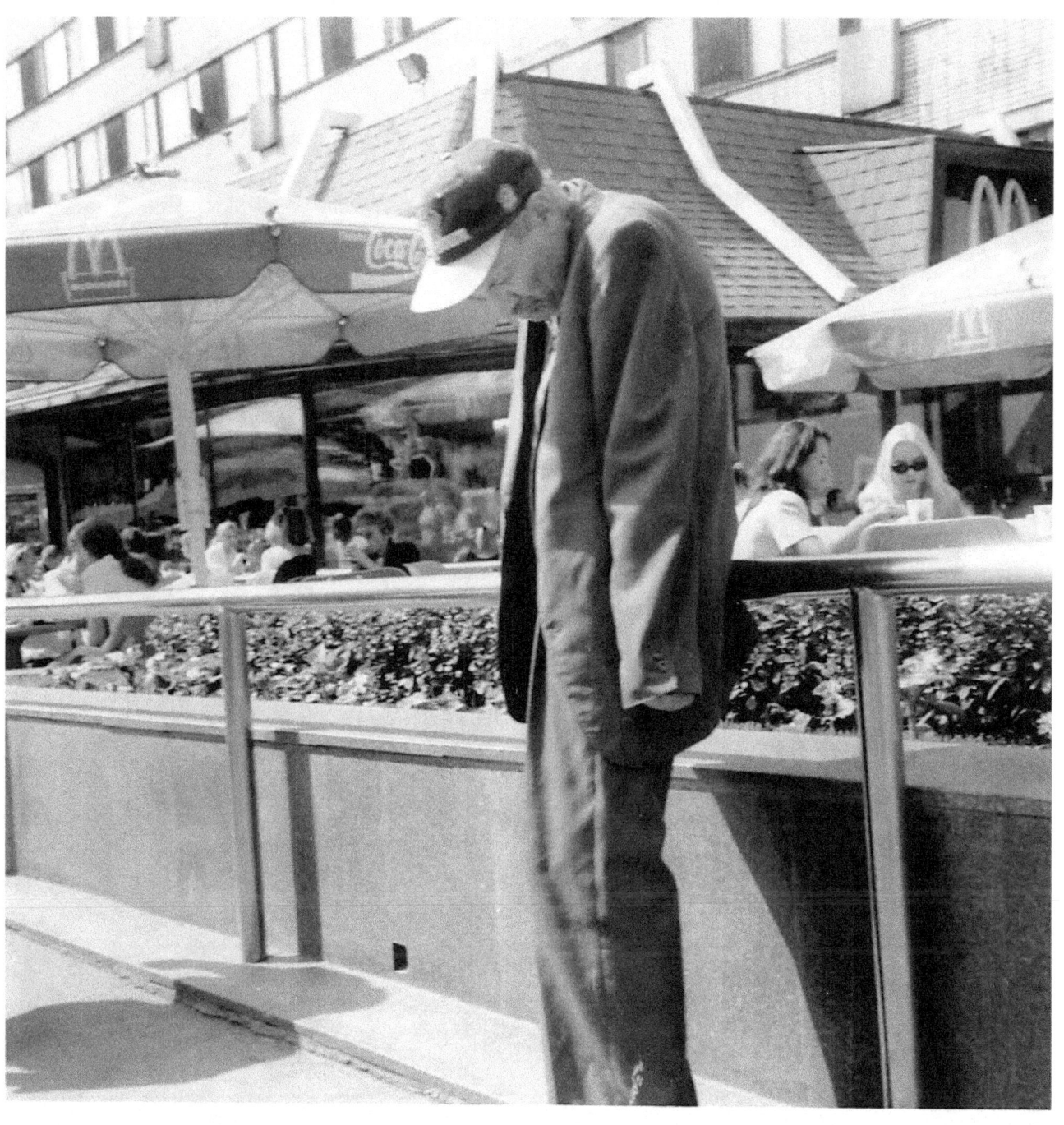

ПЕНСИОНЕР

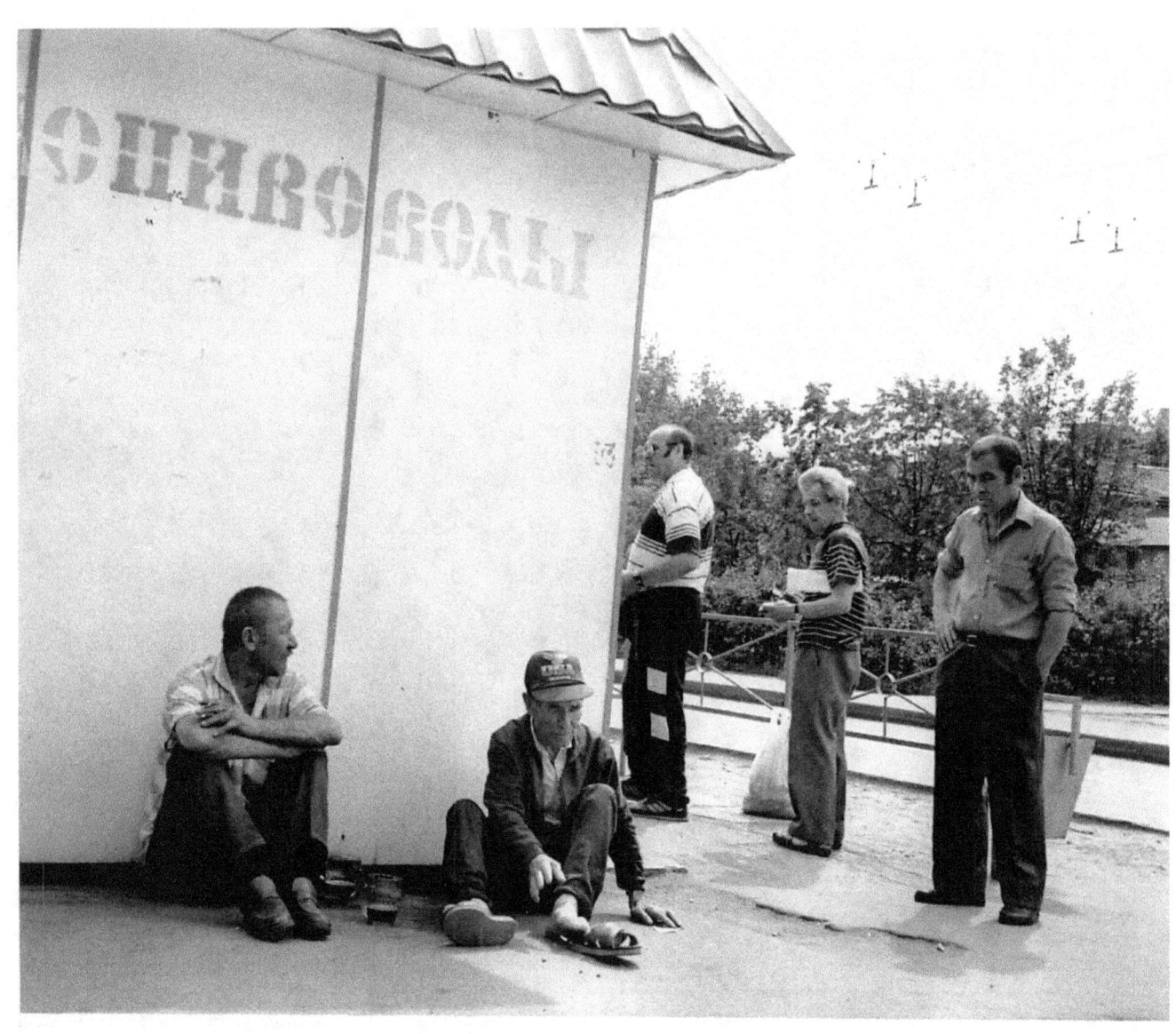

АЛКАШИ

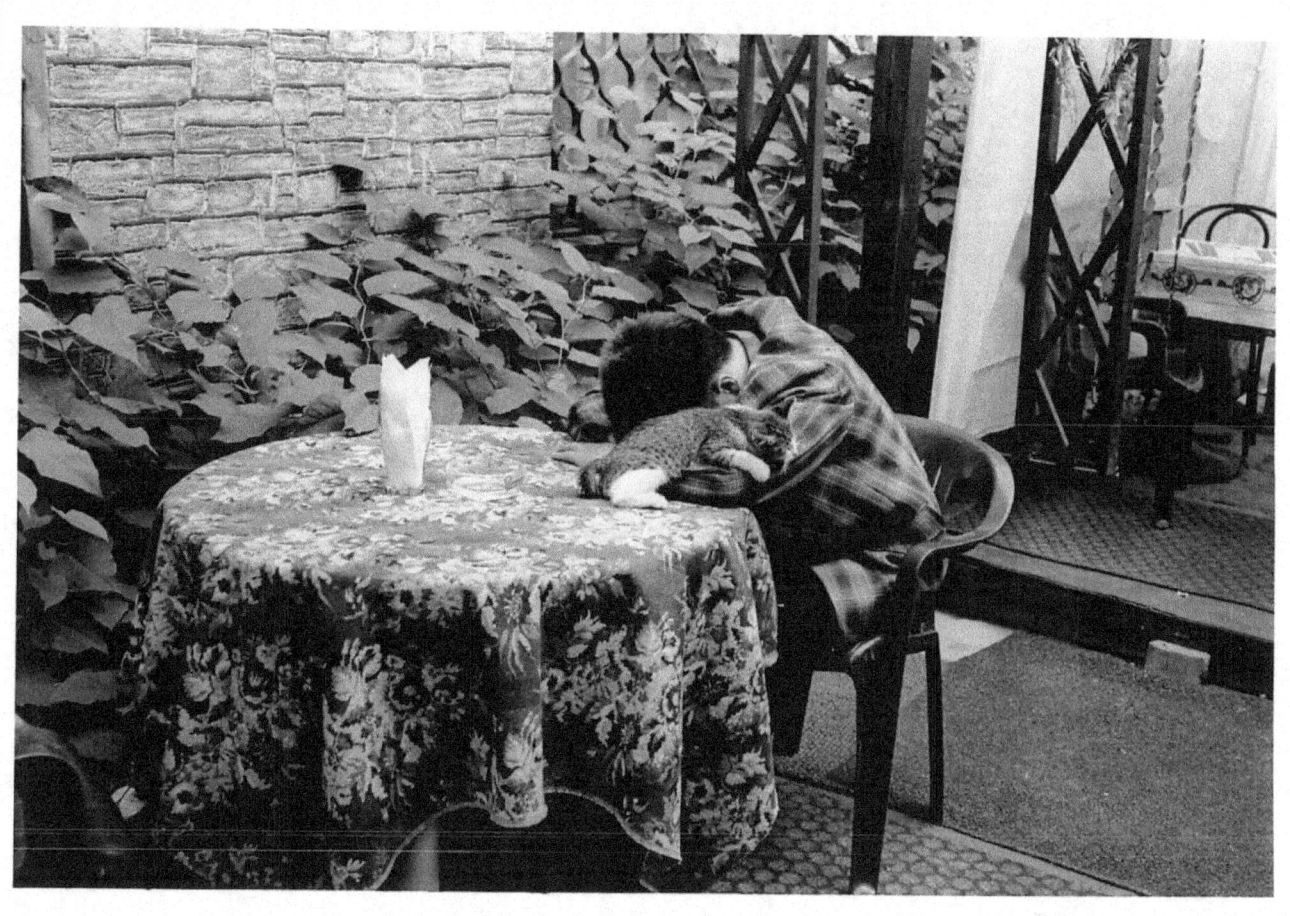

МЕРТВЫЙ ЧАС

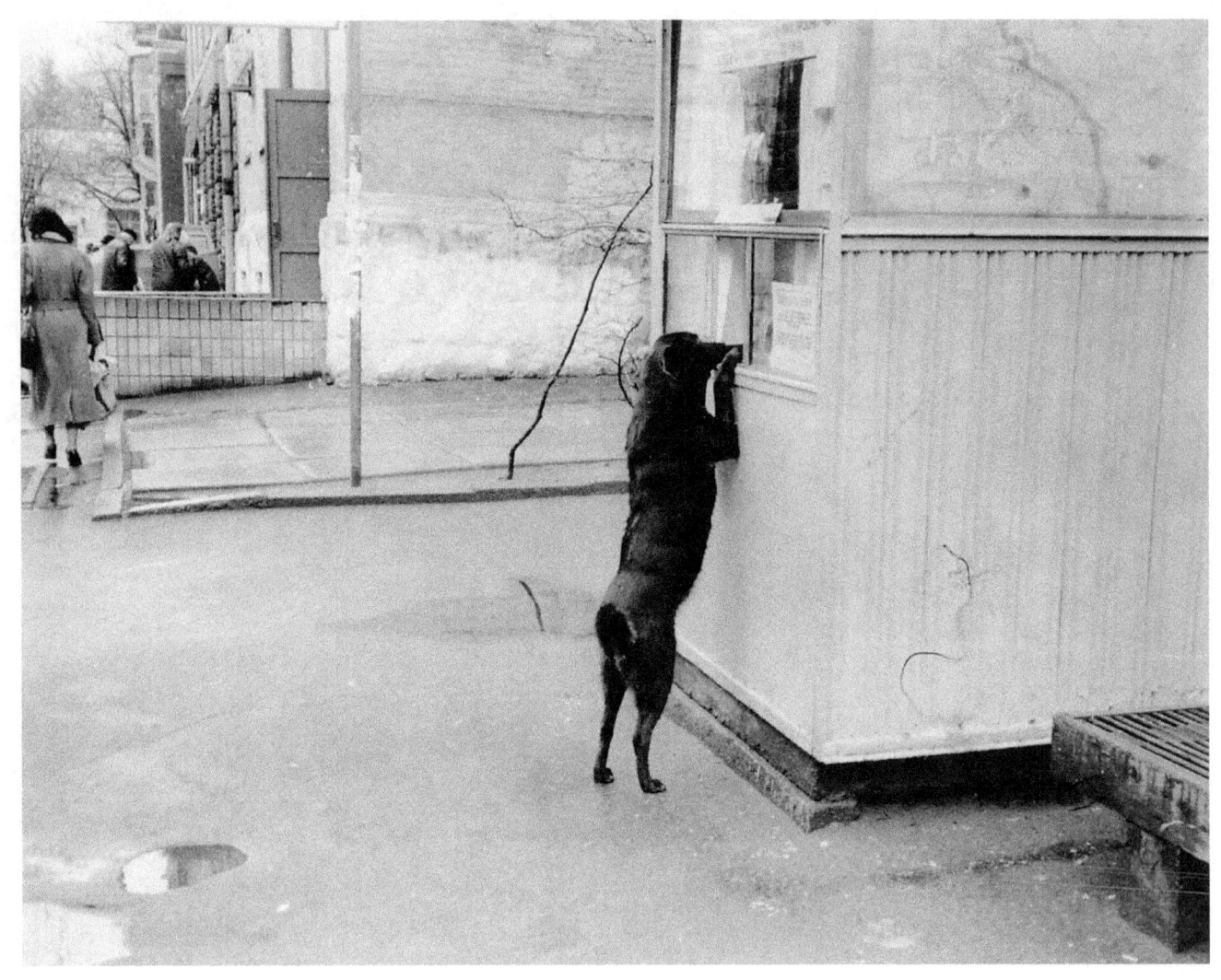

СПРАВОЧНОЕ БЮРО

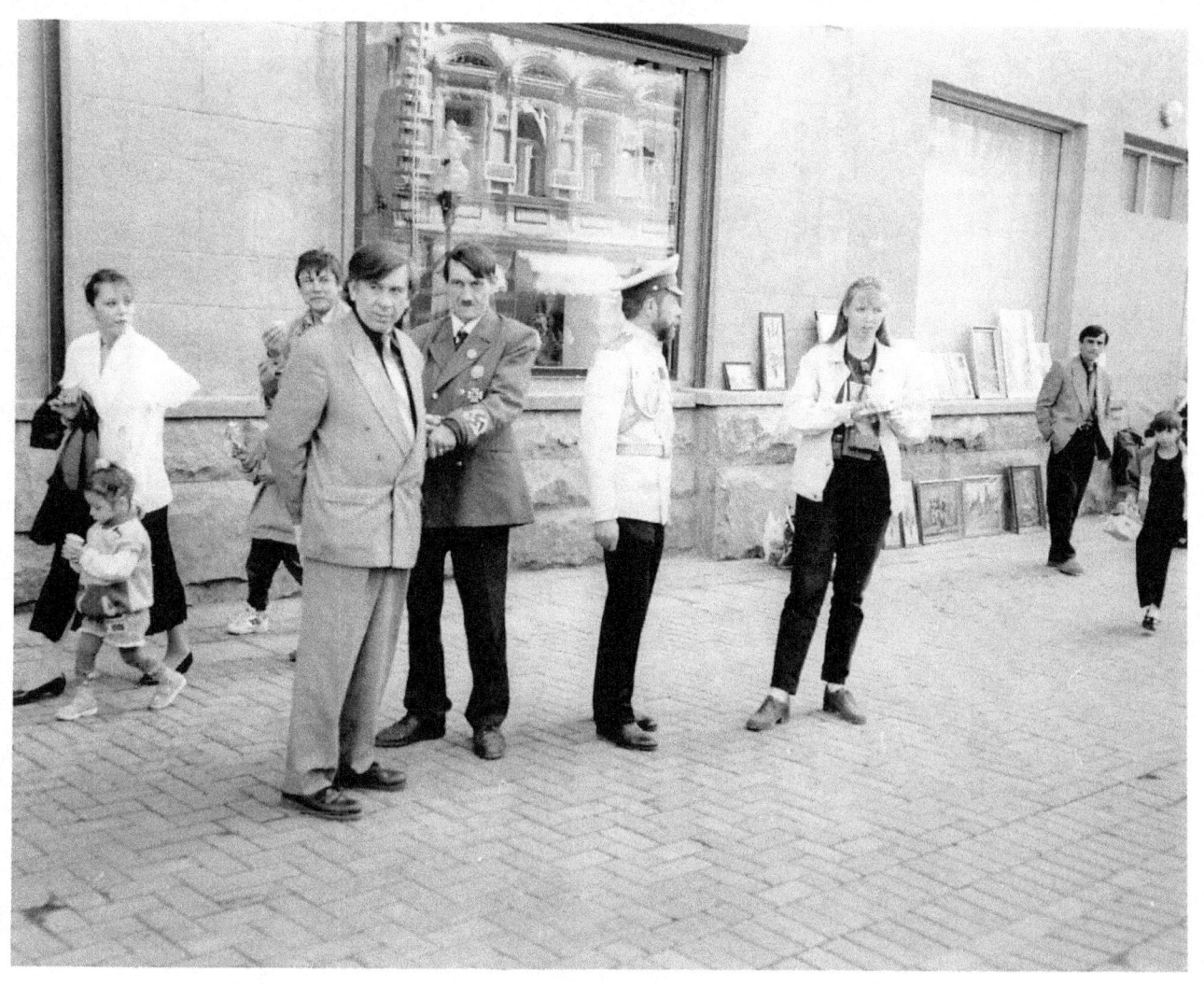

ГИТЛЕР И НИКОЛАЙ II НА АРБАТЕ

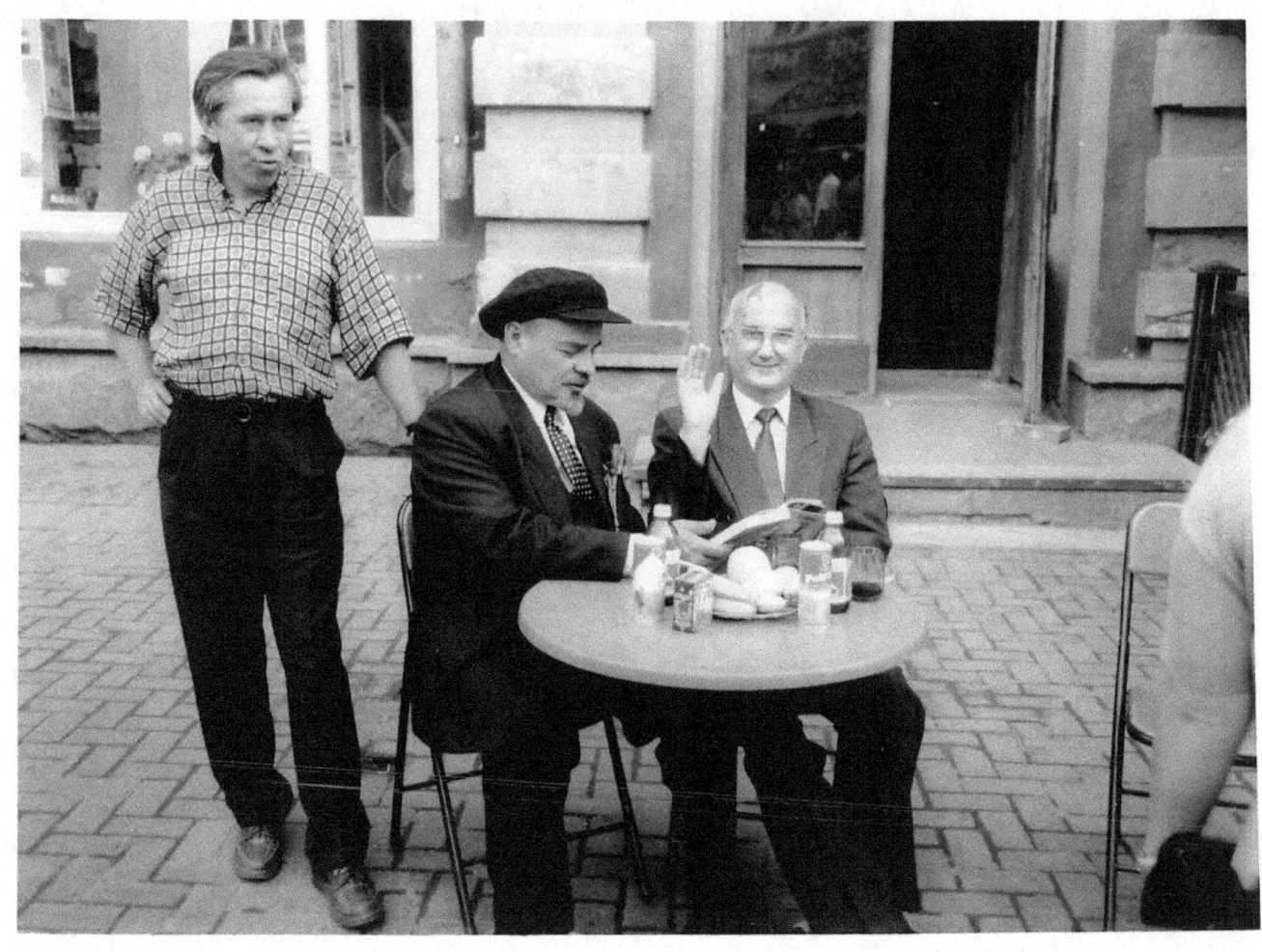

ЛЕНИН И ГОРБАЧЕВ НА АРБАТЕ

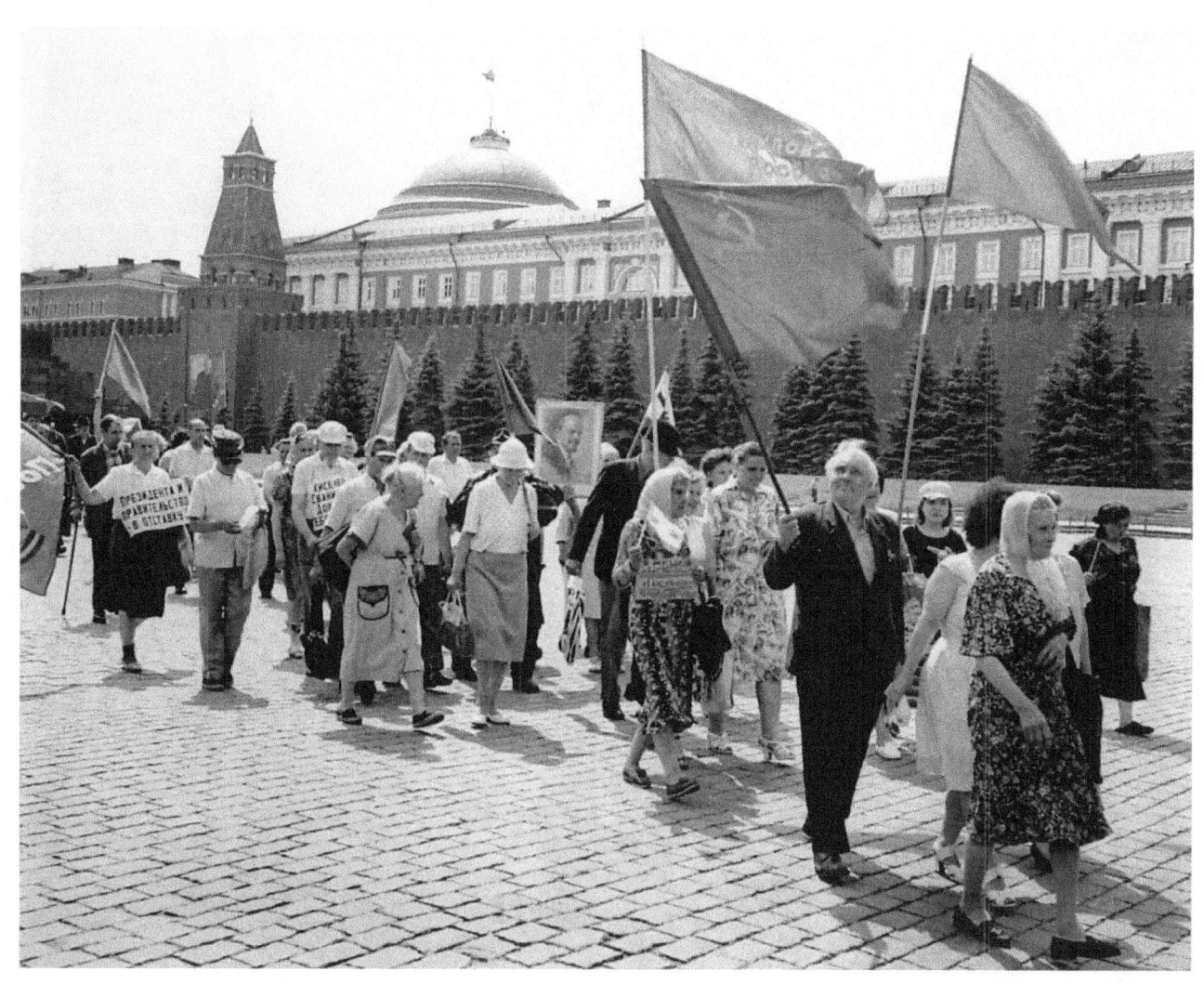

ОСТАТКИ КОММУНИСТОВ

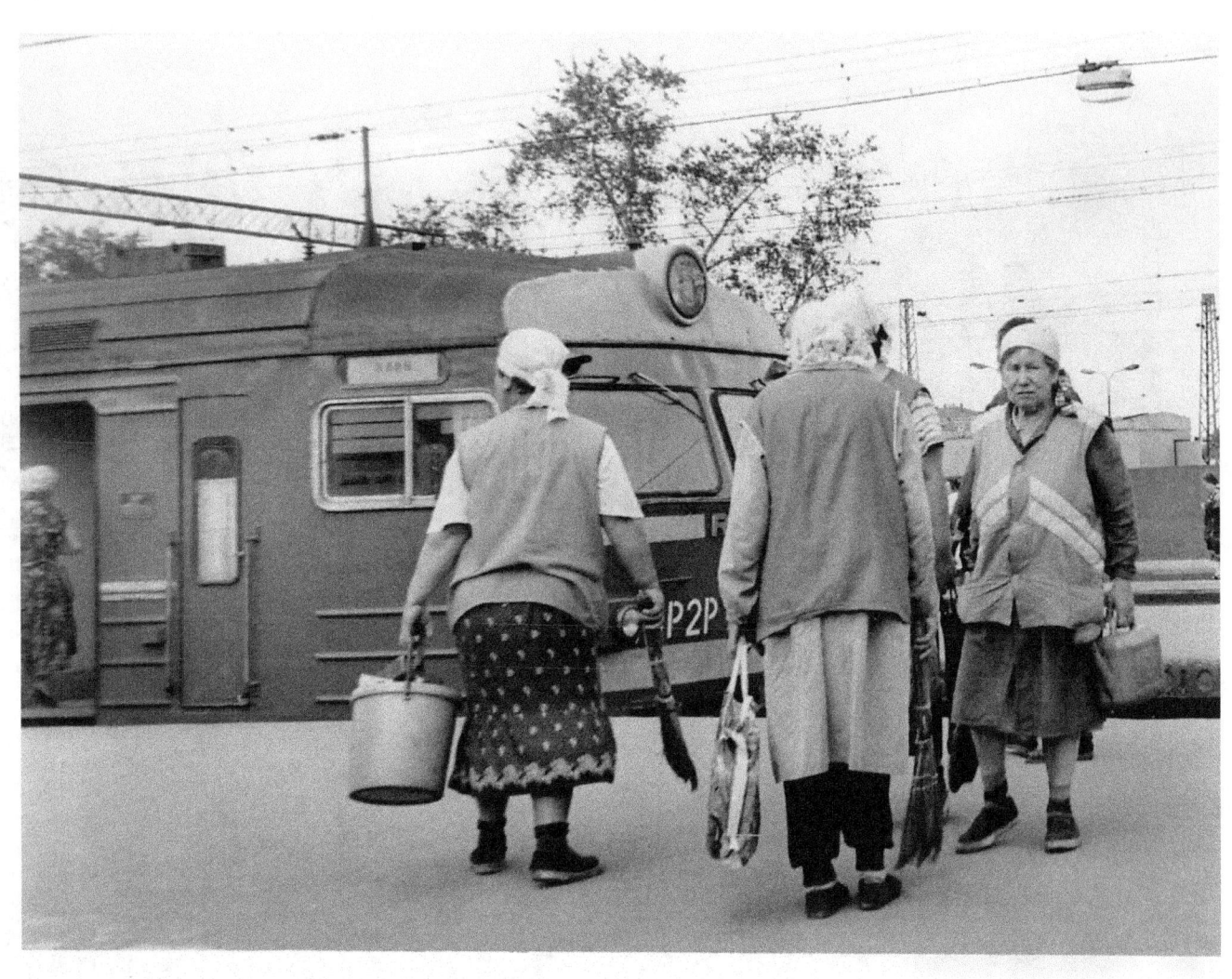

ДВОРНИКИ НА ВОКЗАЛЕ

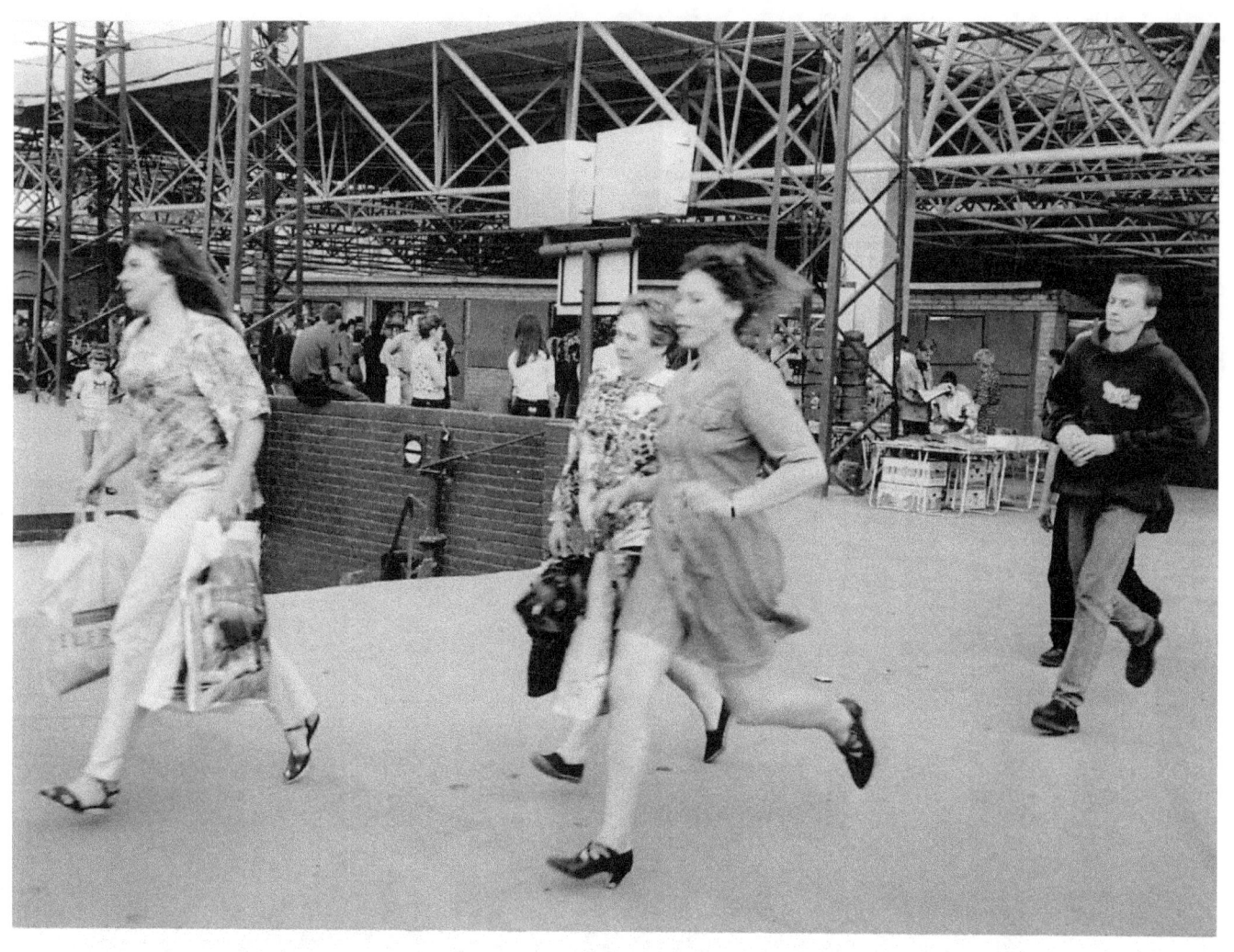

ПОГОНЯ

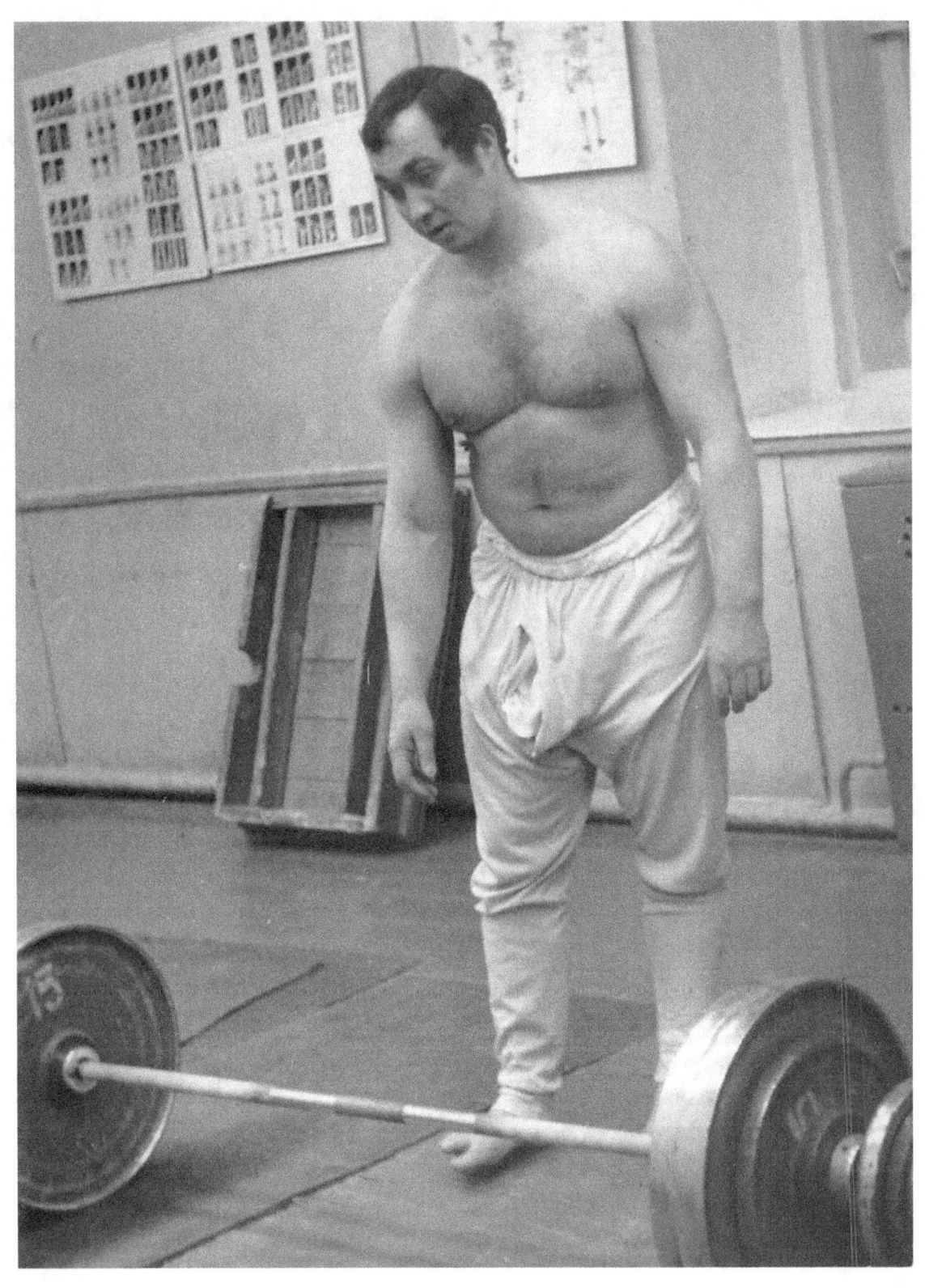

ИГОРЬ КАБАЙЛОВ

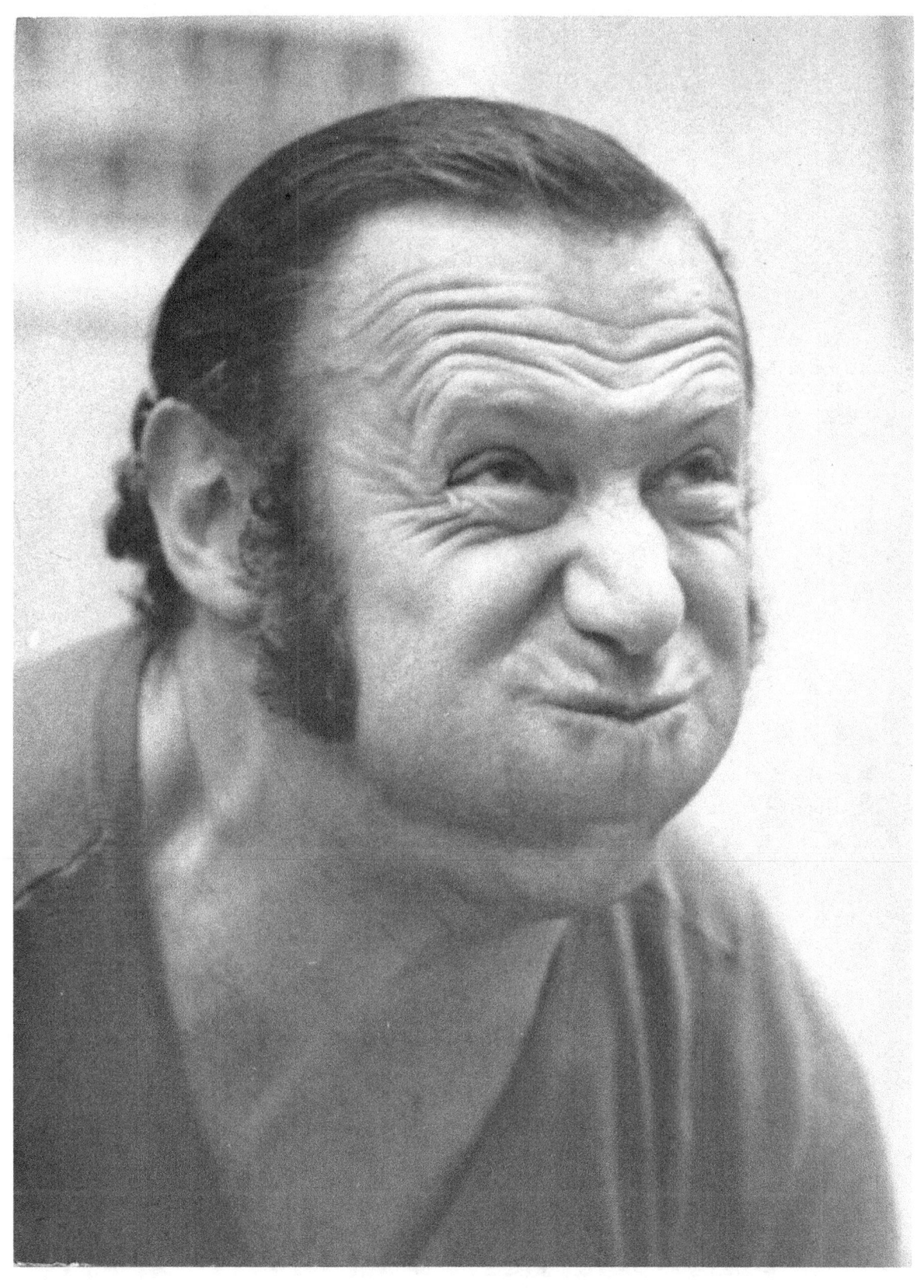

ИЛЬЯ ДЕЛАЕТ ТЯГУ (1)

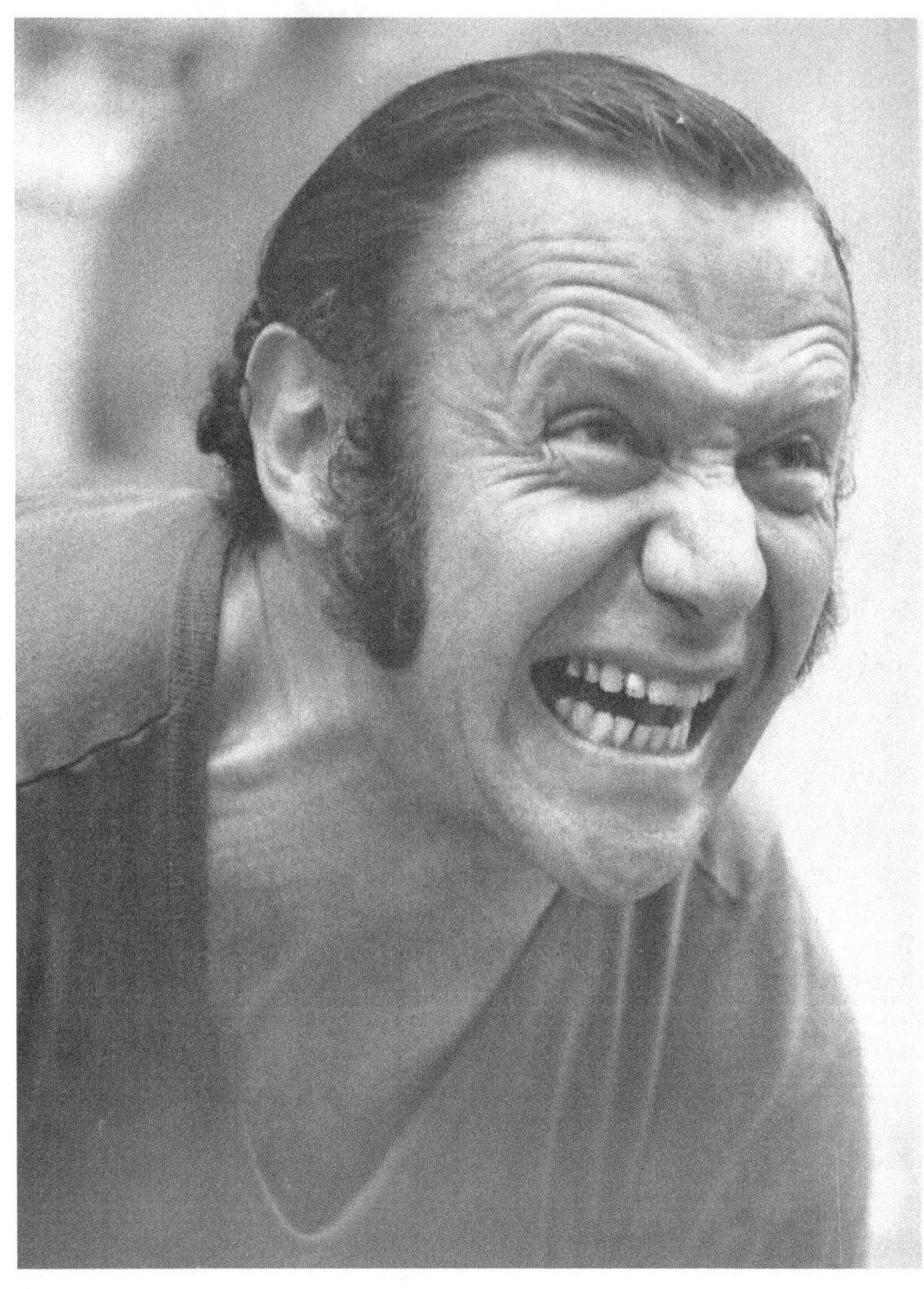

ИЛЬЯ ДЕЛАЕТ ТЯГУ (2)

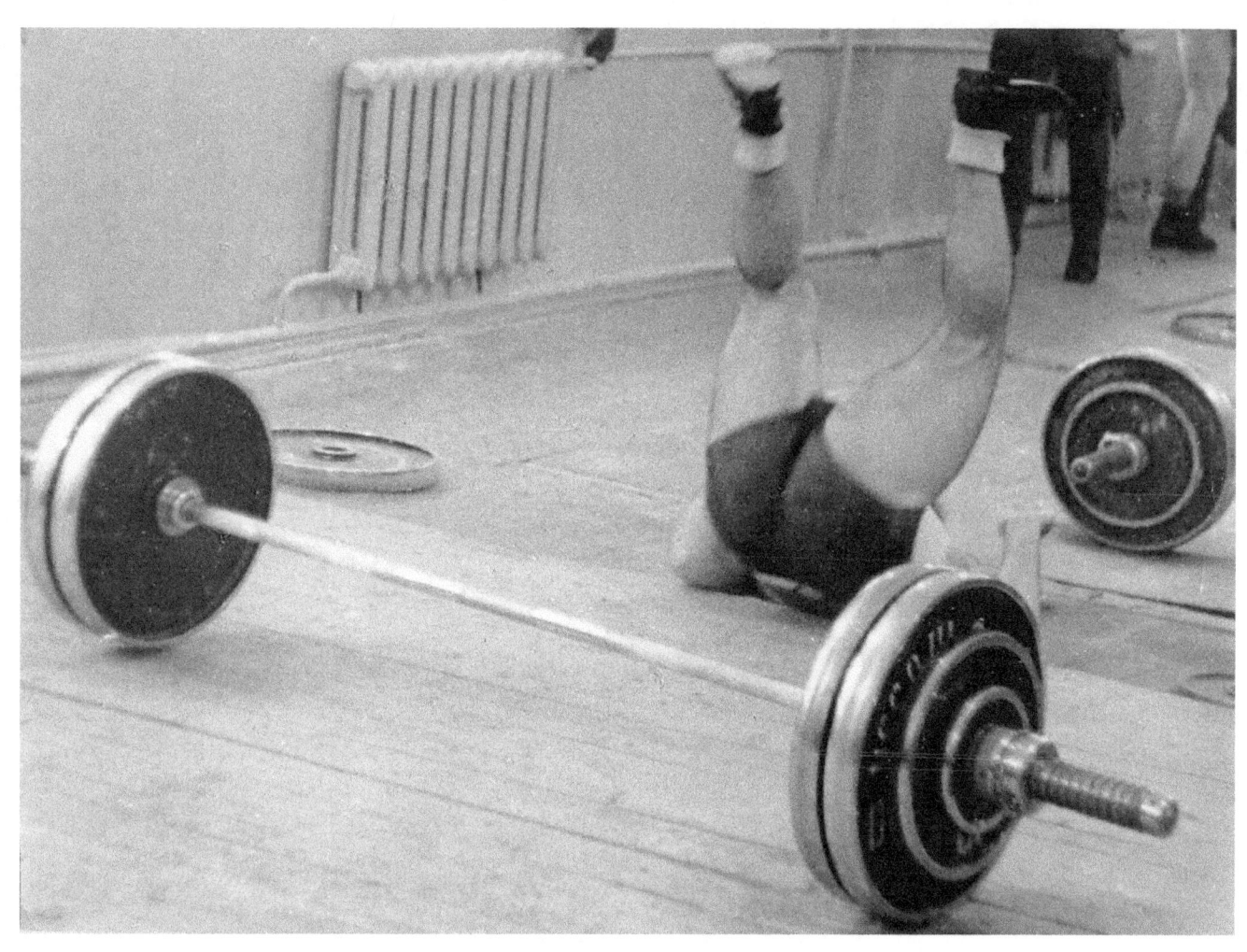

ДРАМА НА ПОМОСТЕ (1)

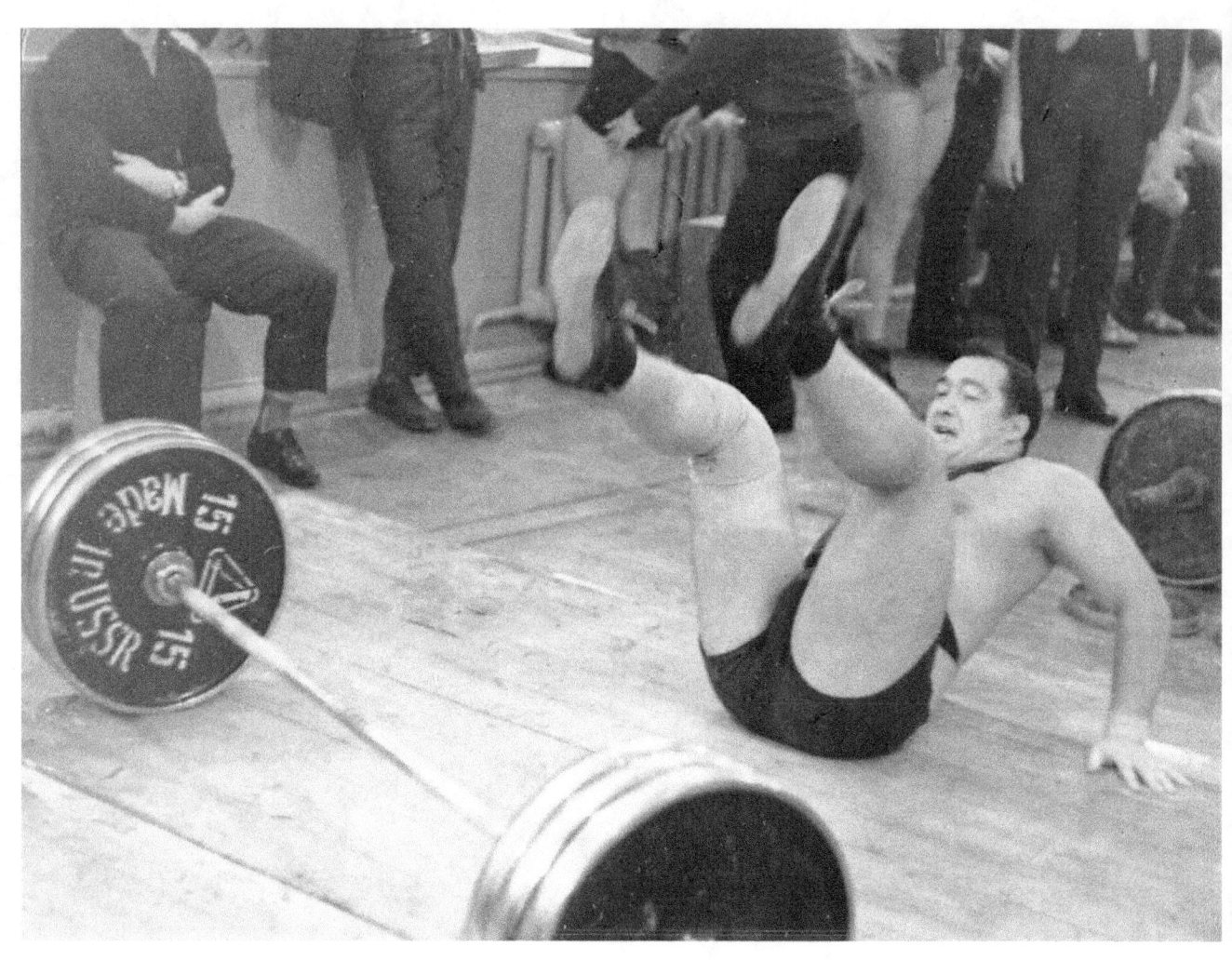

ДРАМА НА ПОМОСТЕ (2)

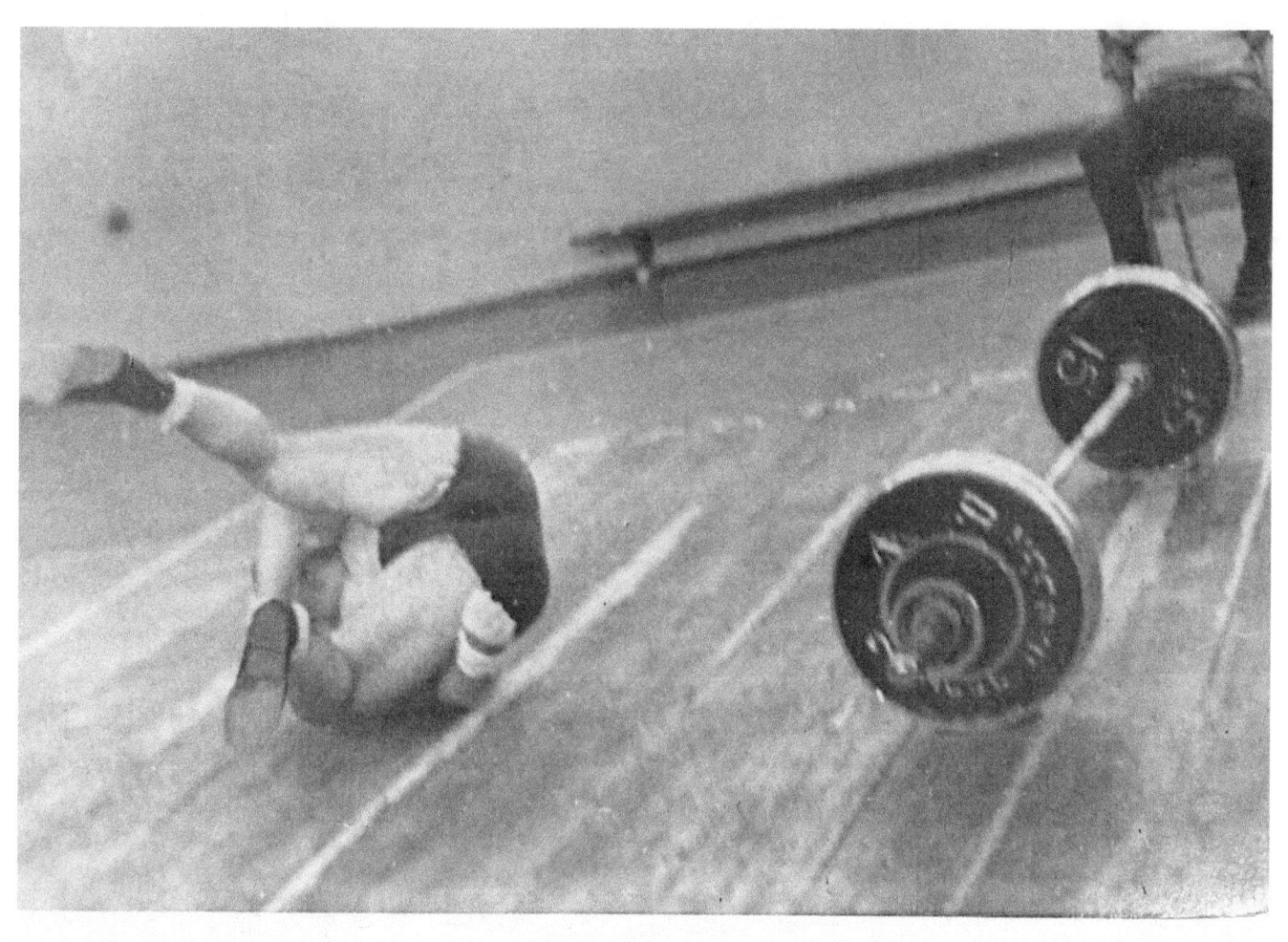

ДРАМА НА ПОМОСТЕ (3)

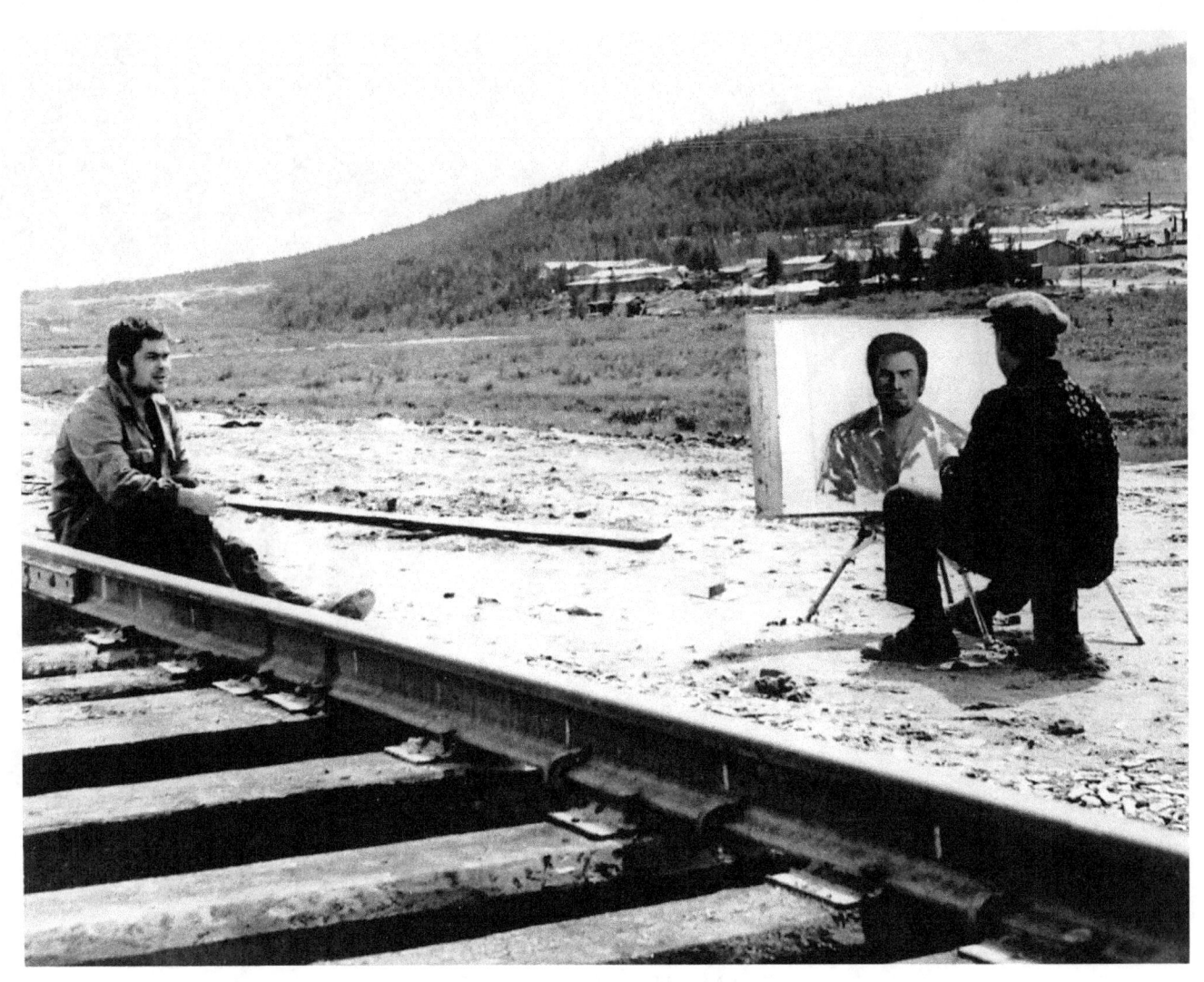

БАМ (1)

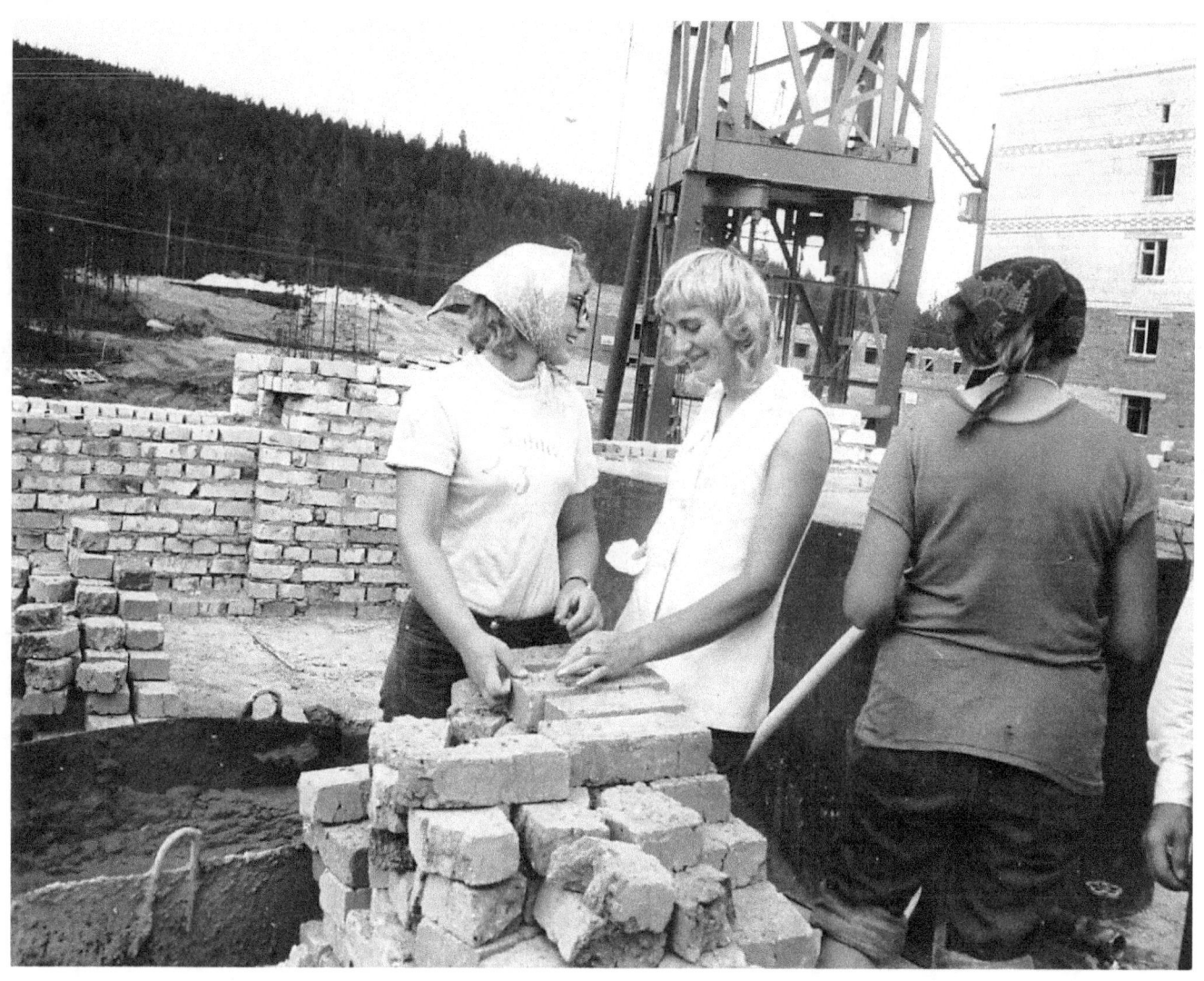

БАМ 2

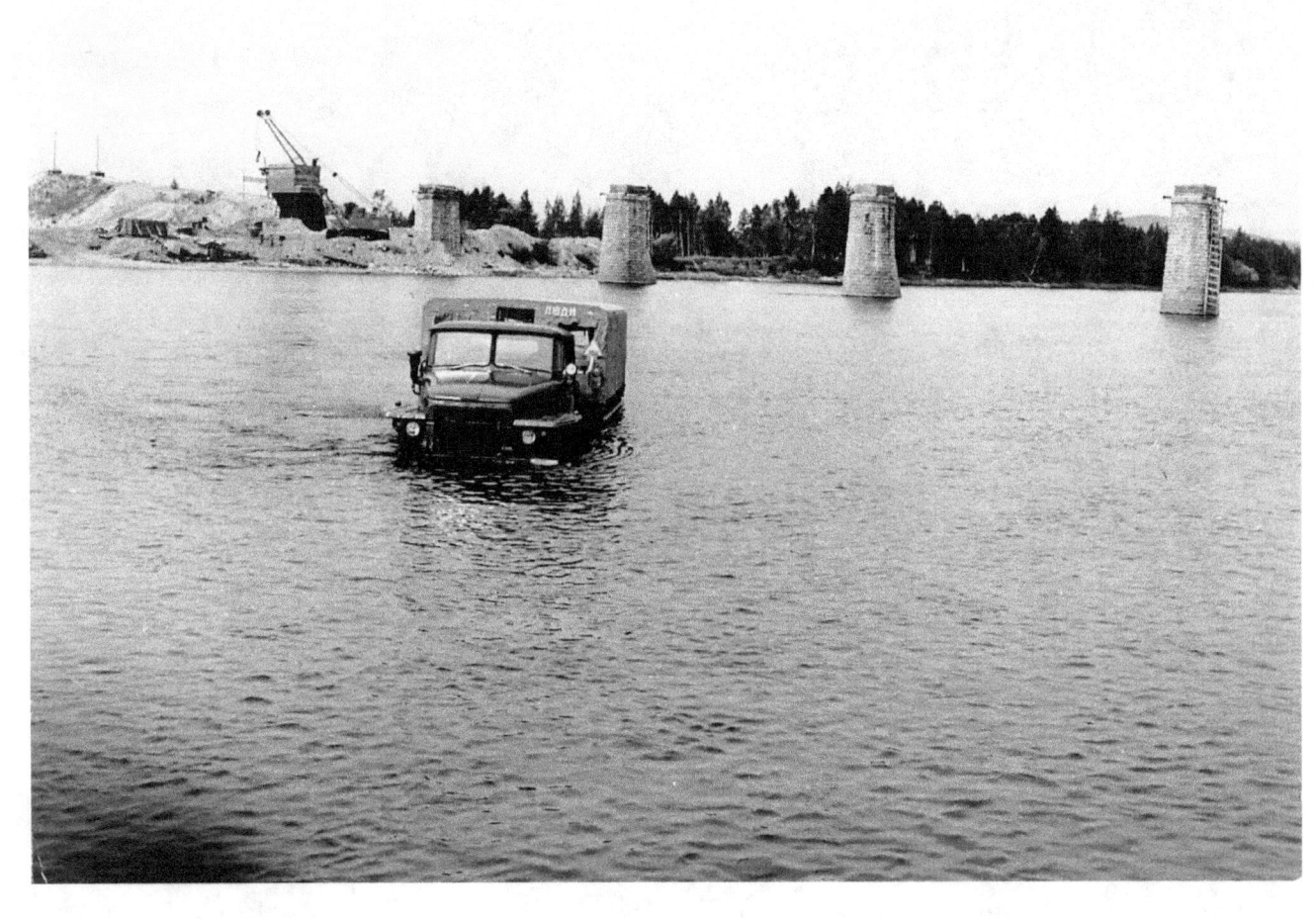

БАМ 3

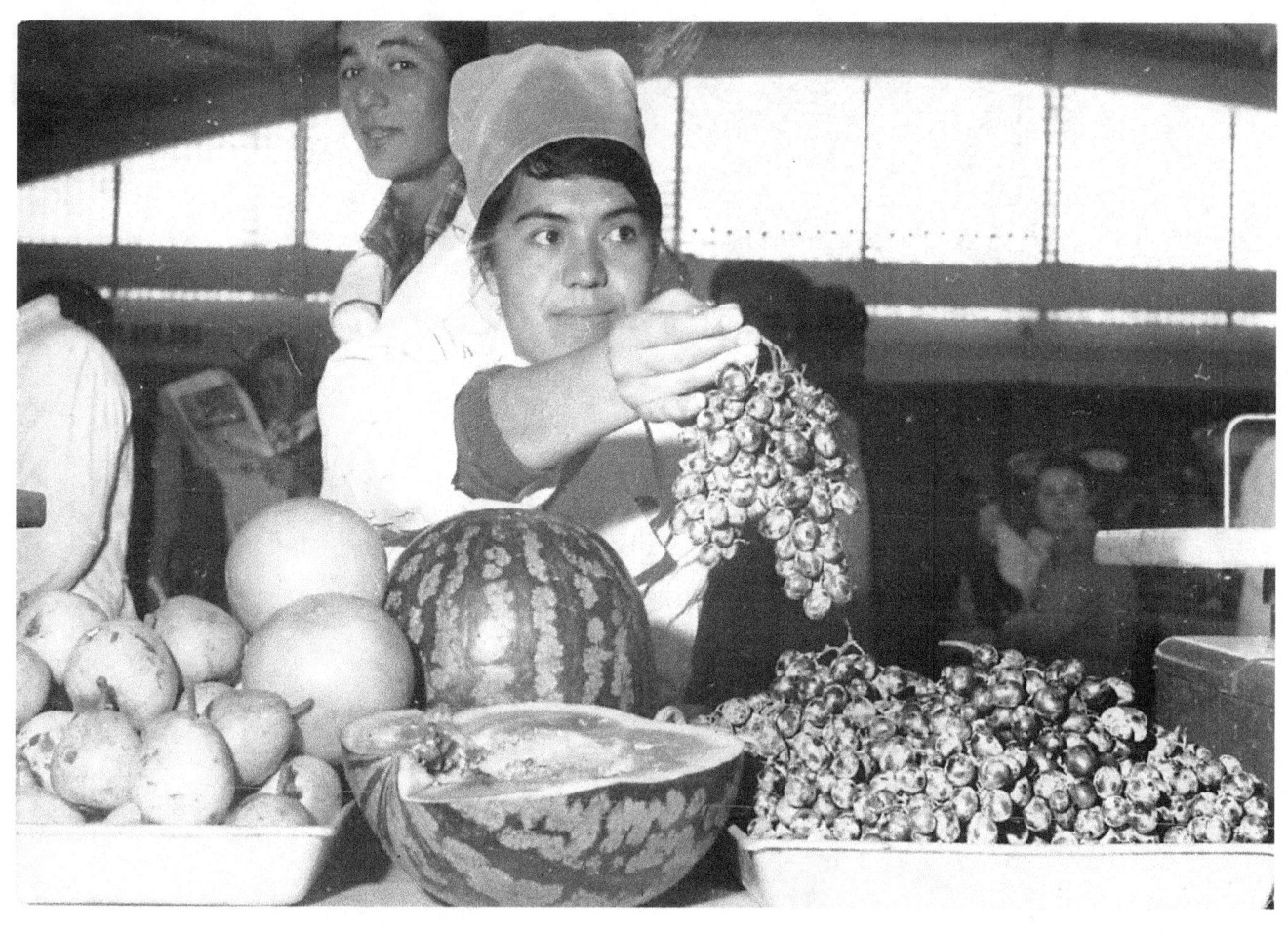

НА РЫНКЕ (1)

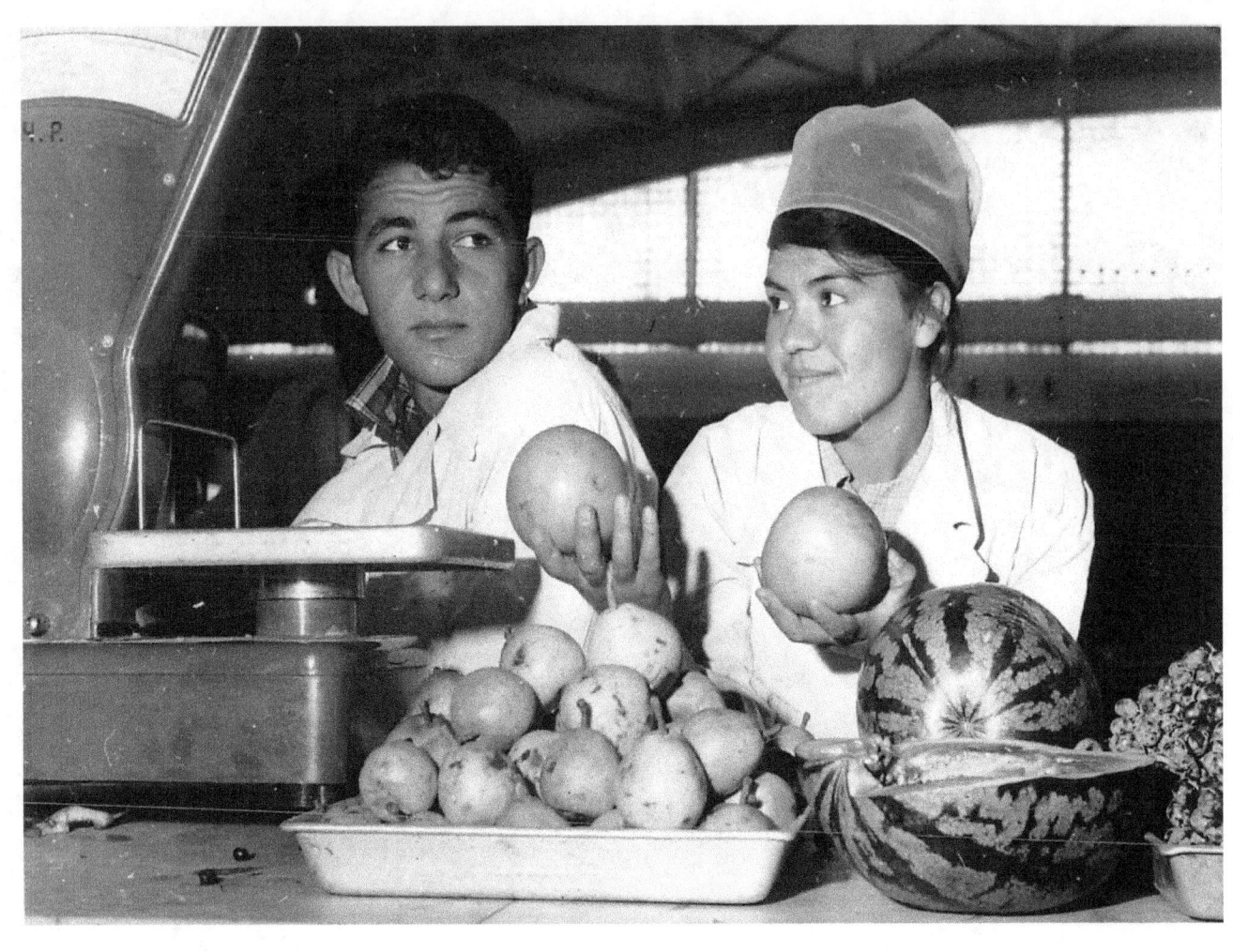

НА РЫНКЕ (2)

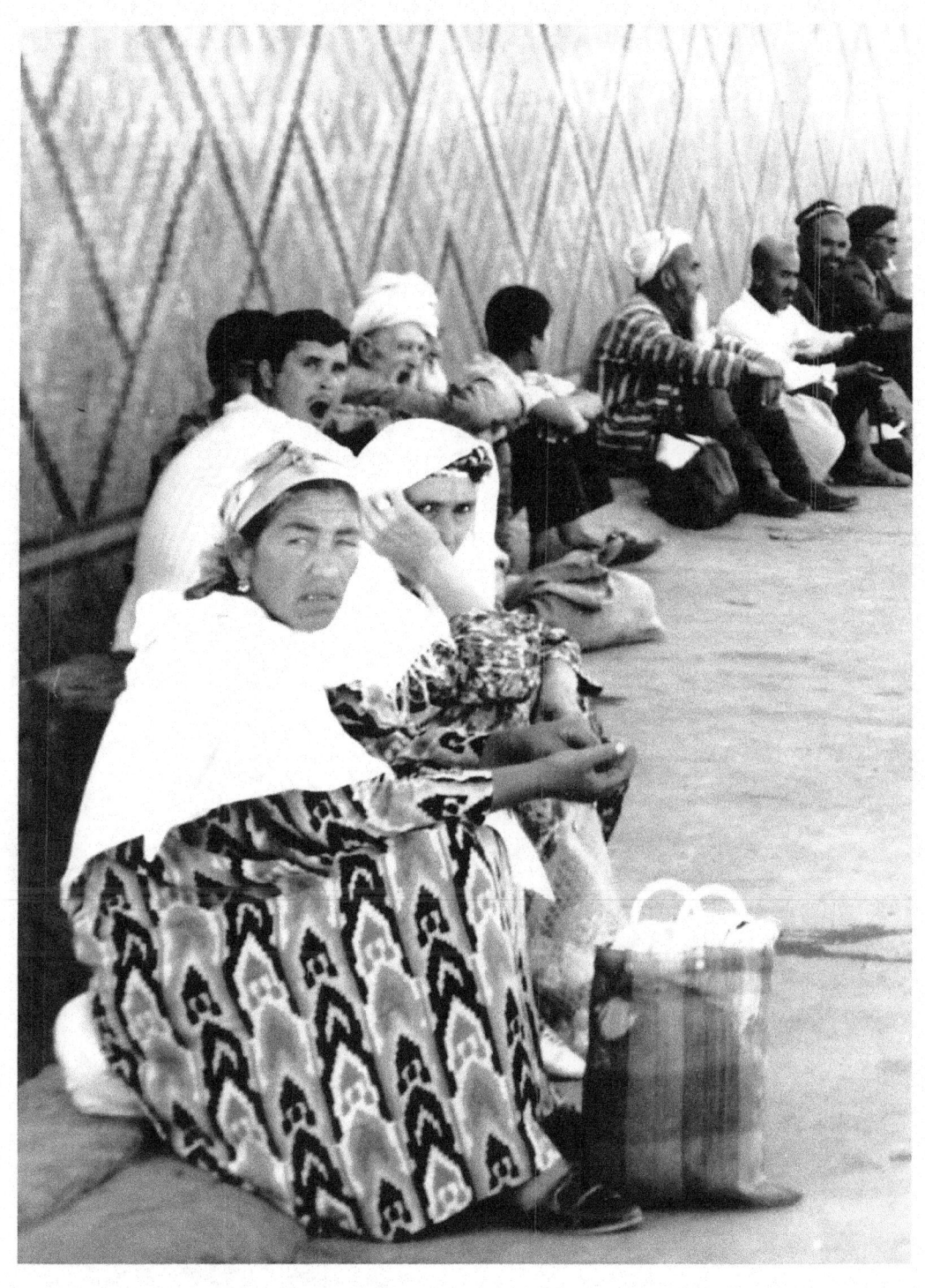

ПЛОЩАДЬ В САМАРКАНДЕ

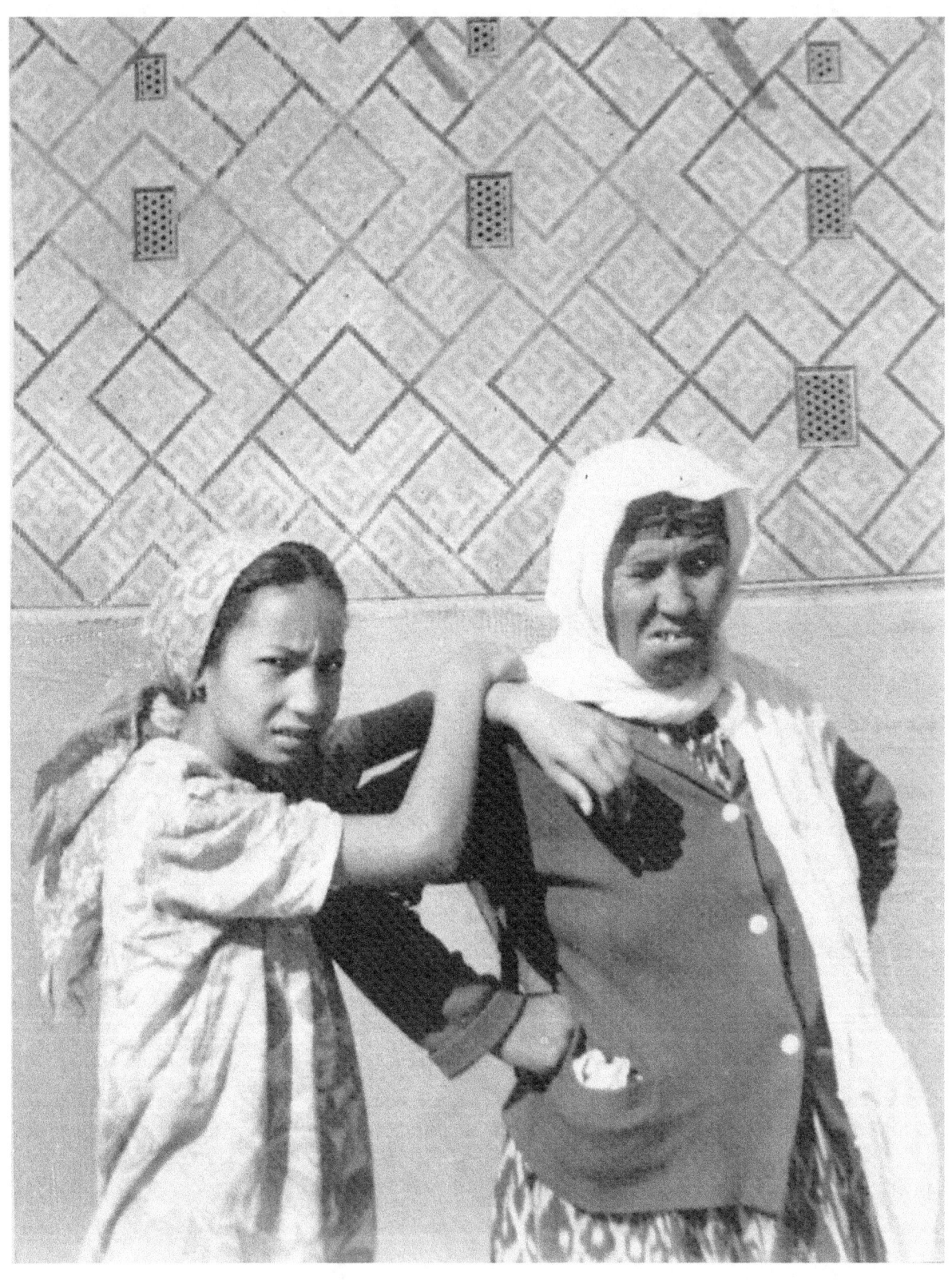

БАБУШКА И ВНУЧКА (САМАРКАНД)

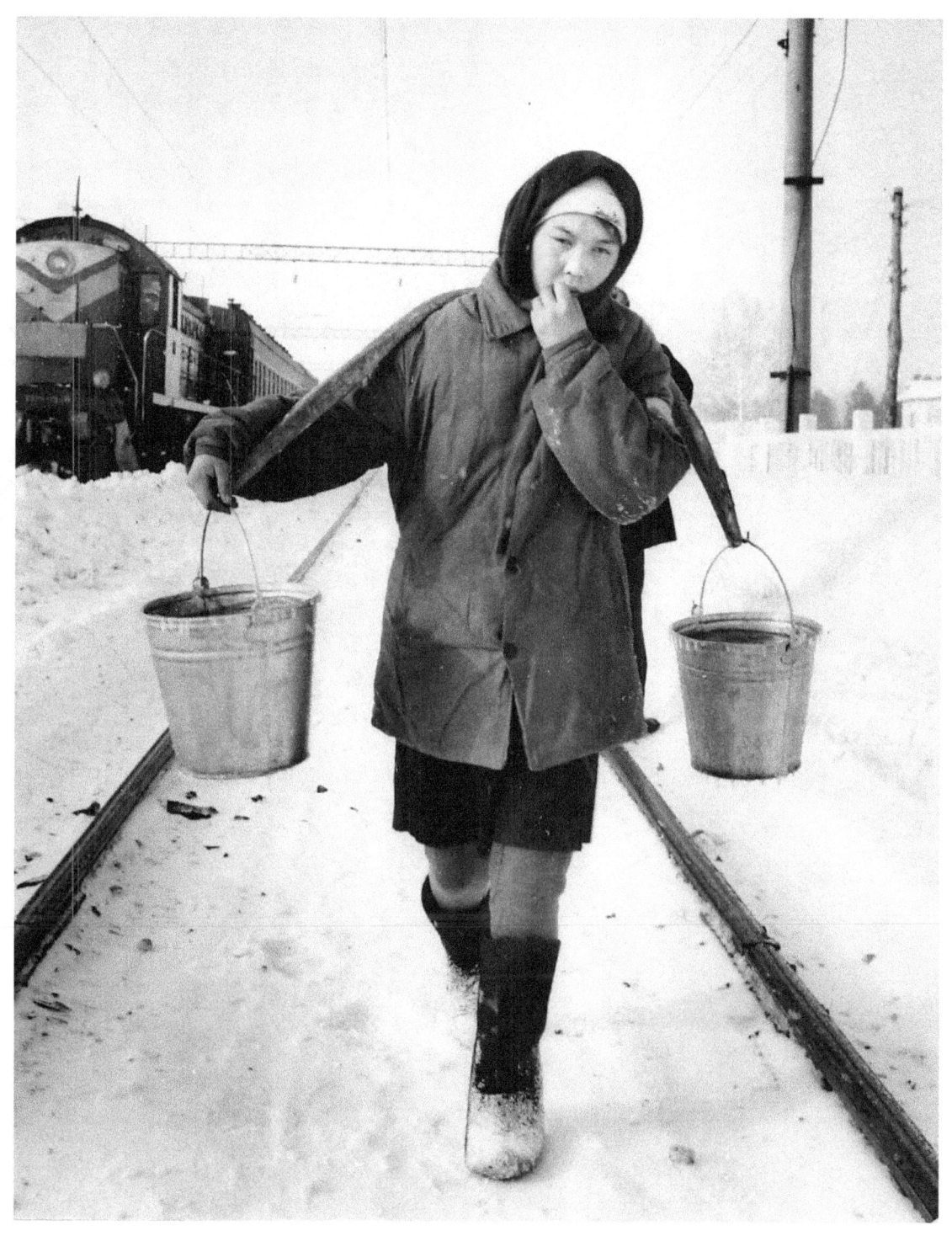

УРАЛ (1)

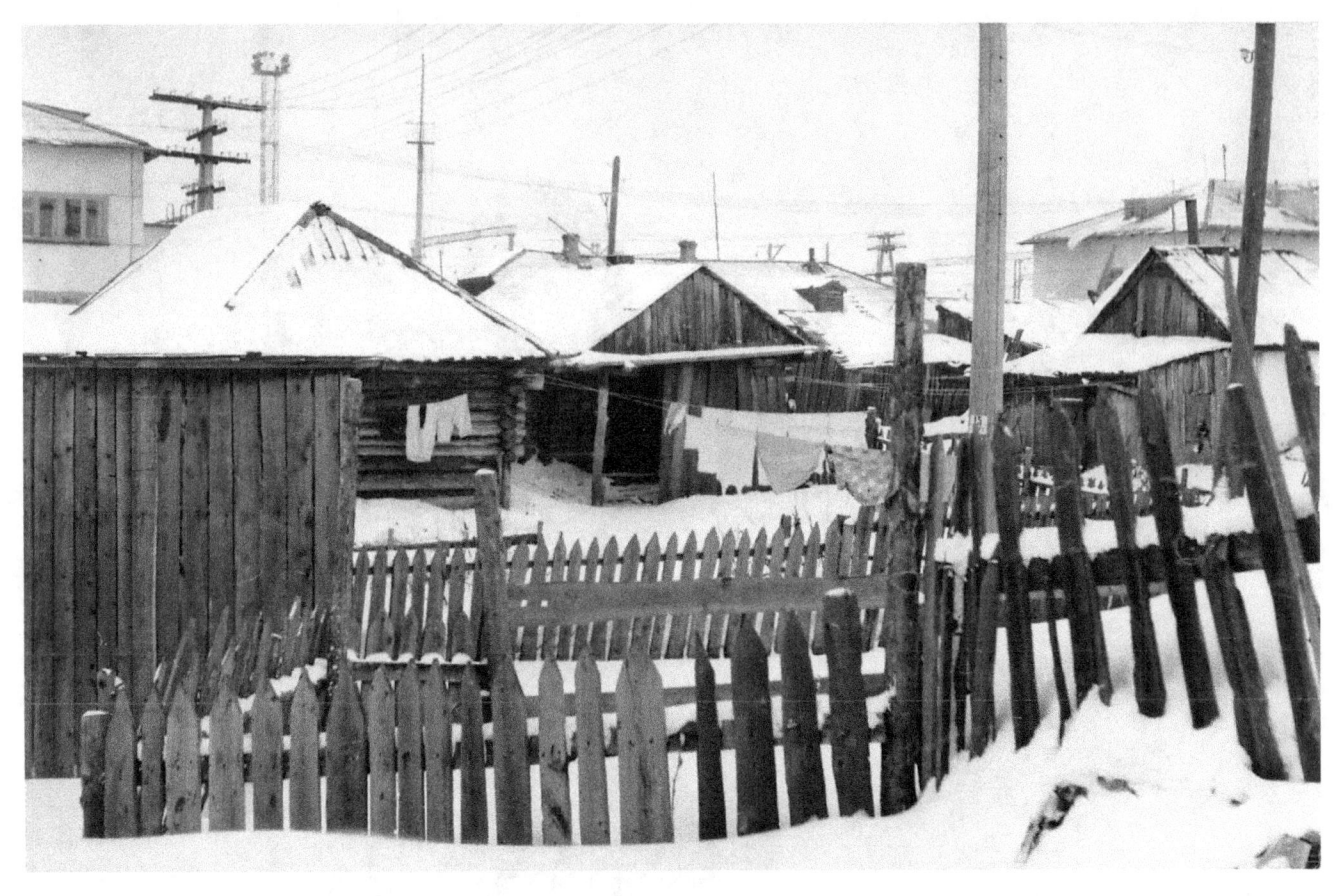

УРАЛ (2)

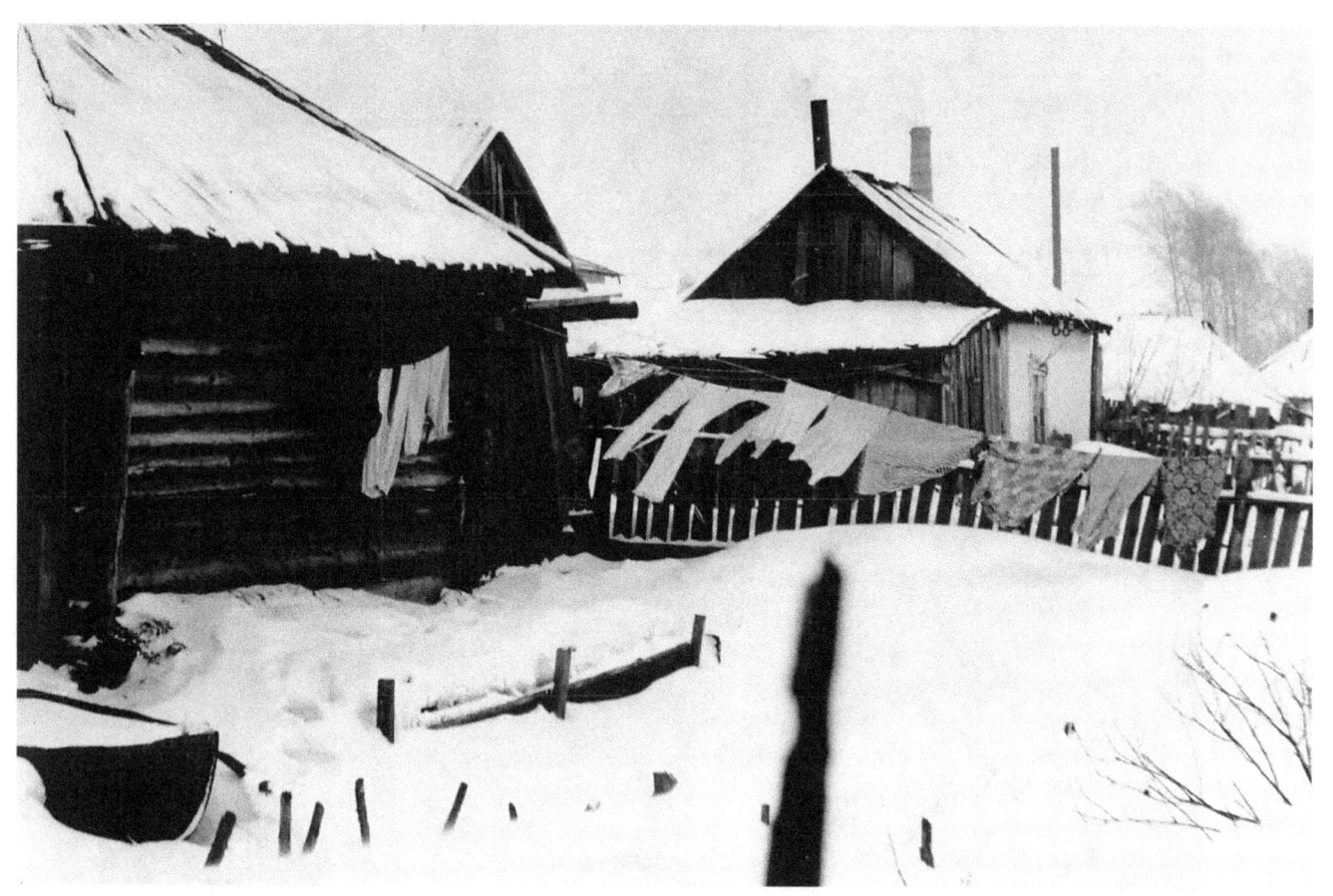

УРАЛ (3)

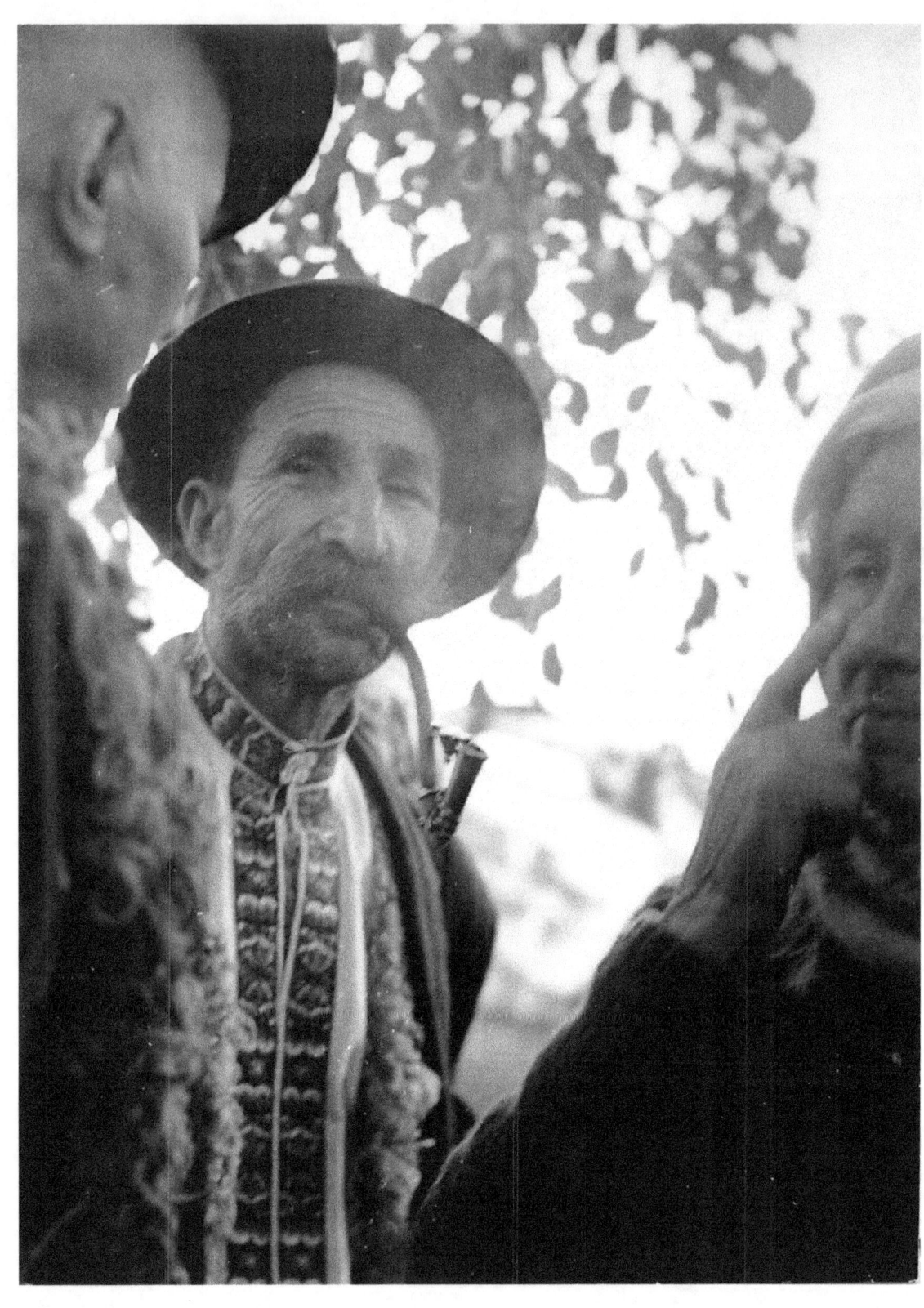

КОСОВ, ПРИКАРПАТЬЕ. ЯРМАРКА

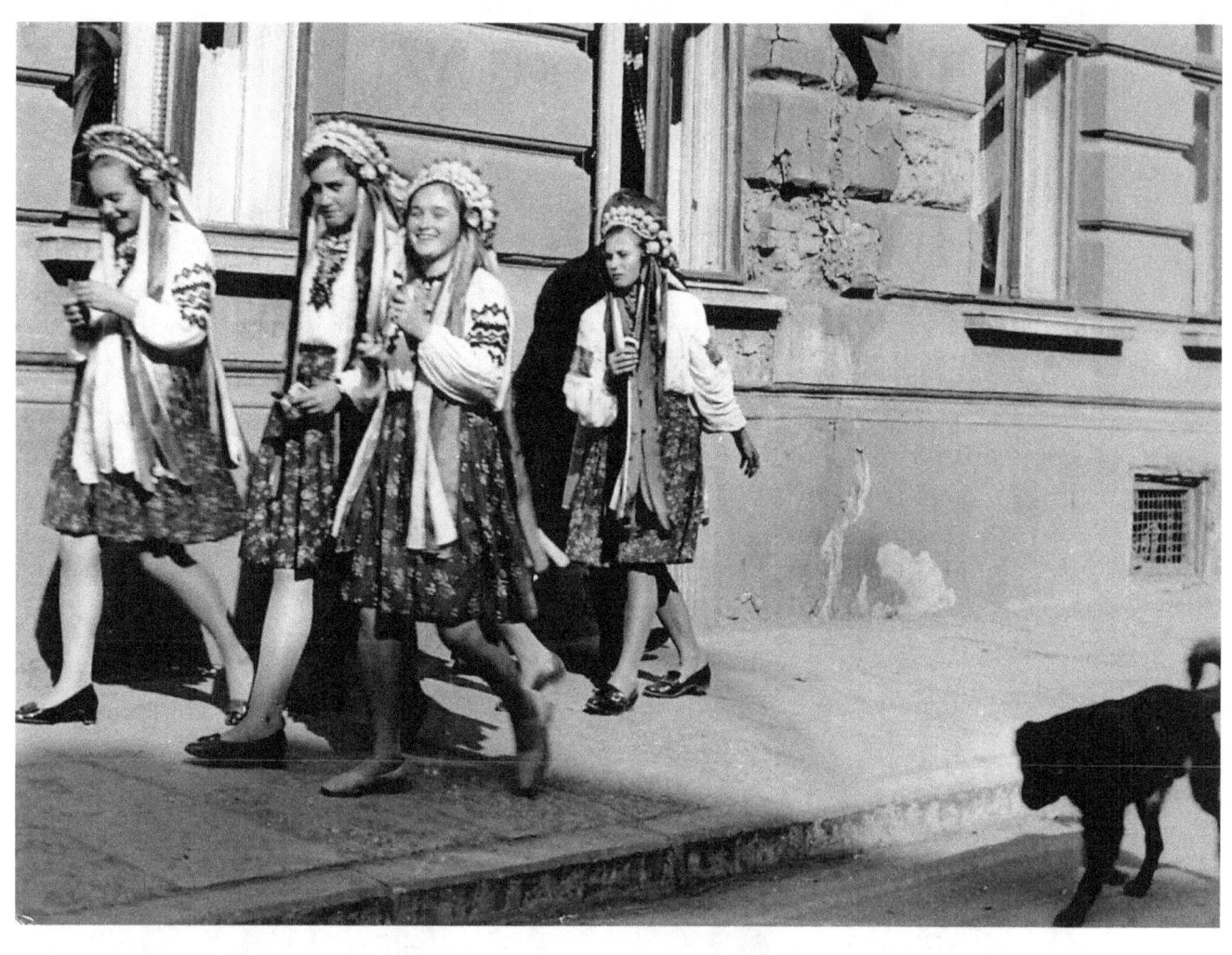

ПРИКАРПАТЬЕ. ПОДРУЖКИ НЕВЕСТЫ

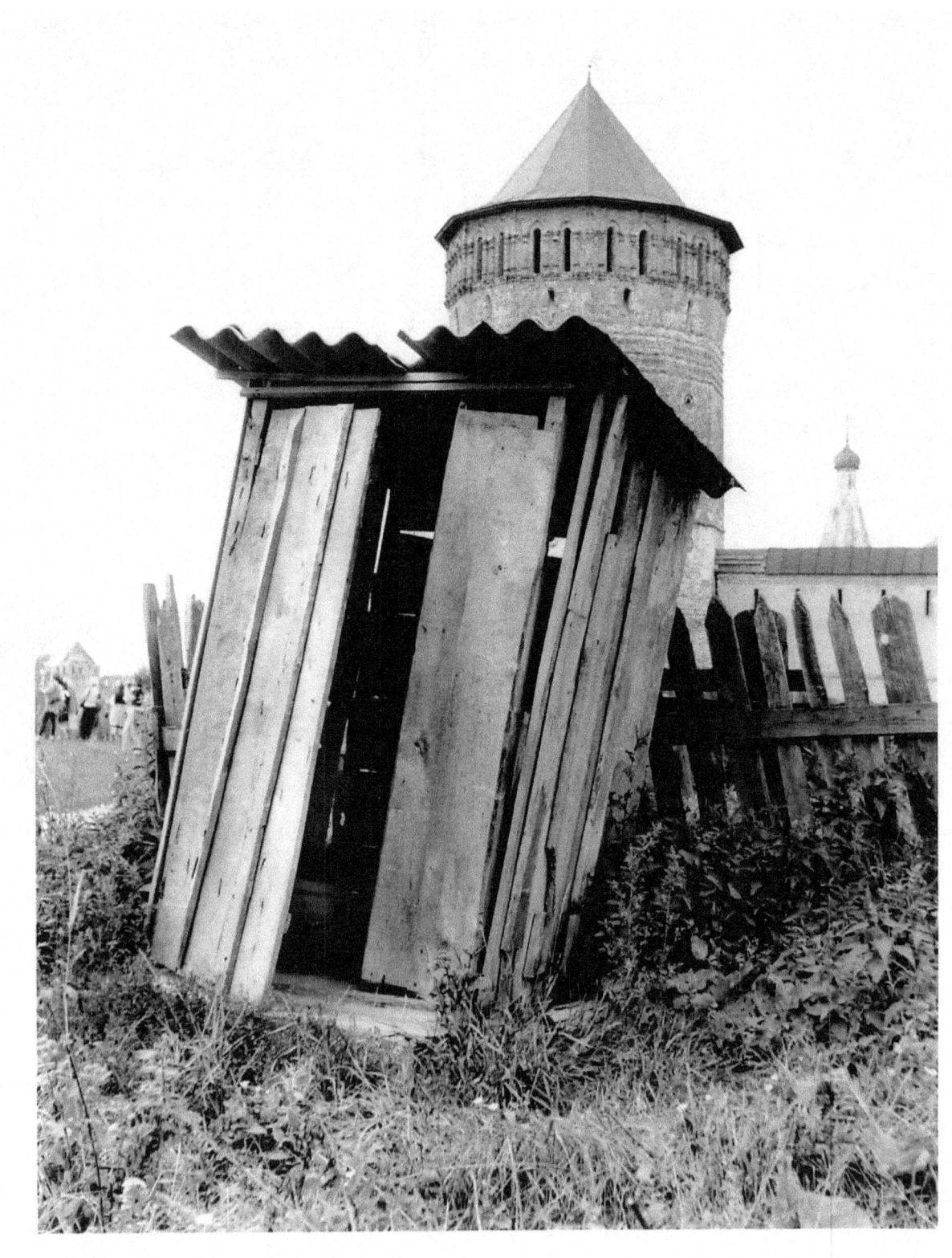

УБОРНЫЕ (1)

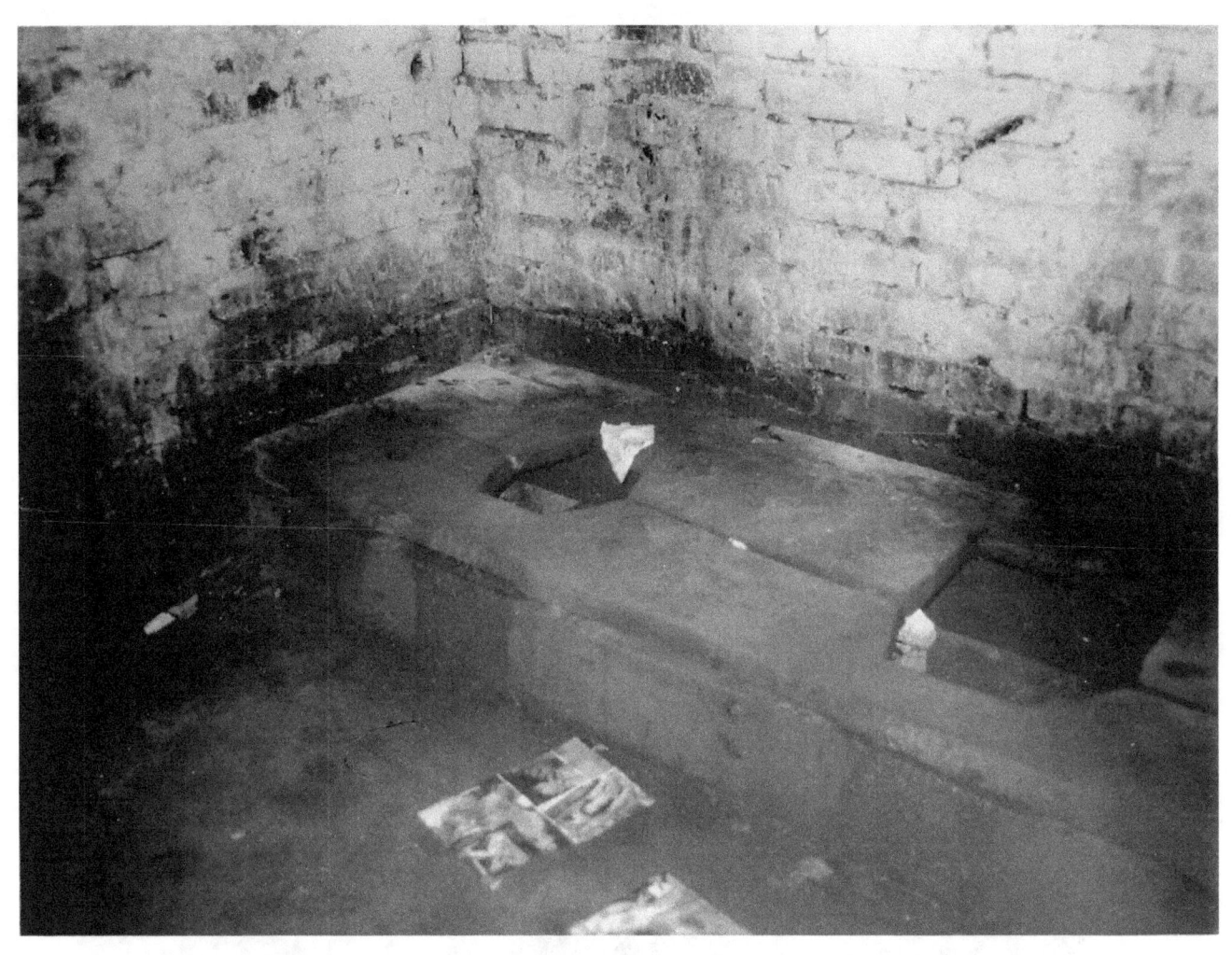

УБОРНЫЕ (2)

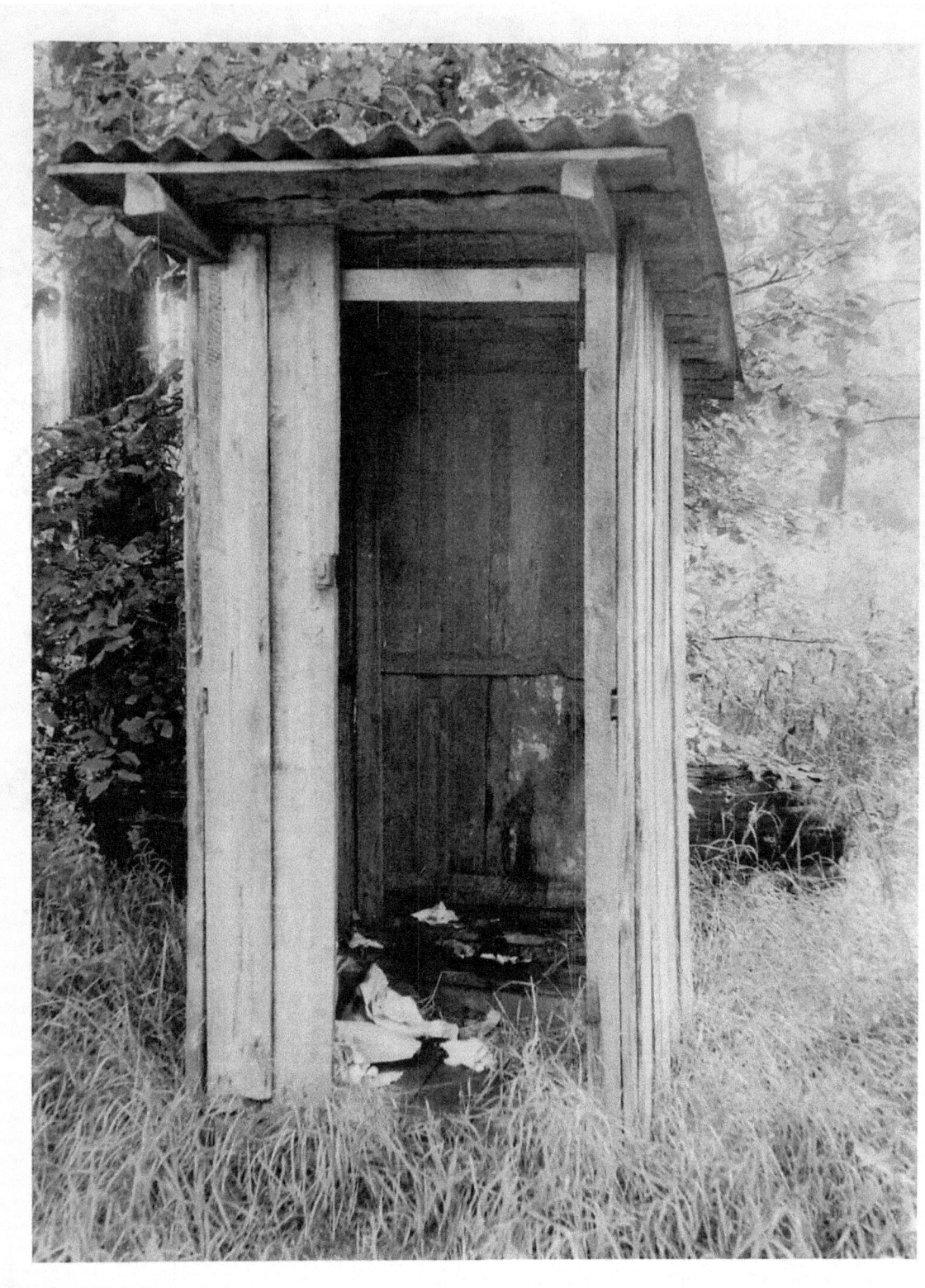

УБОРНЫЕ (3)

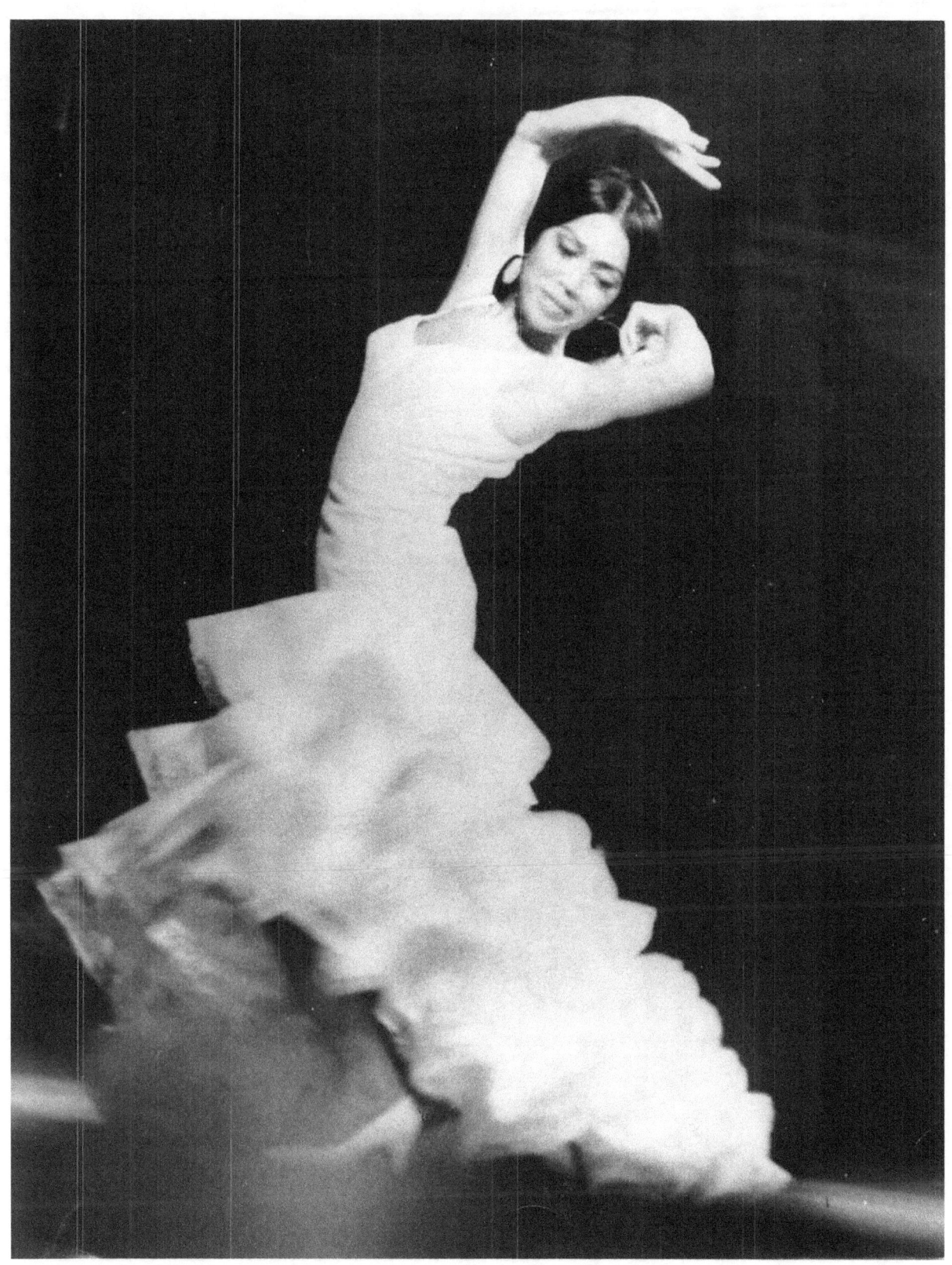

ФЛАМЕНКО

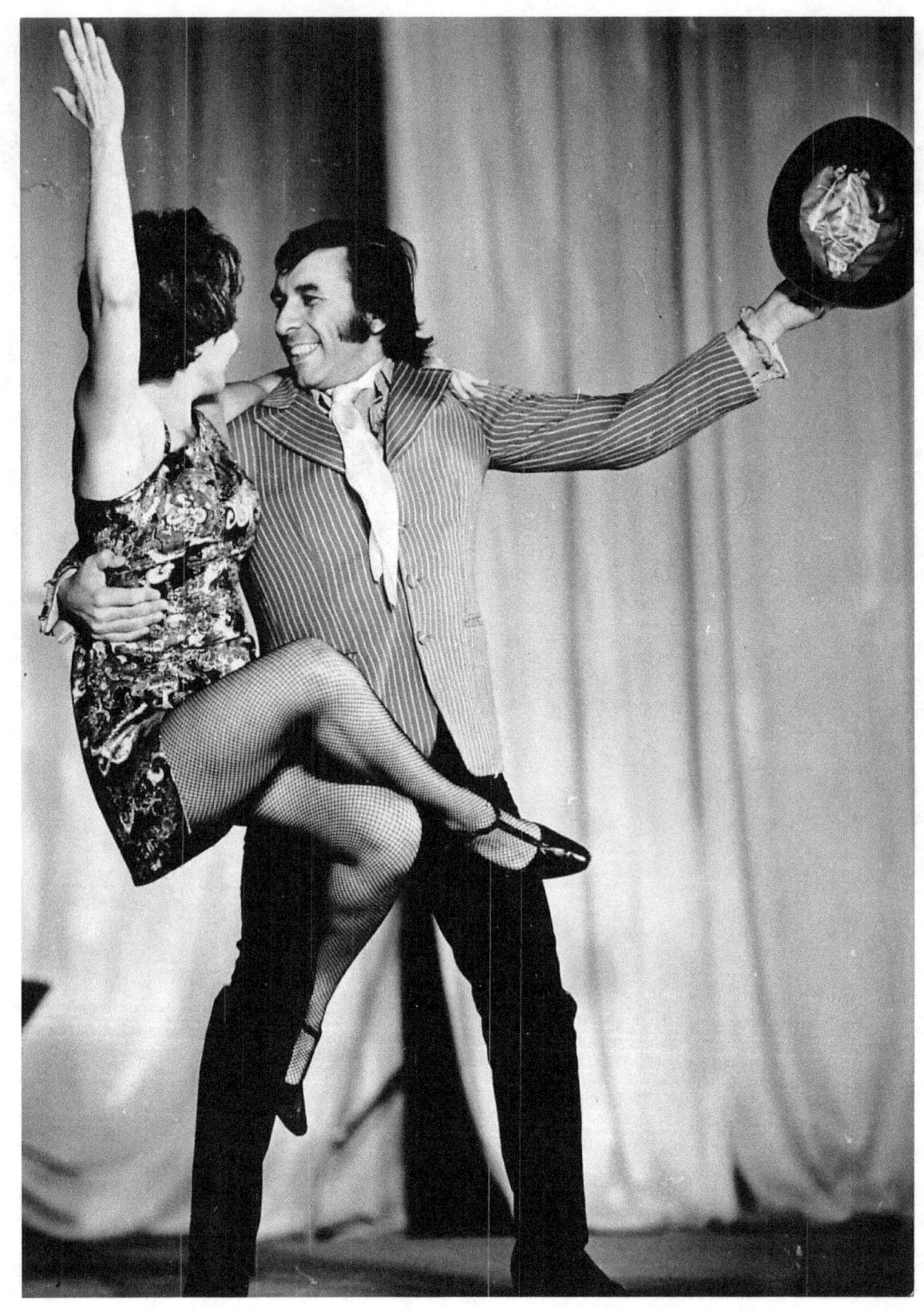

ТАНГО. АРГЕНТИНА

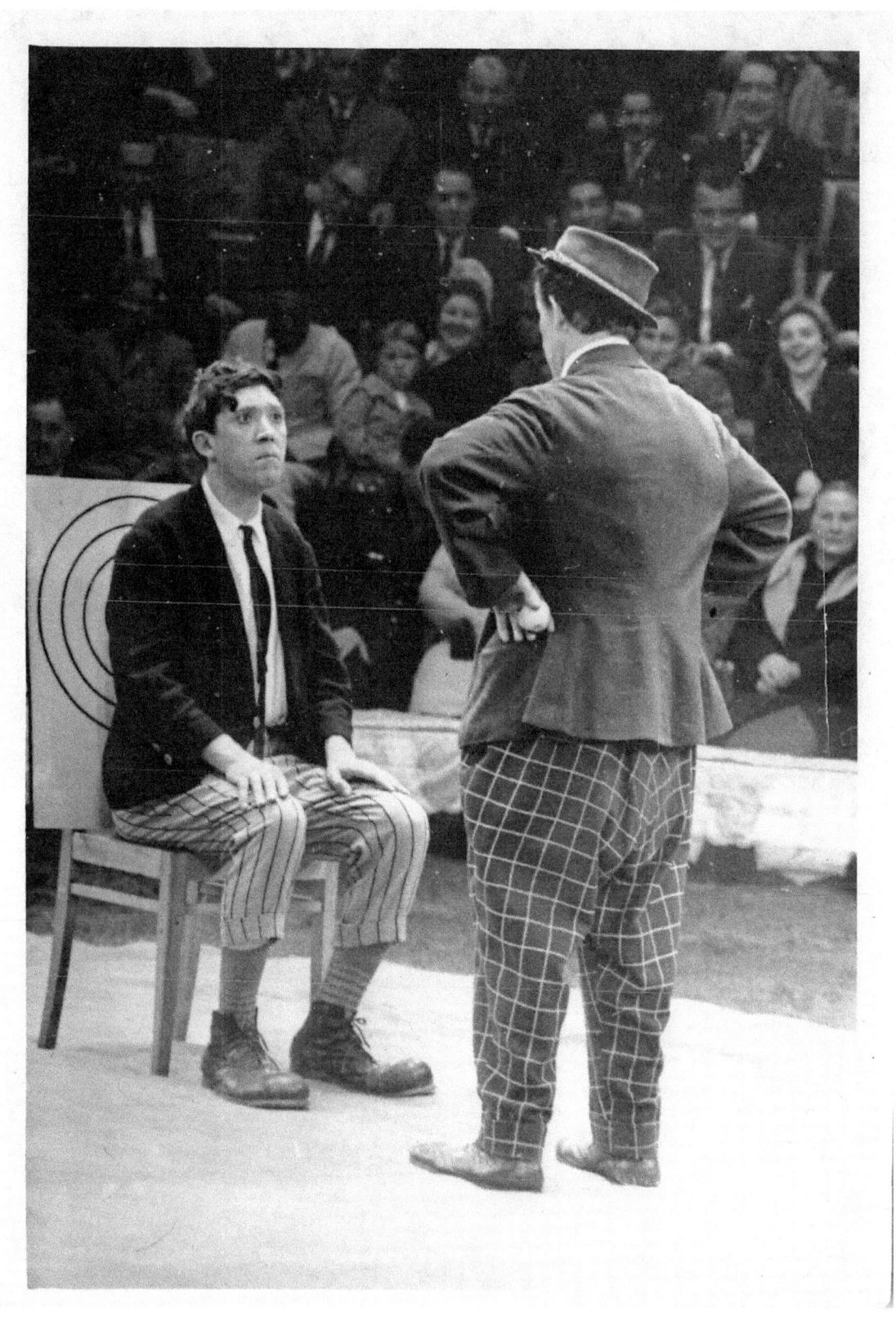

НИКУЛИН И ШУЙДИН

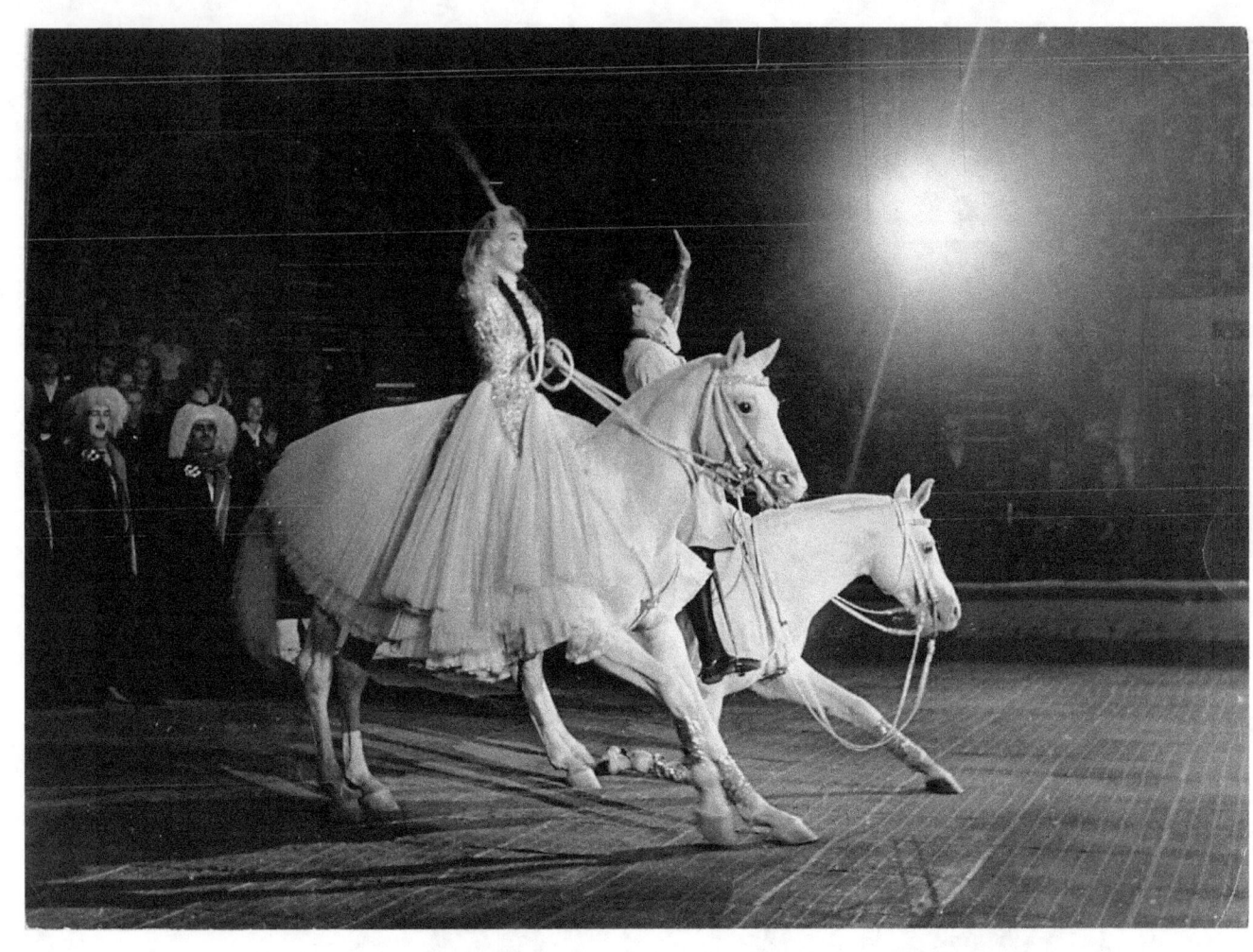

ЦИРК ДЗЕРАСА ТУГАНОВА

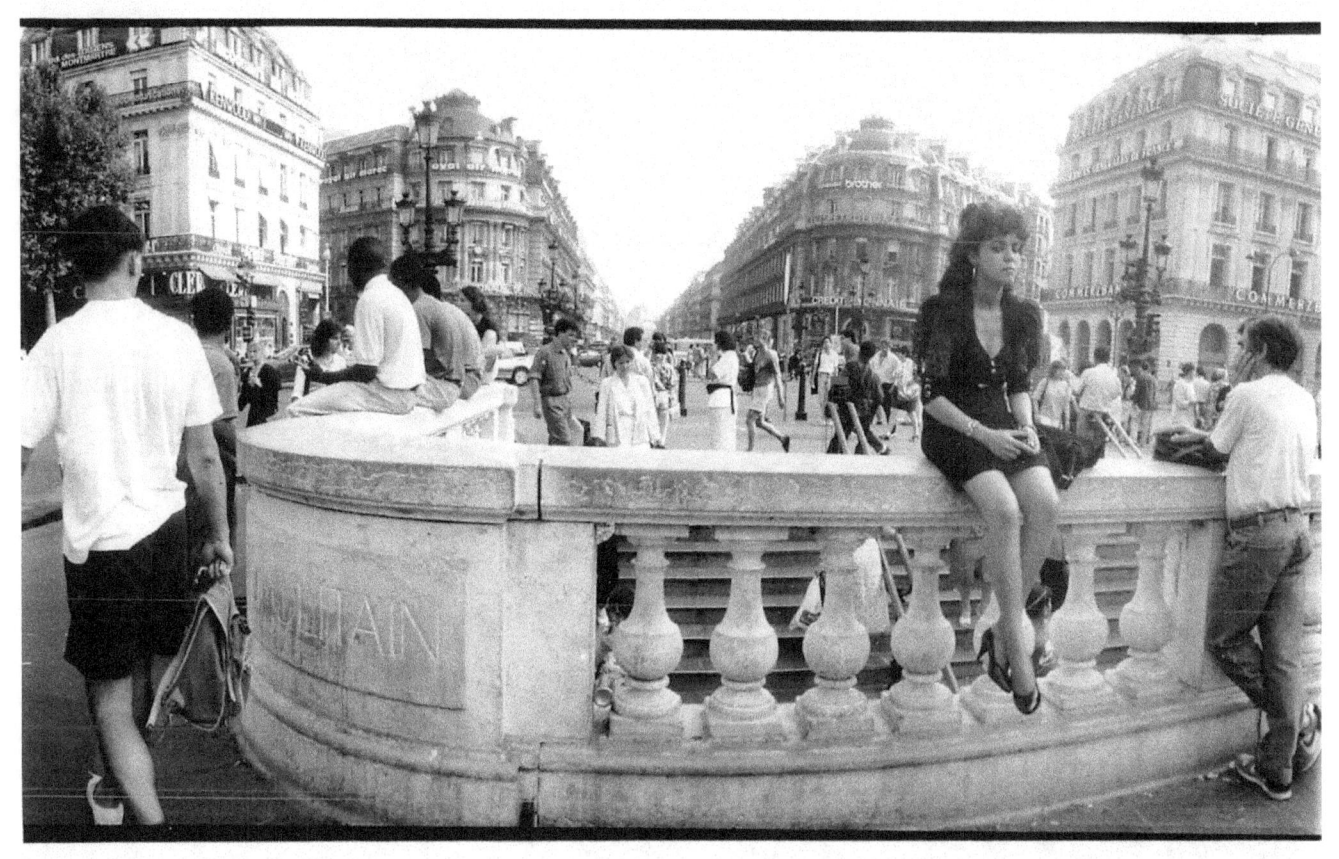

ПАРИЖ

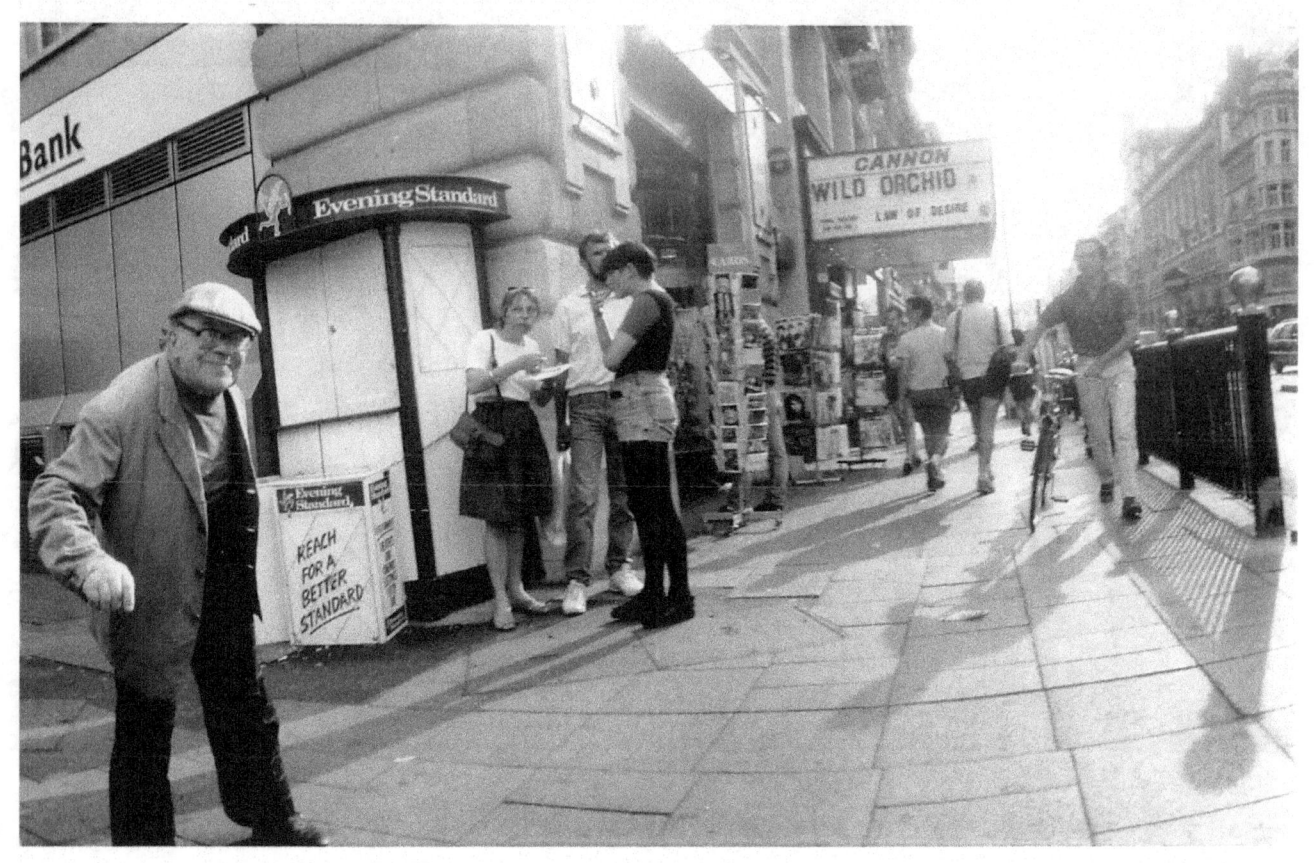

ЛОНДОН

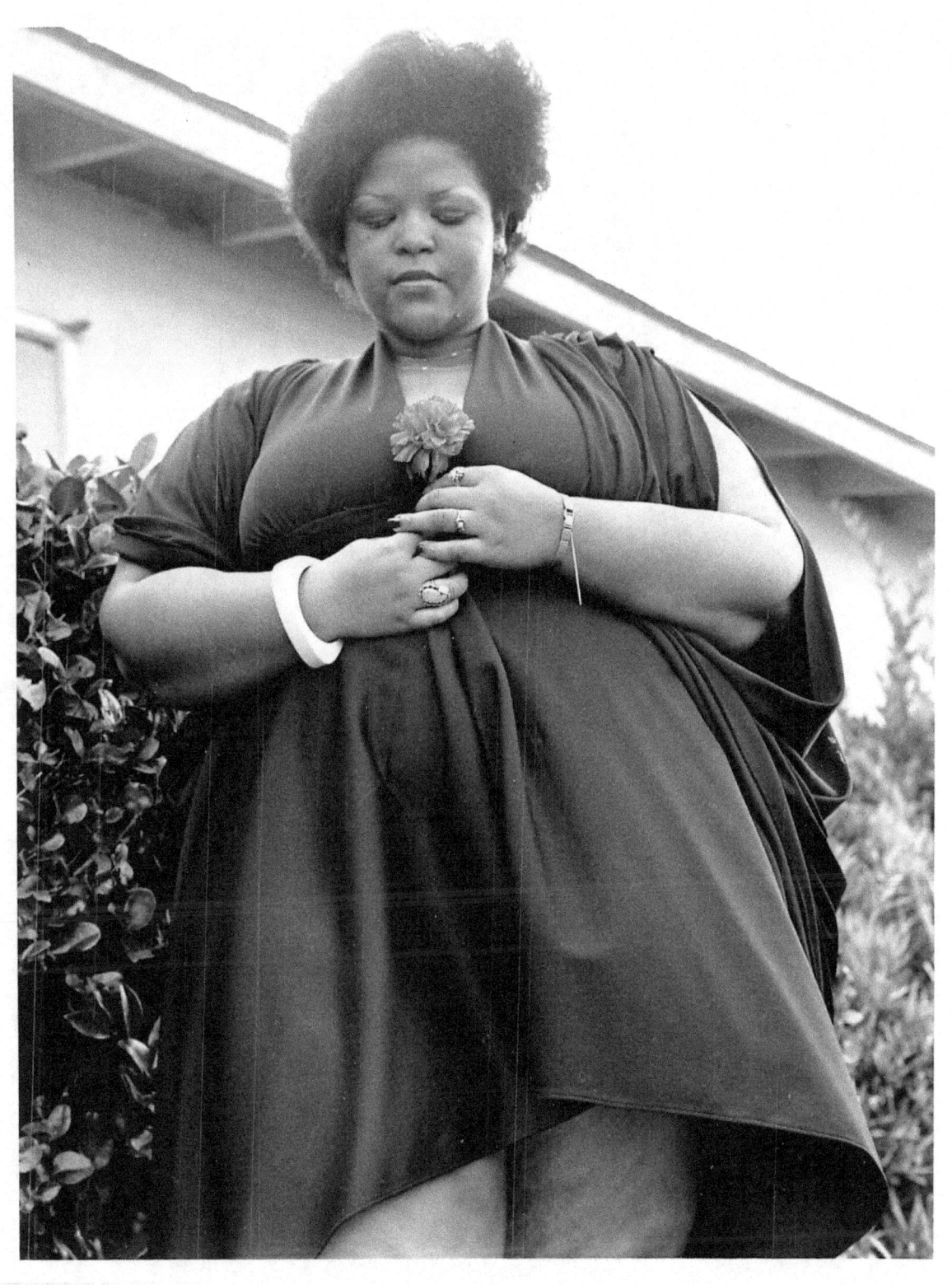

ДЕВУШКА С ЦВЕТКОМ

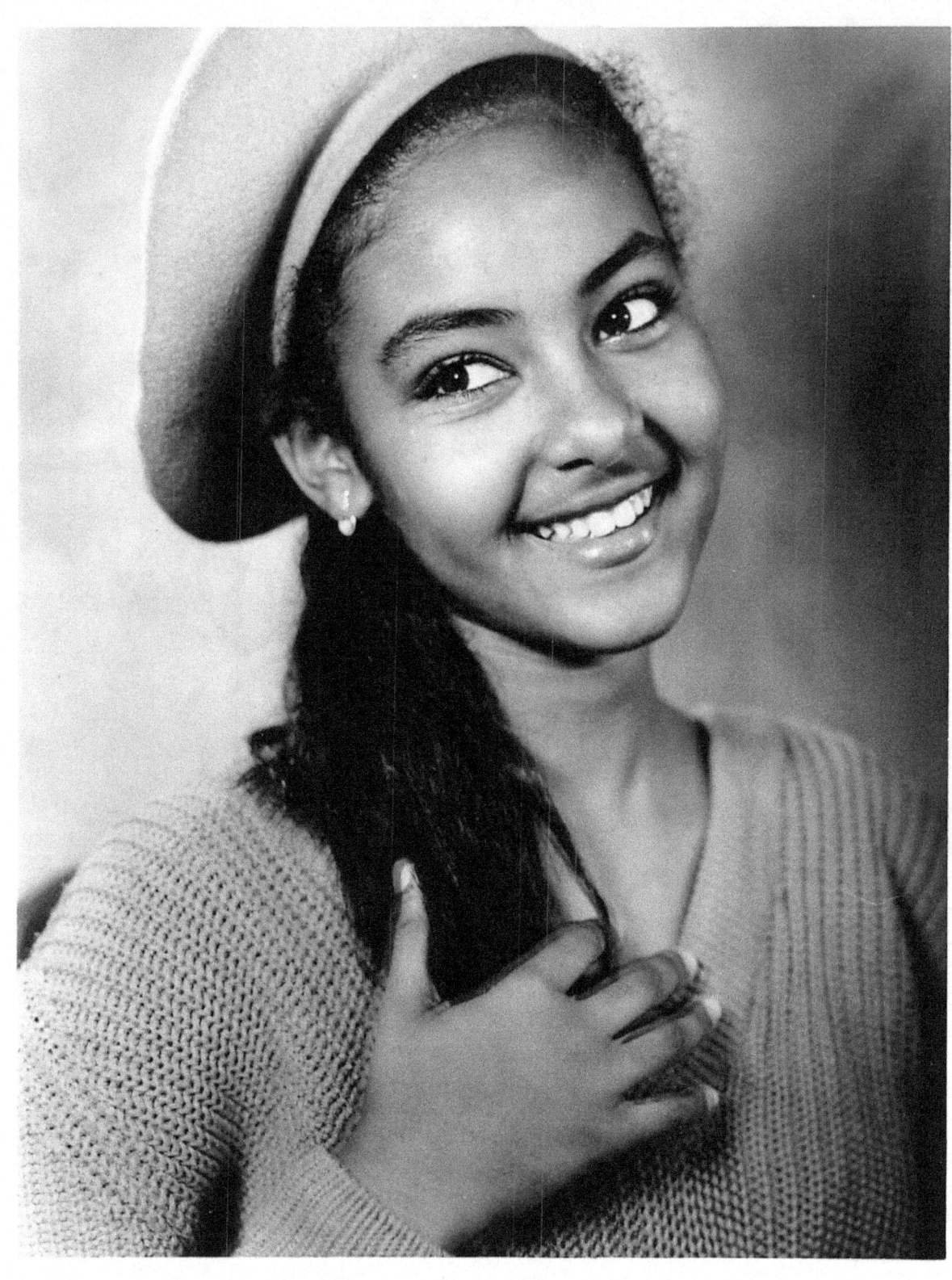

ДОЧЬ ЗИГХЕРИДЫ (ЭРИТРЕЯ)

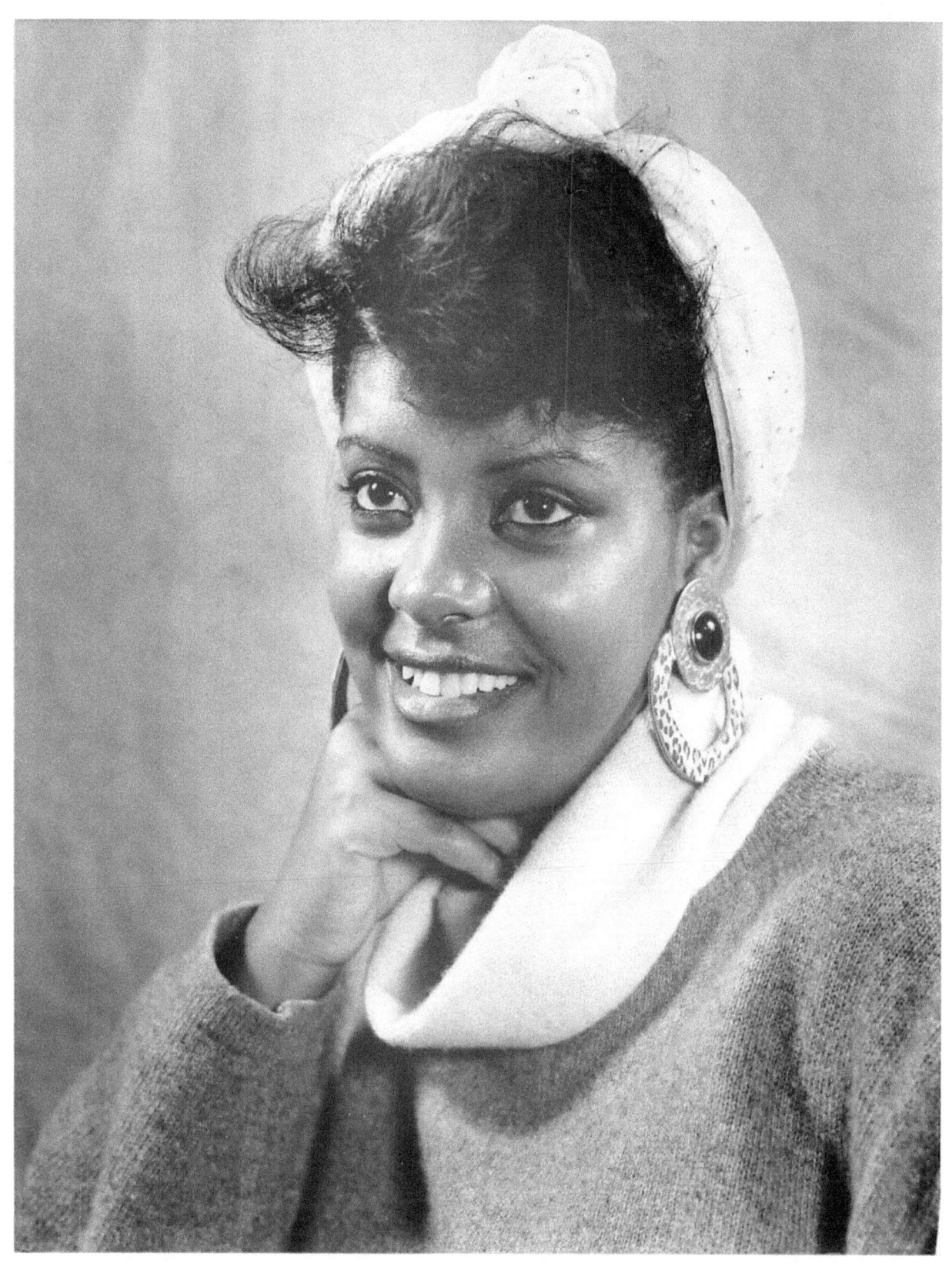

ЖЕНЩИНА ИЗ ЭРИТРЕИ

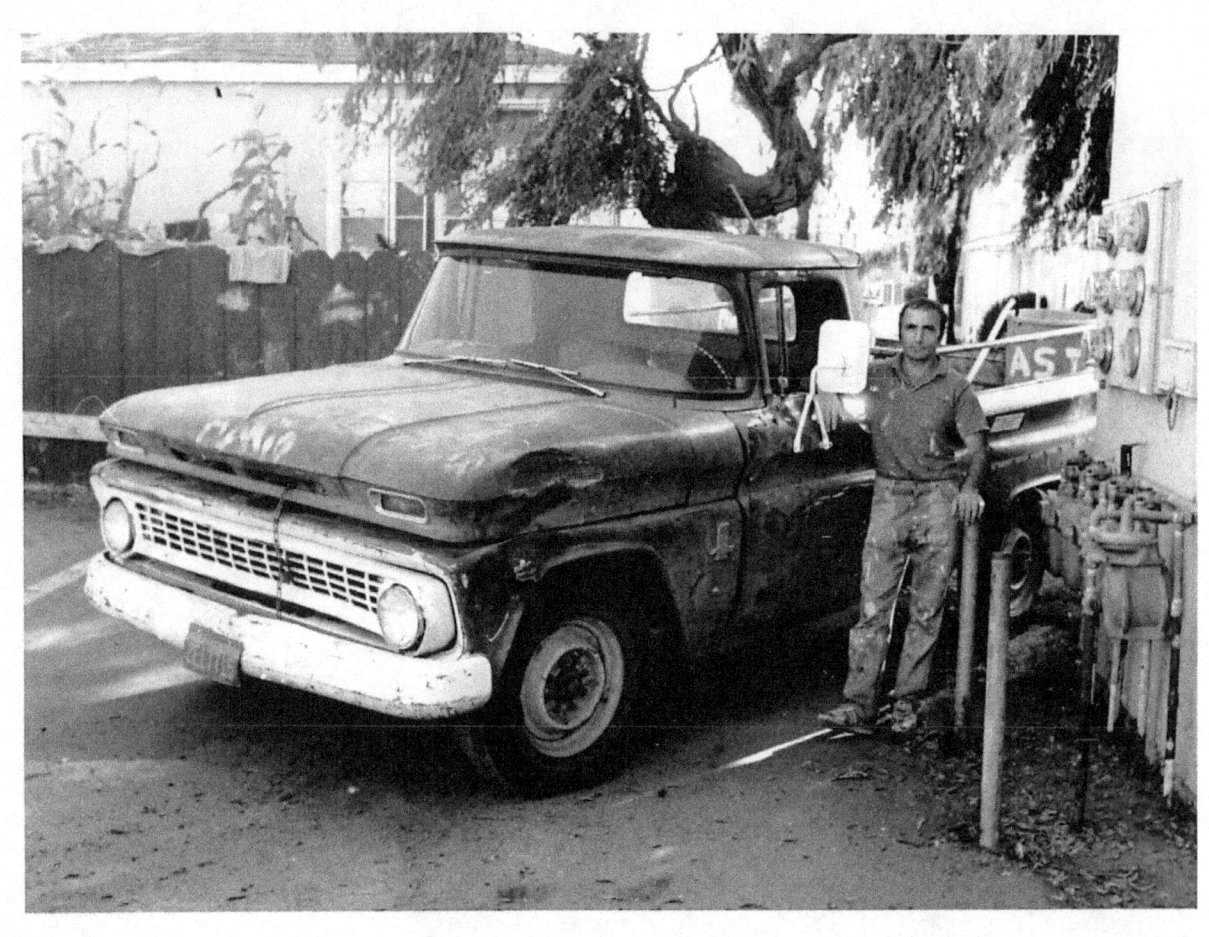

ГРЯЗНАЯ РАБОТА (1)

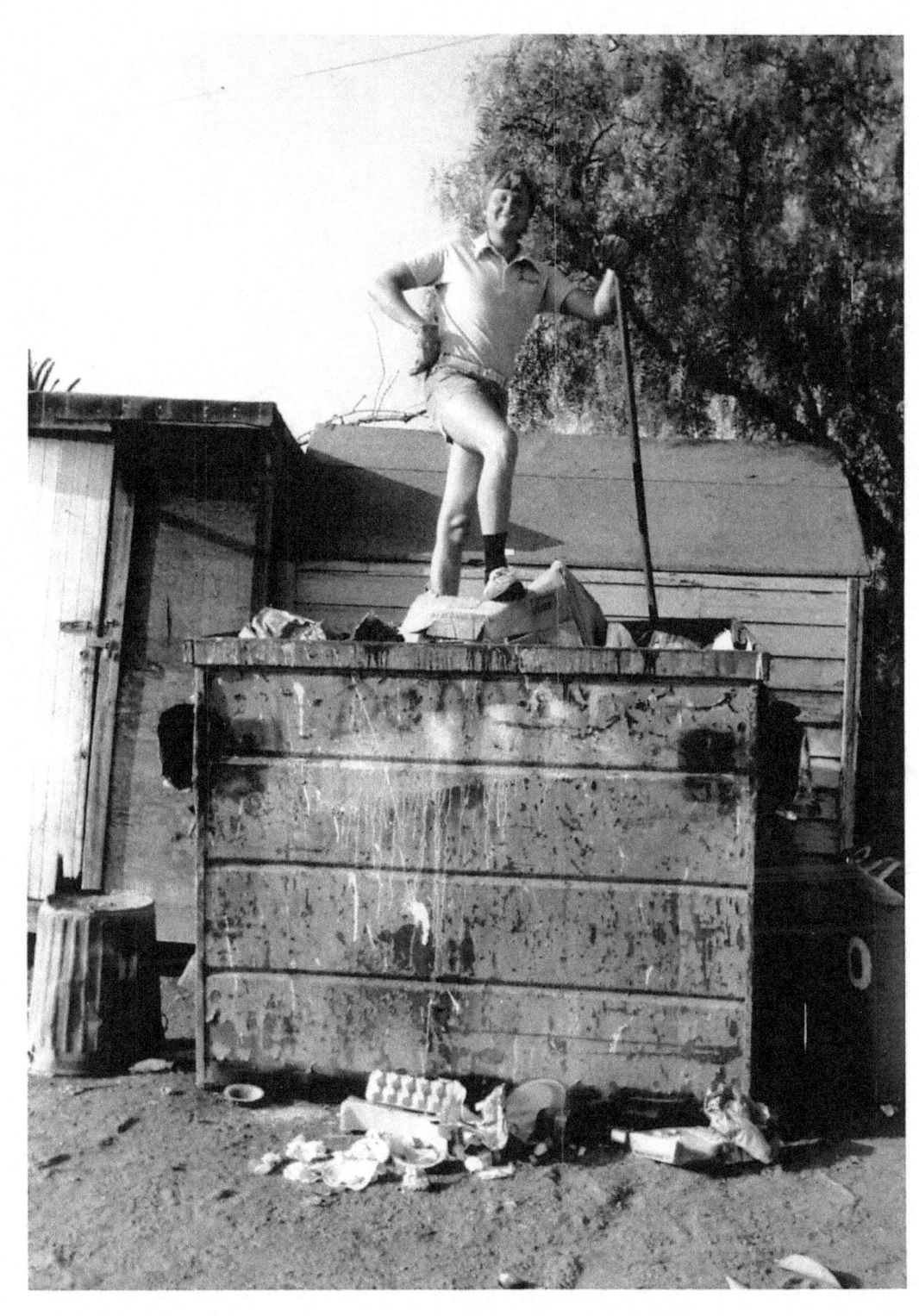

ГРЯЗНАЯ РАБОТА (2)

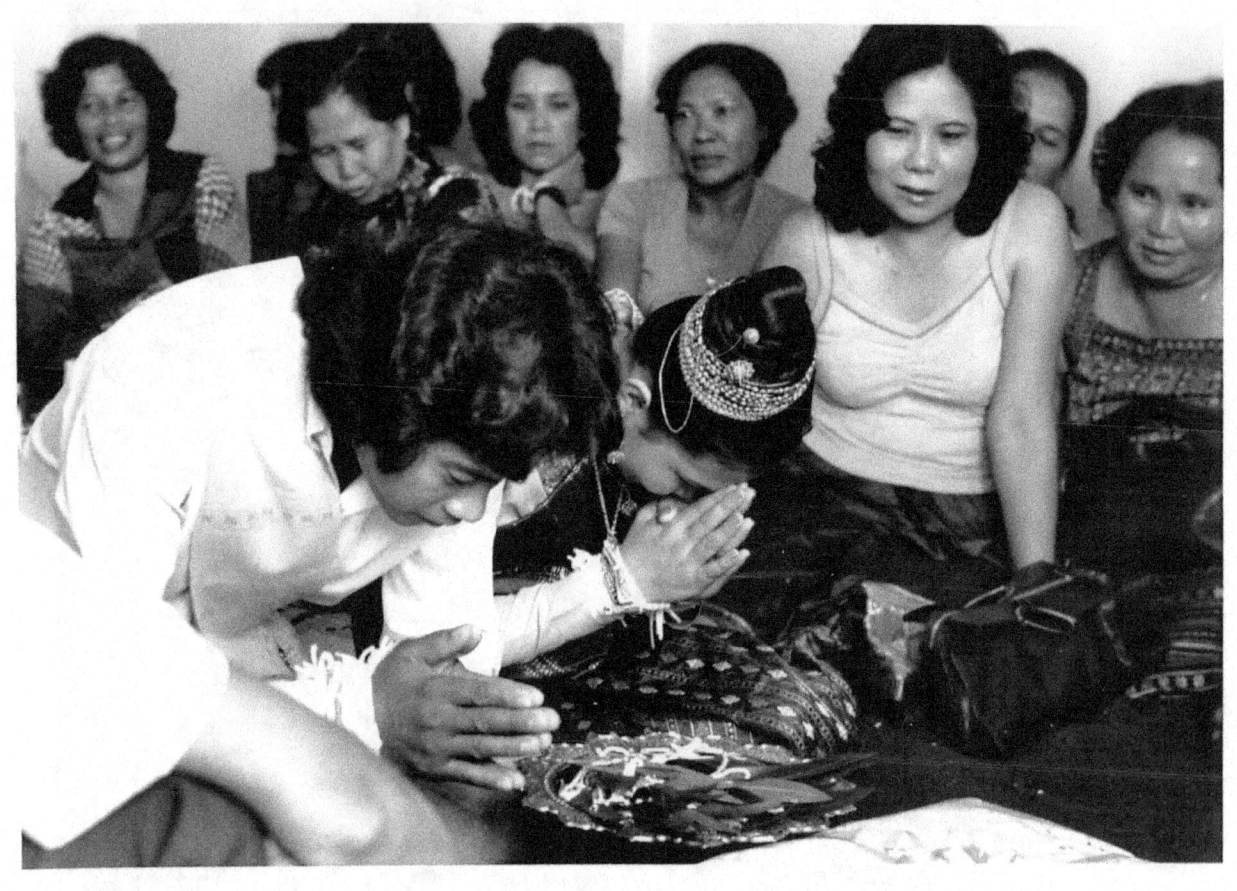

ЛАОССКАЯ СВАДЬБА

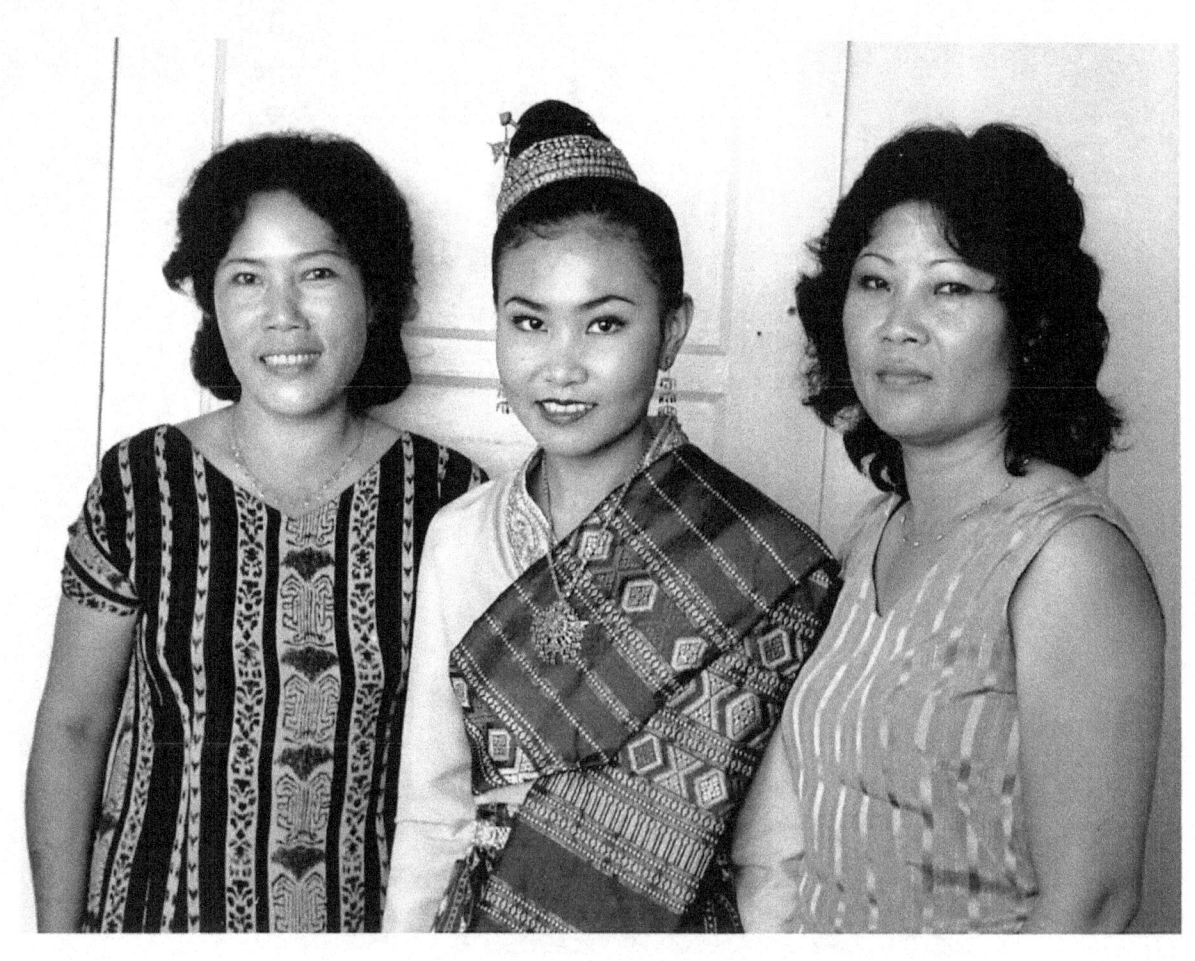

ЖЕНЩИНЫ ЛАОСА

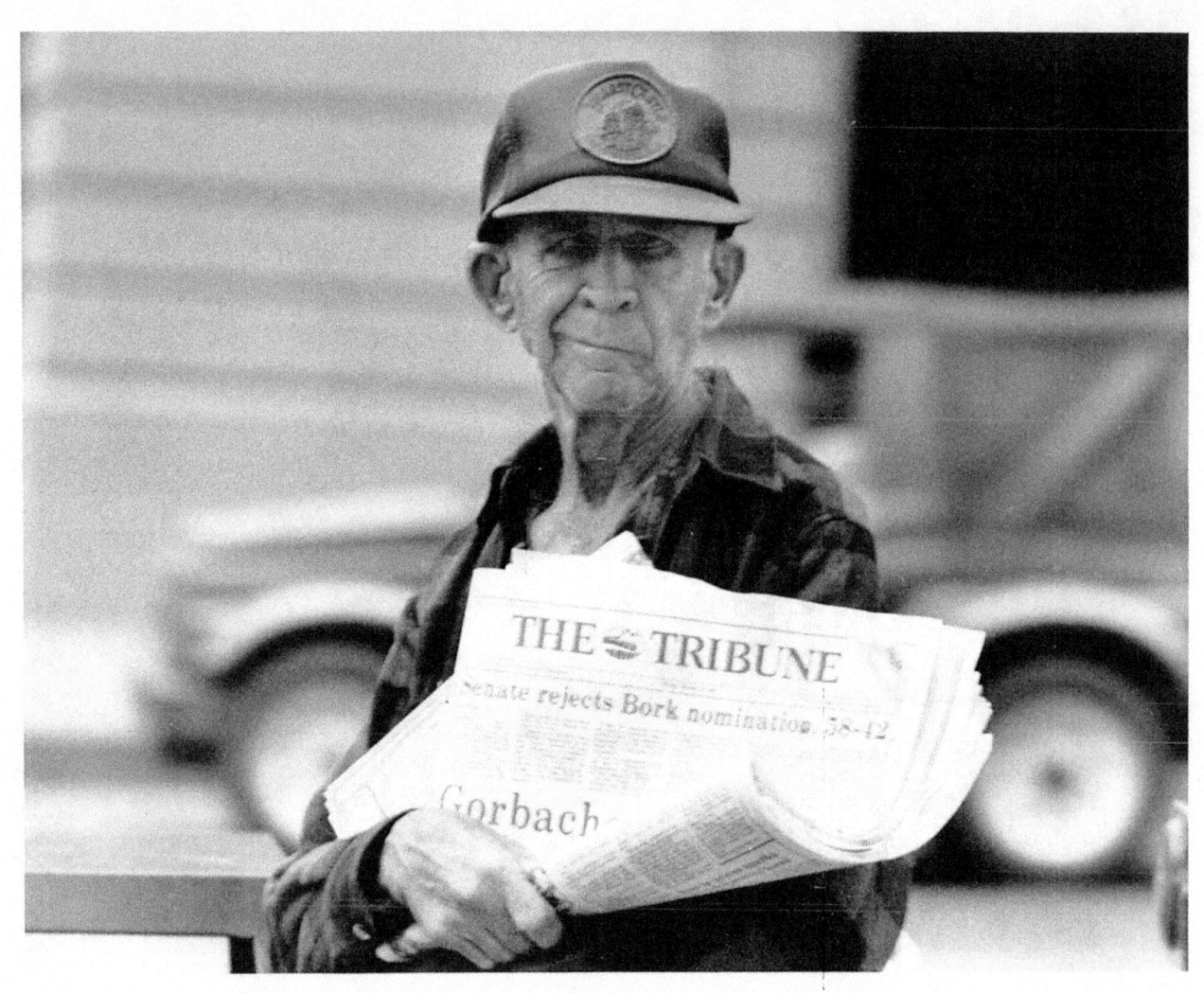

ПРОДАВЕЦ ГАЗЕТ В САН-ДИЕГО

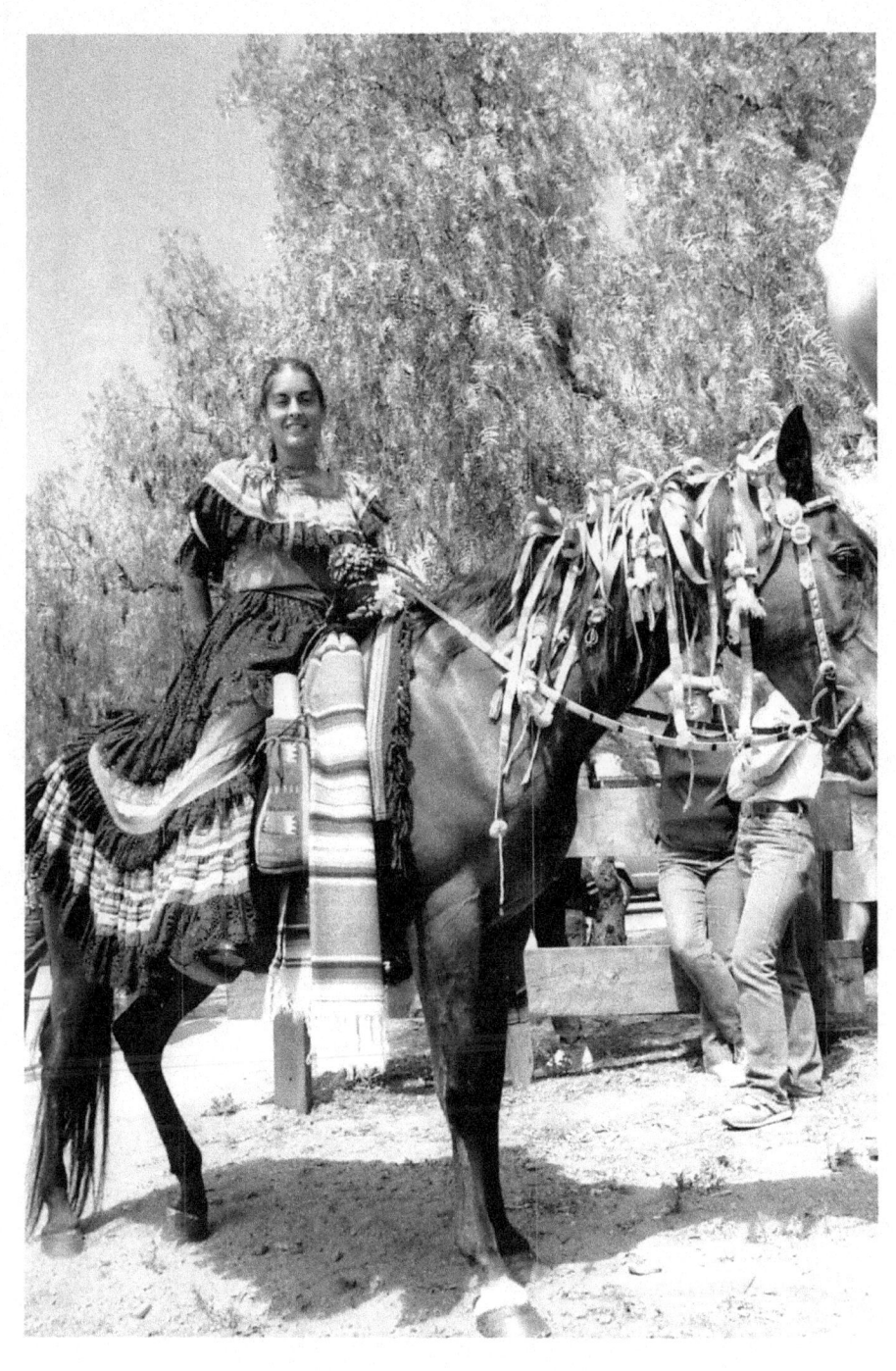

ПРАЗДНИК СИНКО ДЕ МАЙО

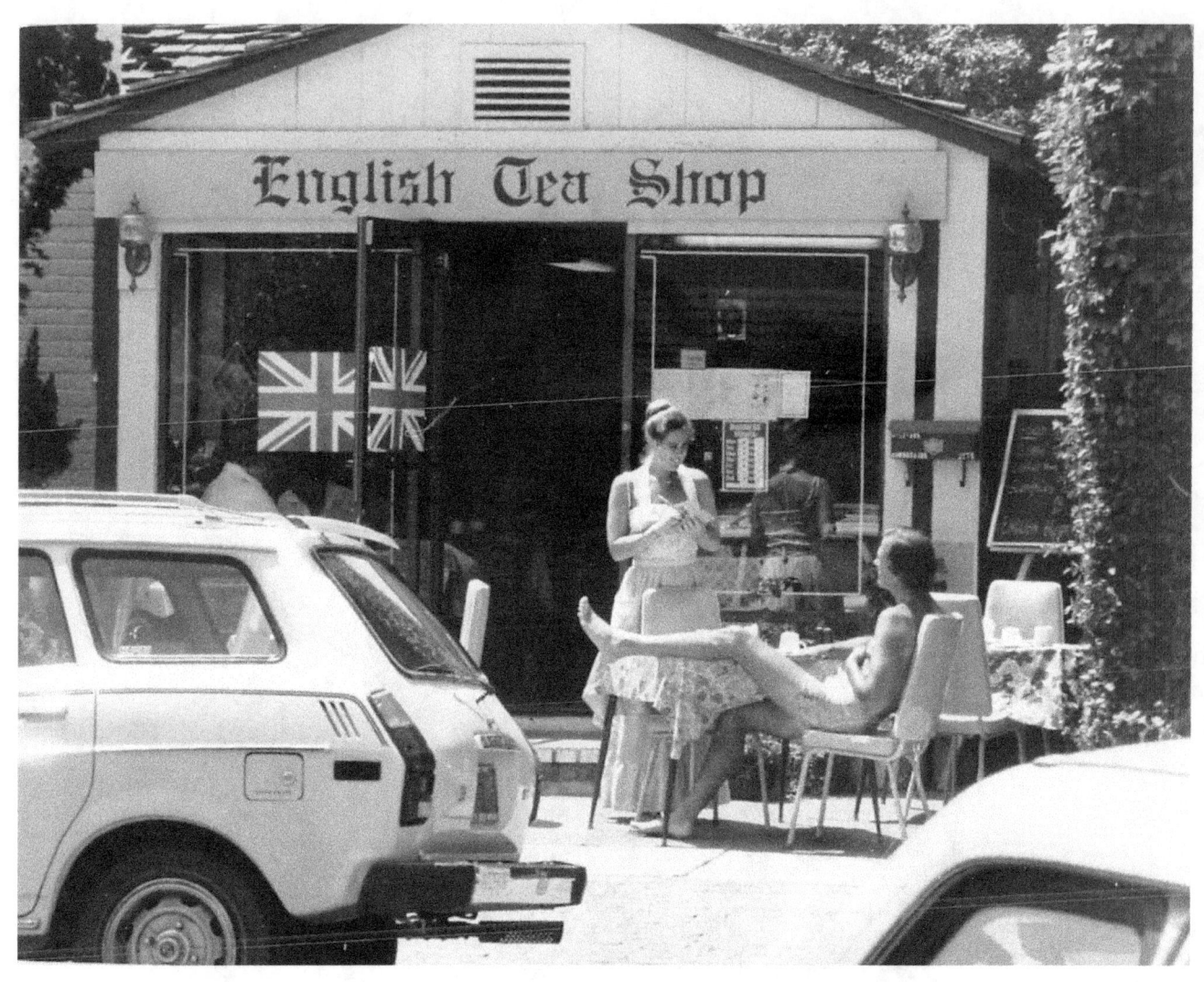

УЛИЧНОЕ КАФЕ

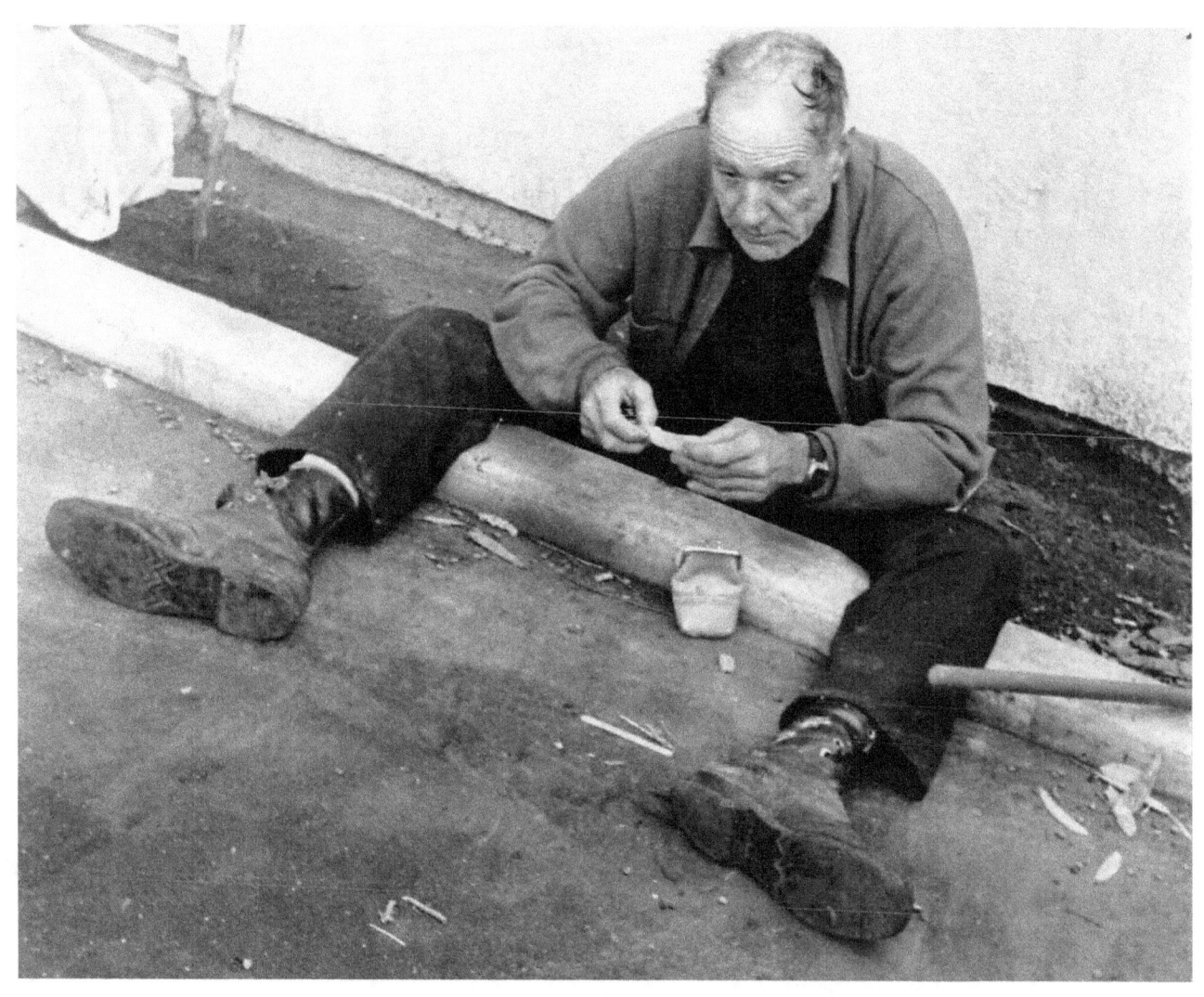

НЕ ХВАТИТ

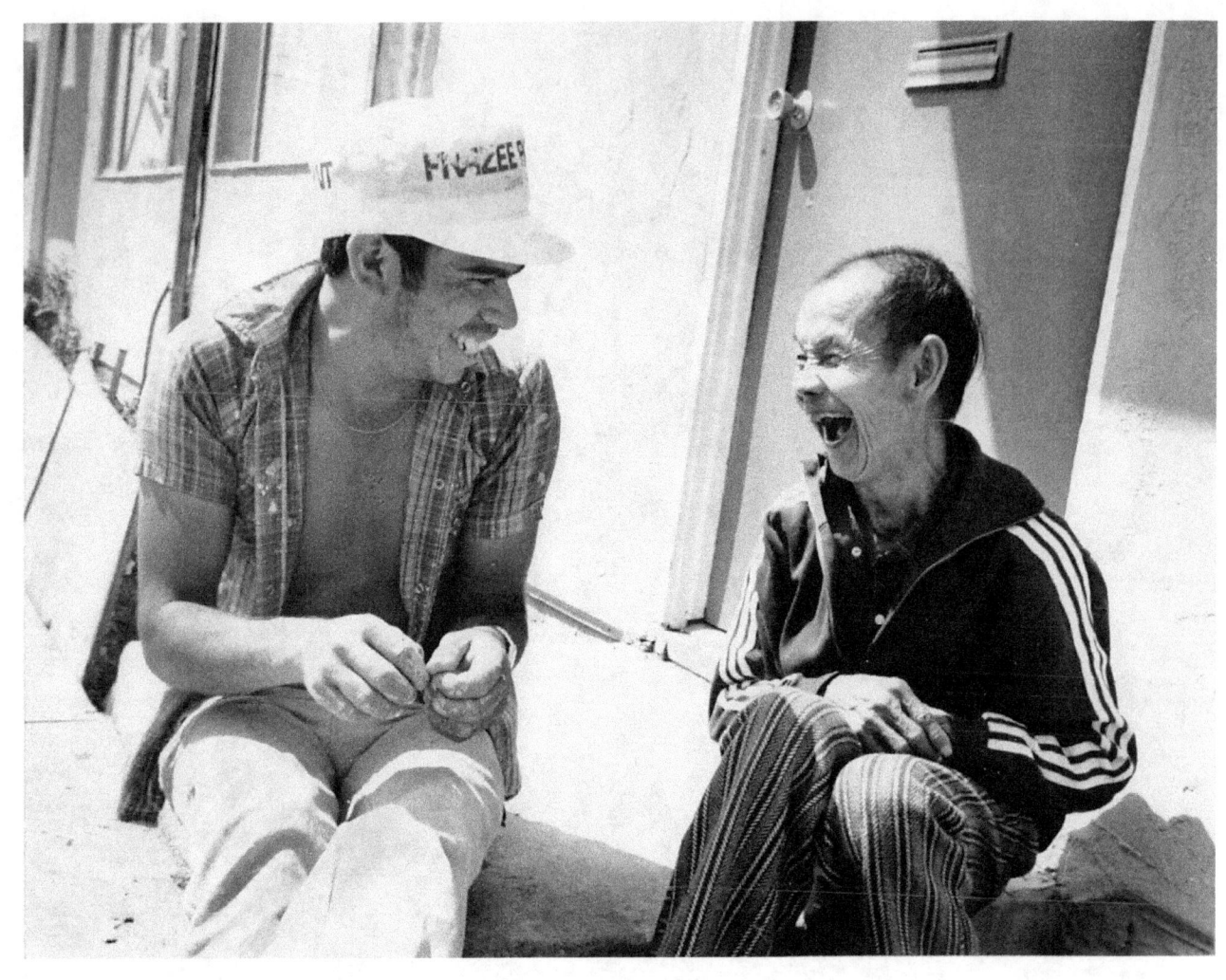

СМЕХ СБЛИЖАЕТ

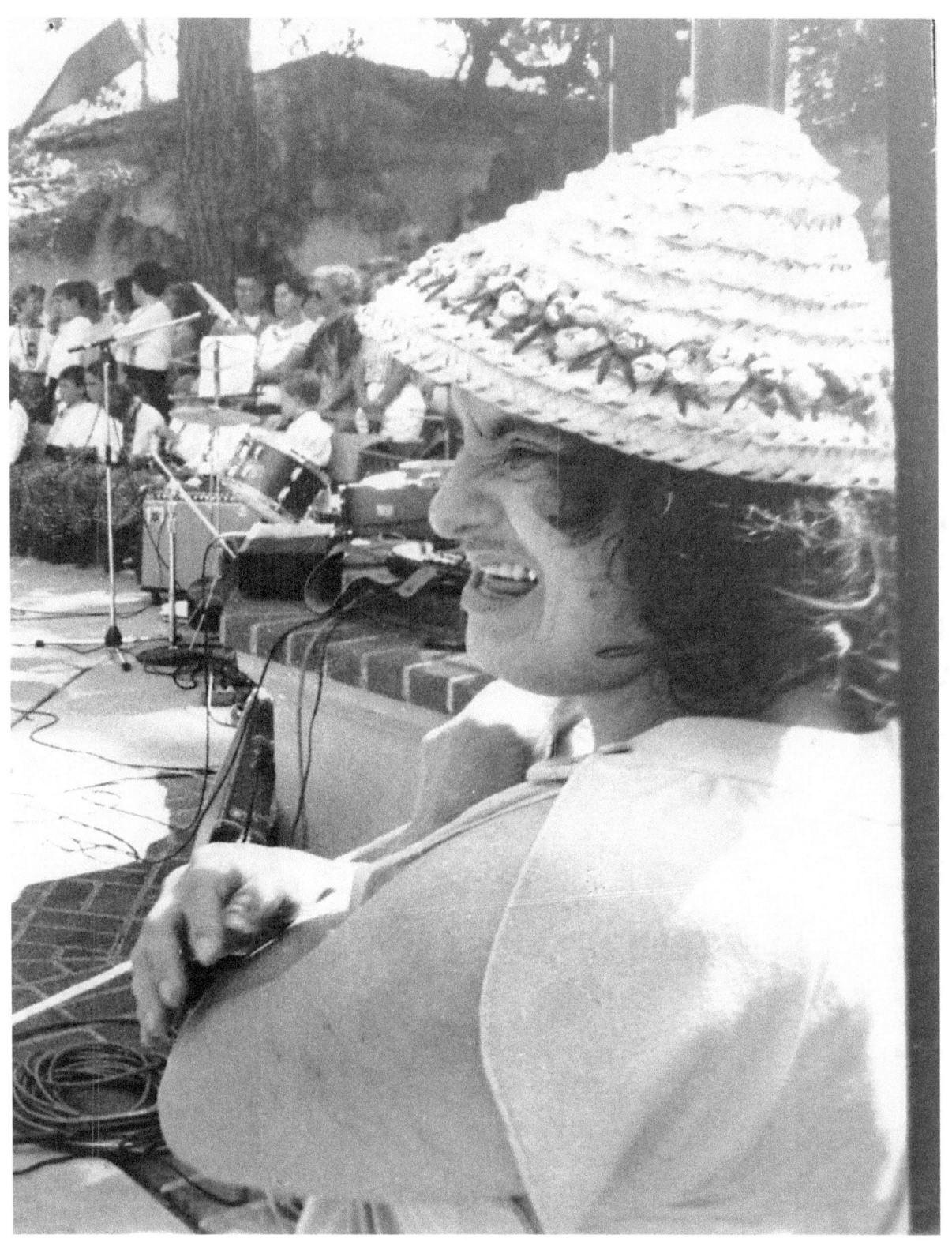

ДЕВУШКА (1)

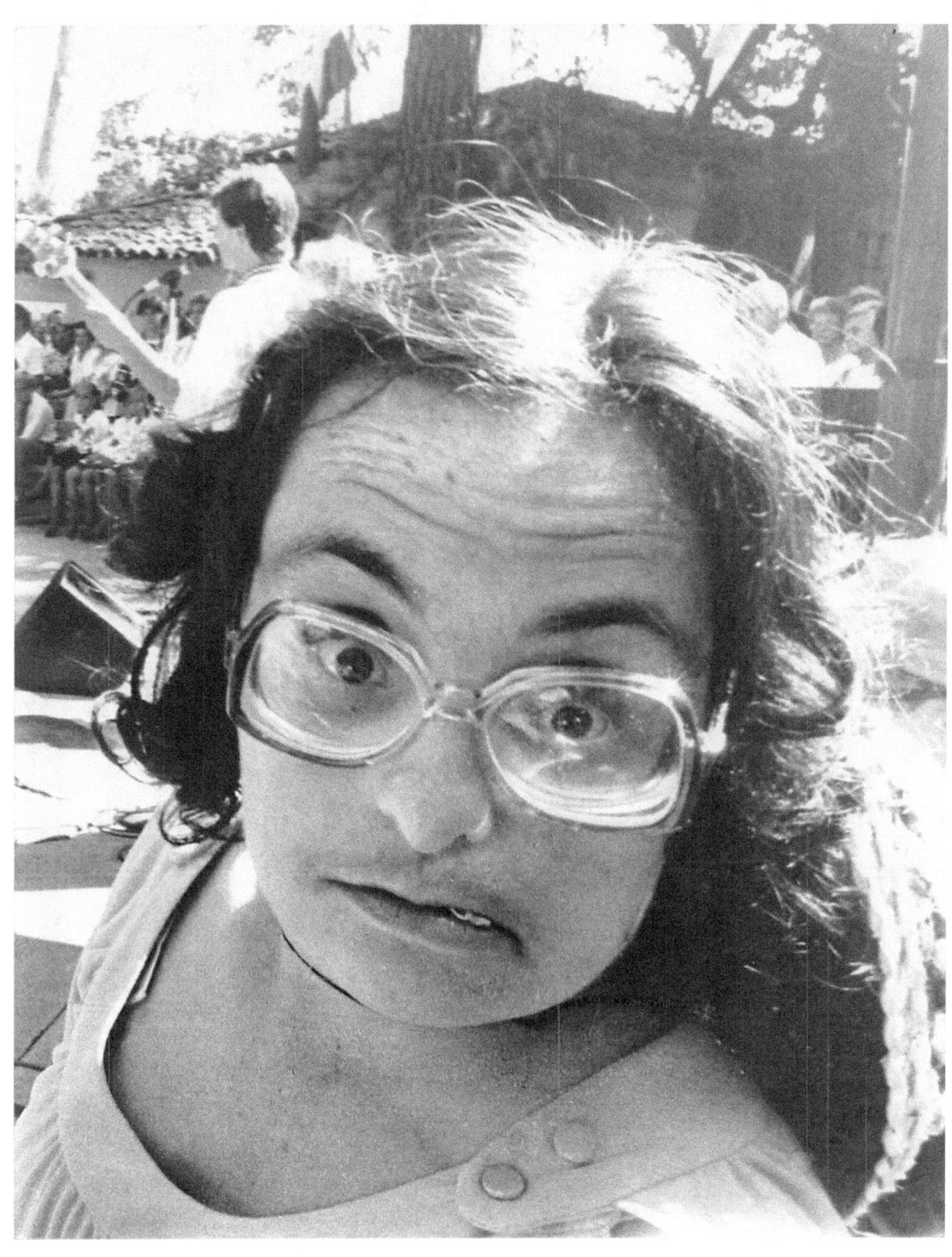

ДЕВУШКА (2)

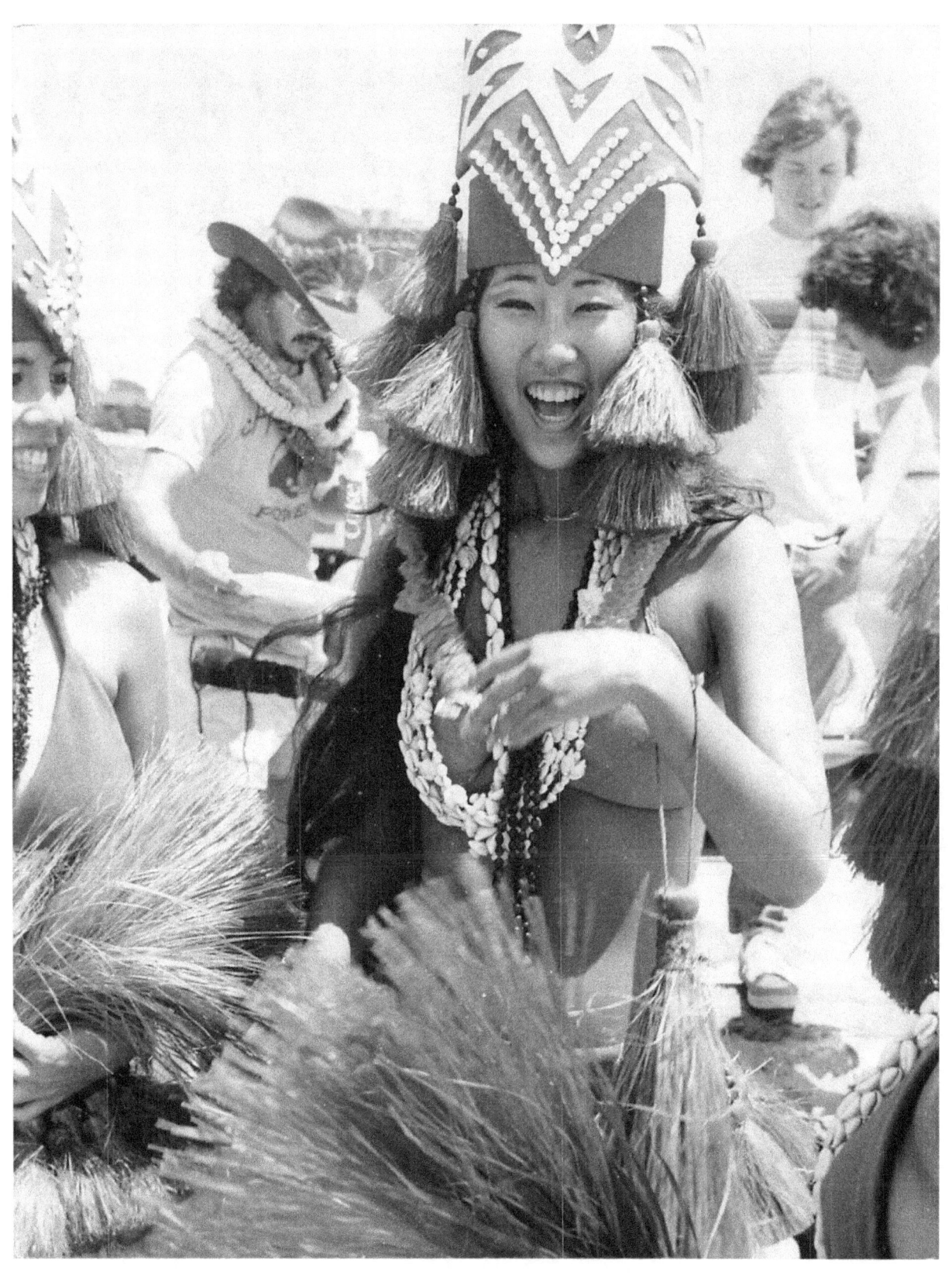

ГАВАЙСКАЯ ХУЛА

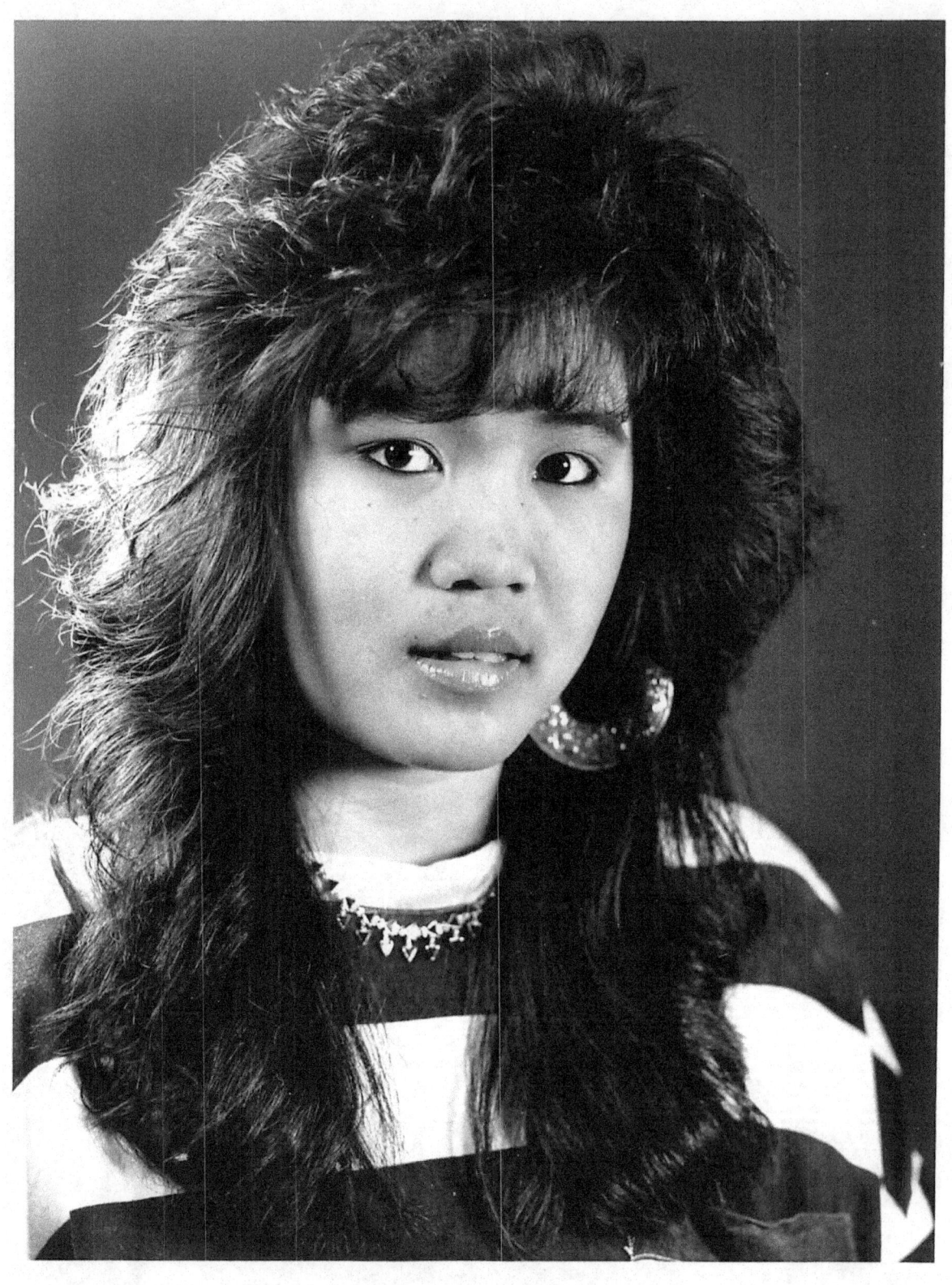

ТУИ, ДОЧЬ ПЯНА

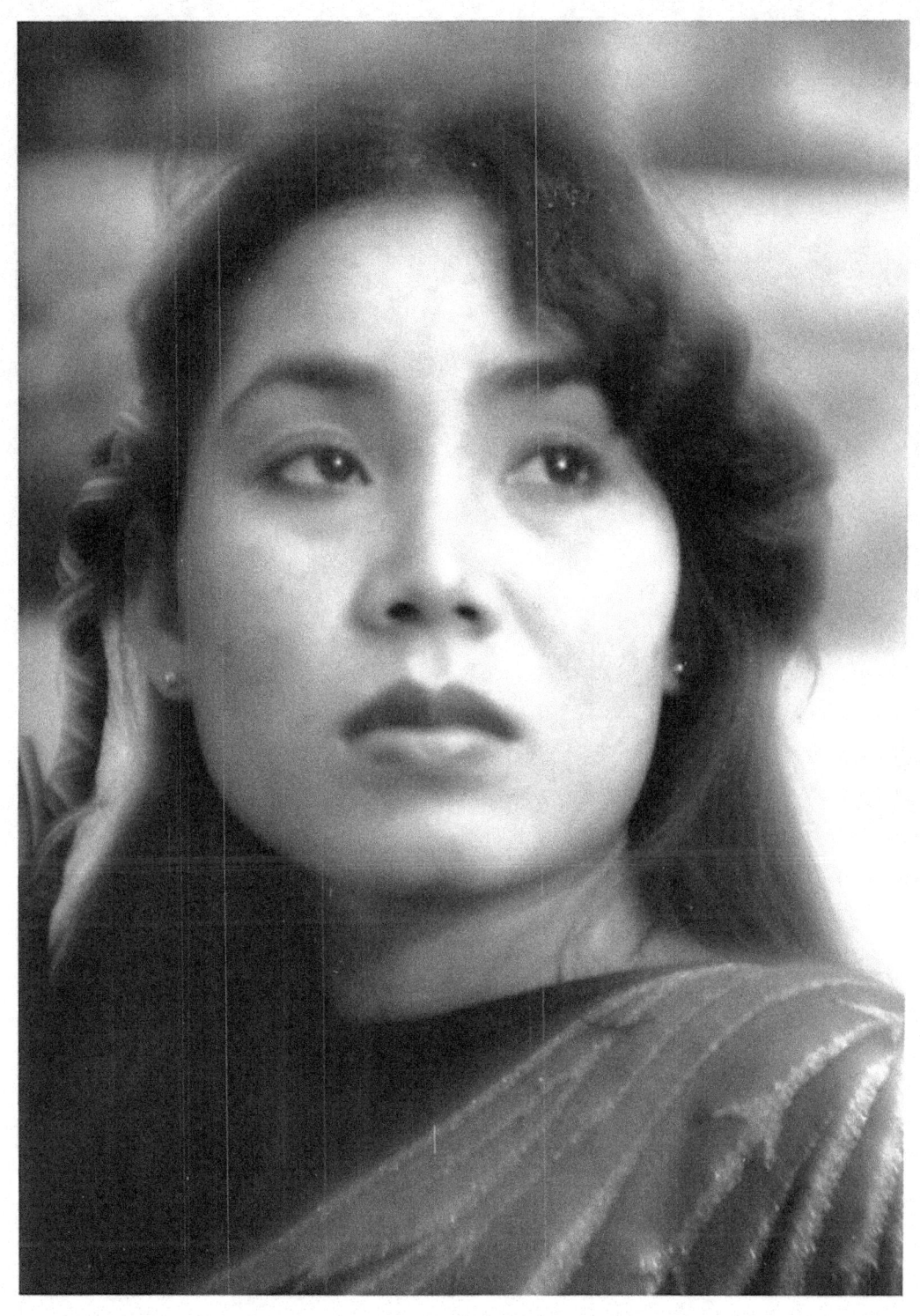

ВЬЕН ДАРА, ТАИЛАНД

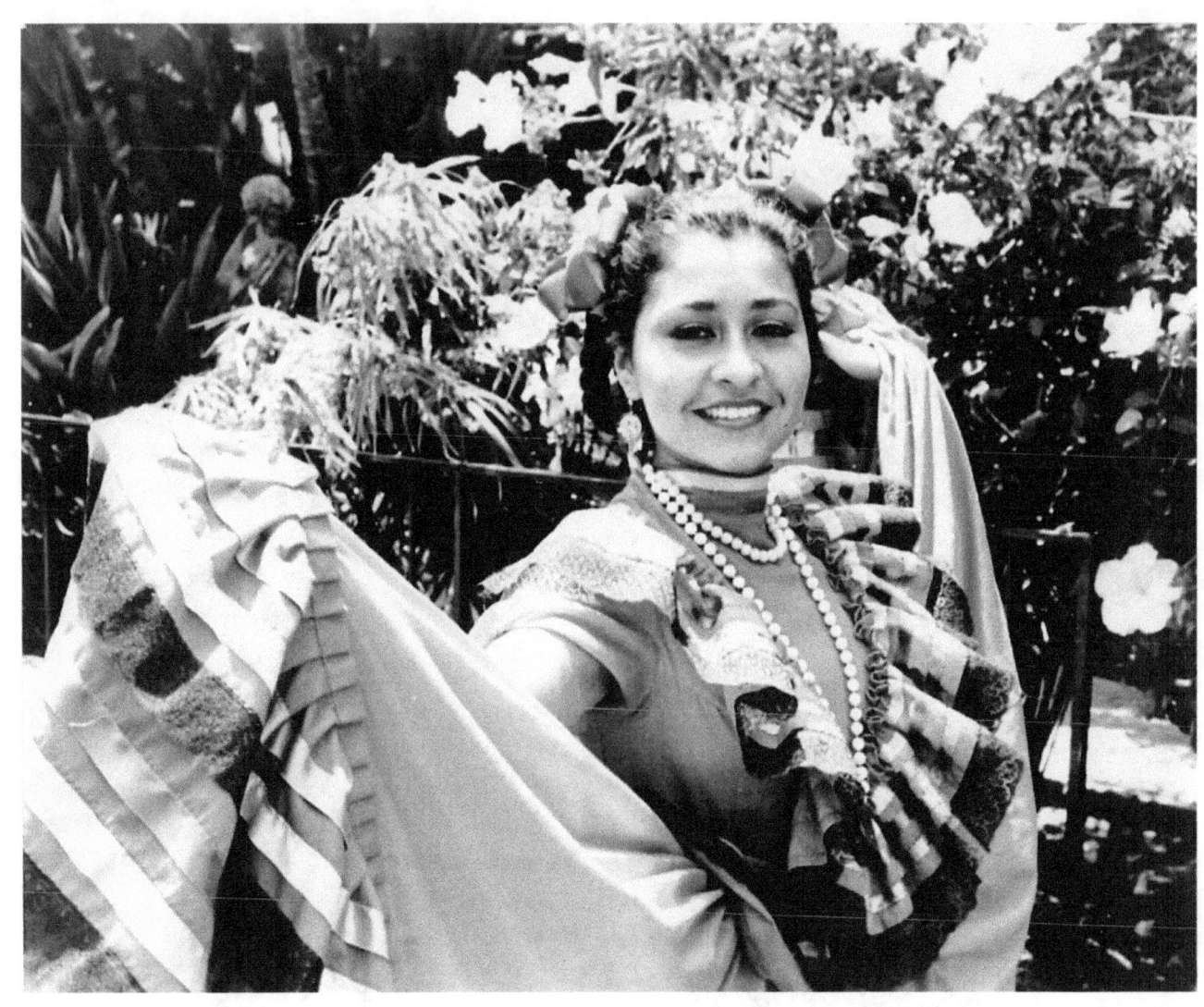

МЕКСИКАНСКАЯ ТАНЦОВЩИЦА

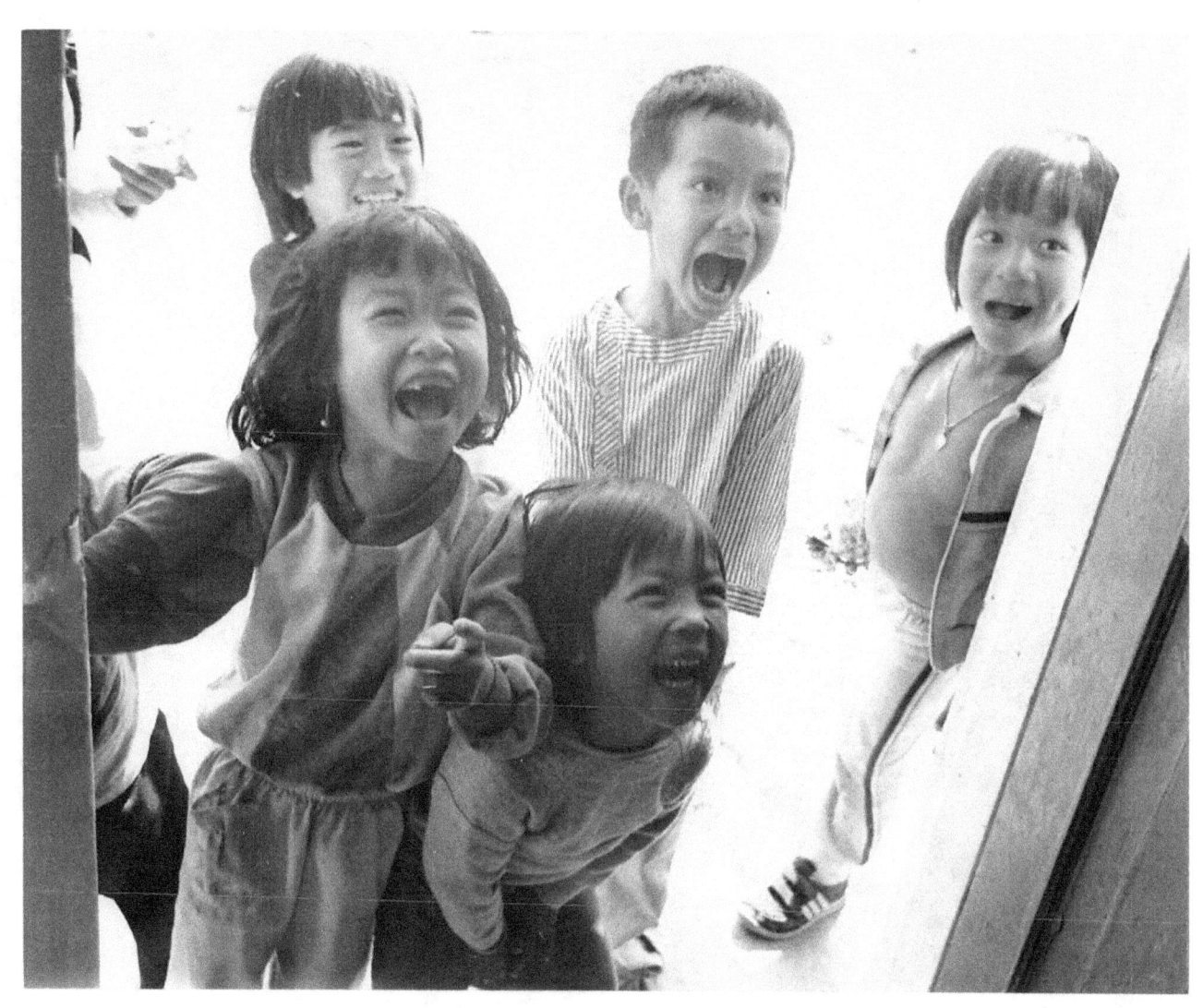

ВЕСЕЛЫЙ СМЕХ (1)

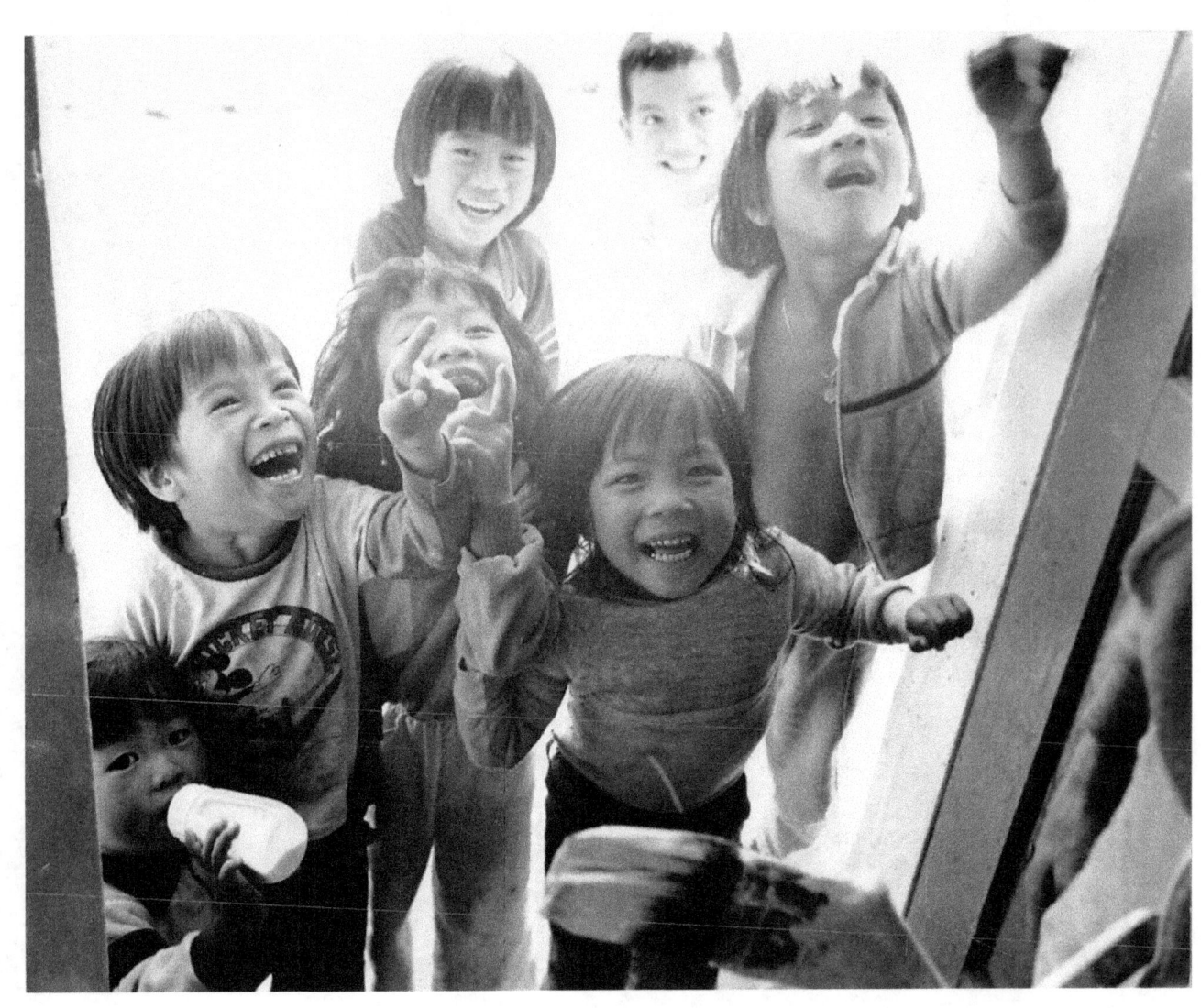

ВЕСЕЛЫЙ СМЕХ (2)

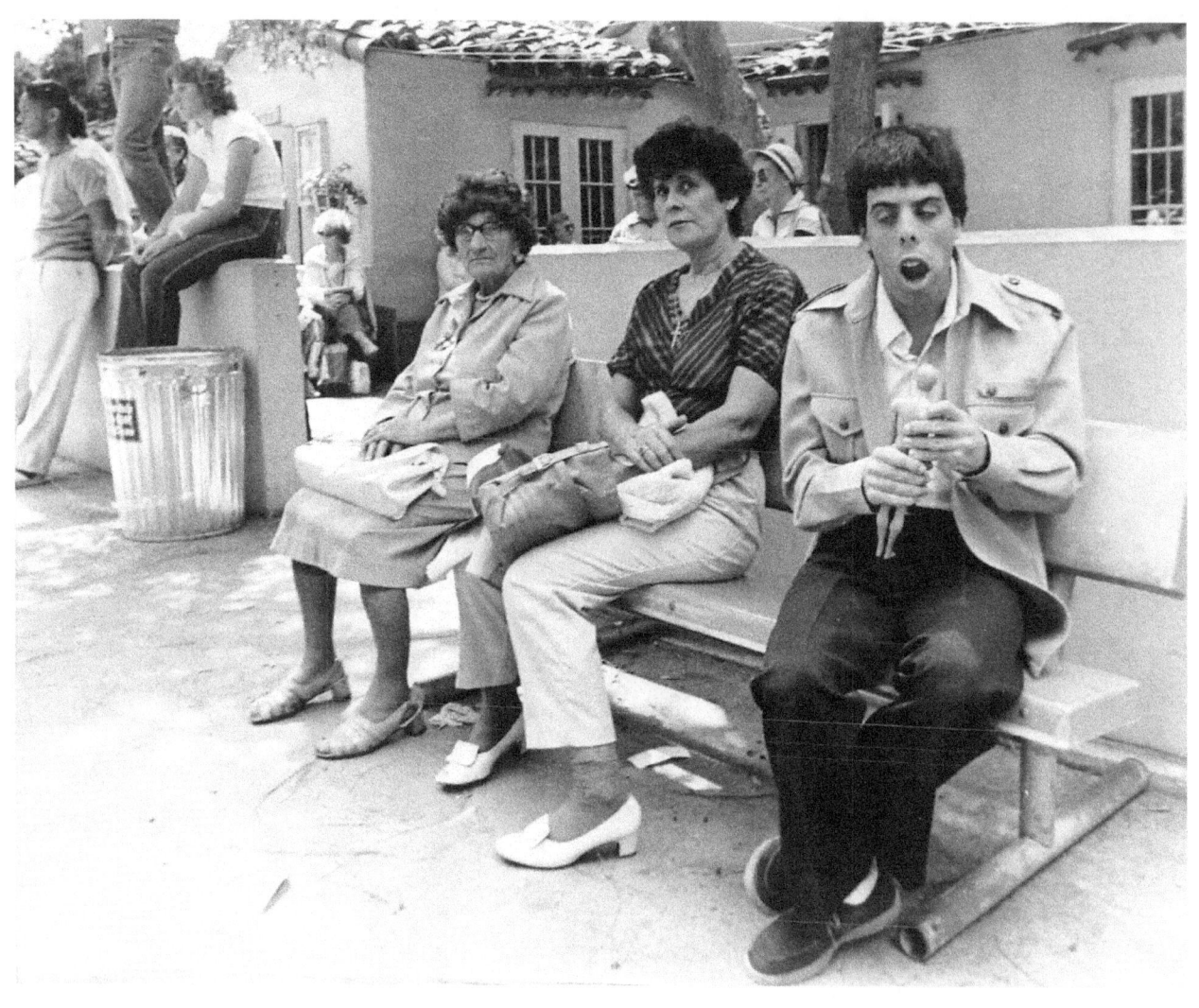

МАЛЬЧИК С КУКЛОЙ

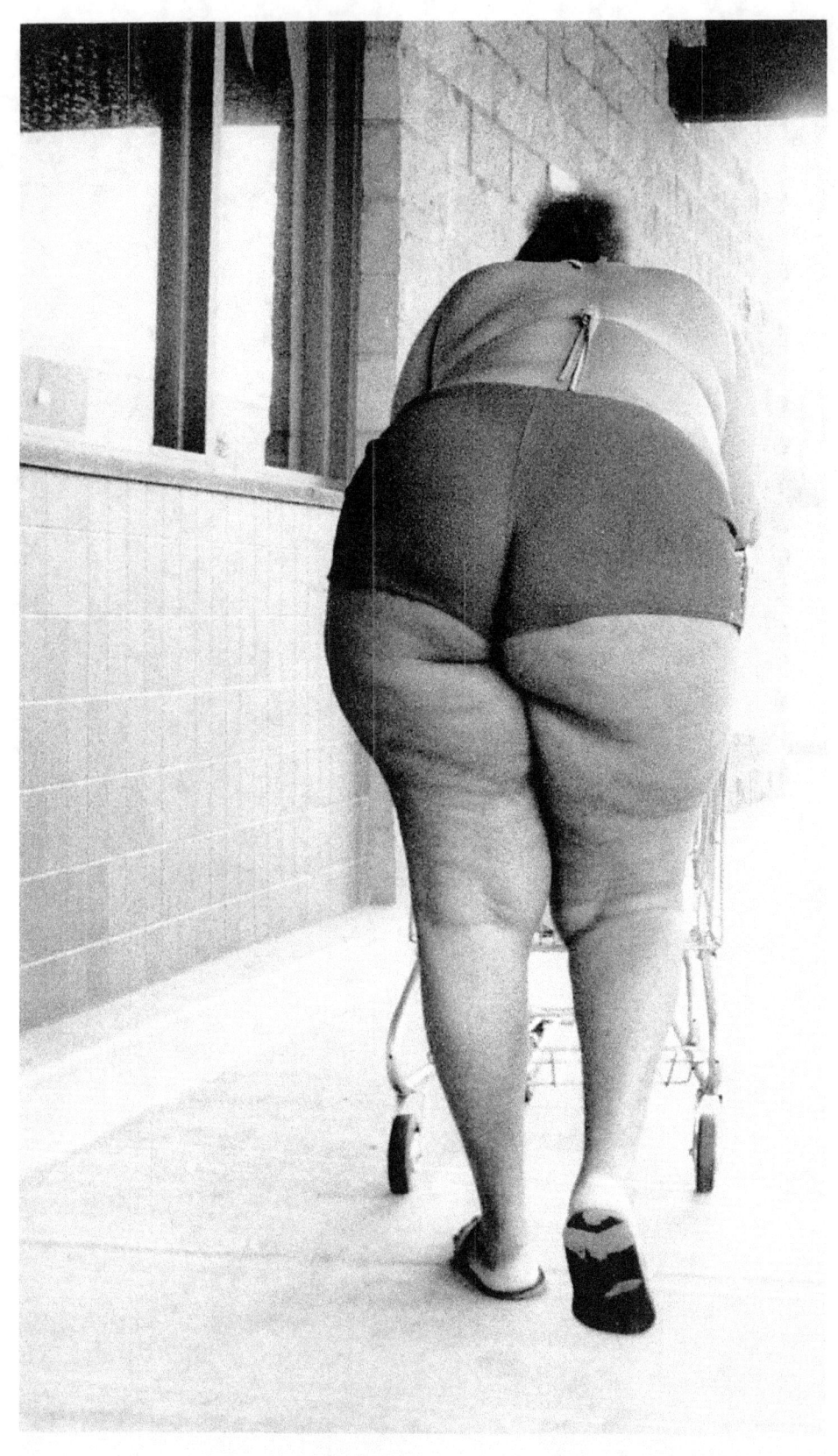

ИЗ МАГАЗИНА С ПОКУПКАМИ

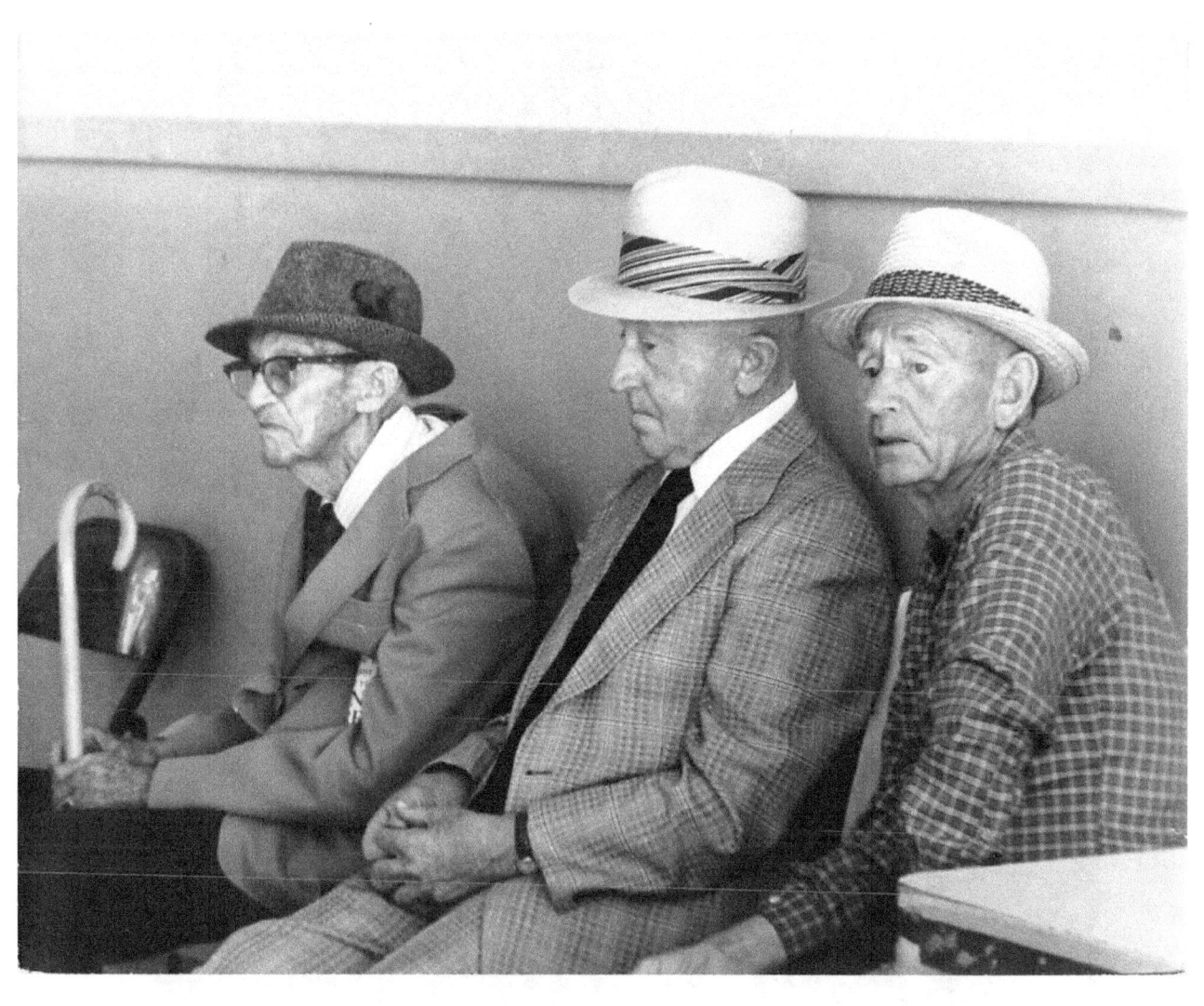

ПЕНСИОНЕРЫ

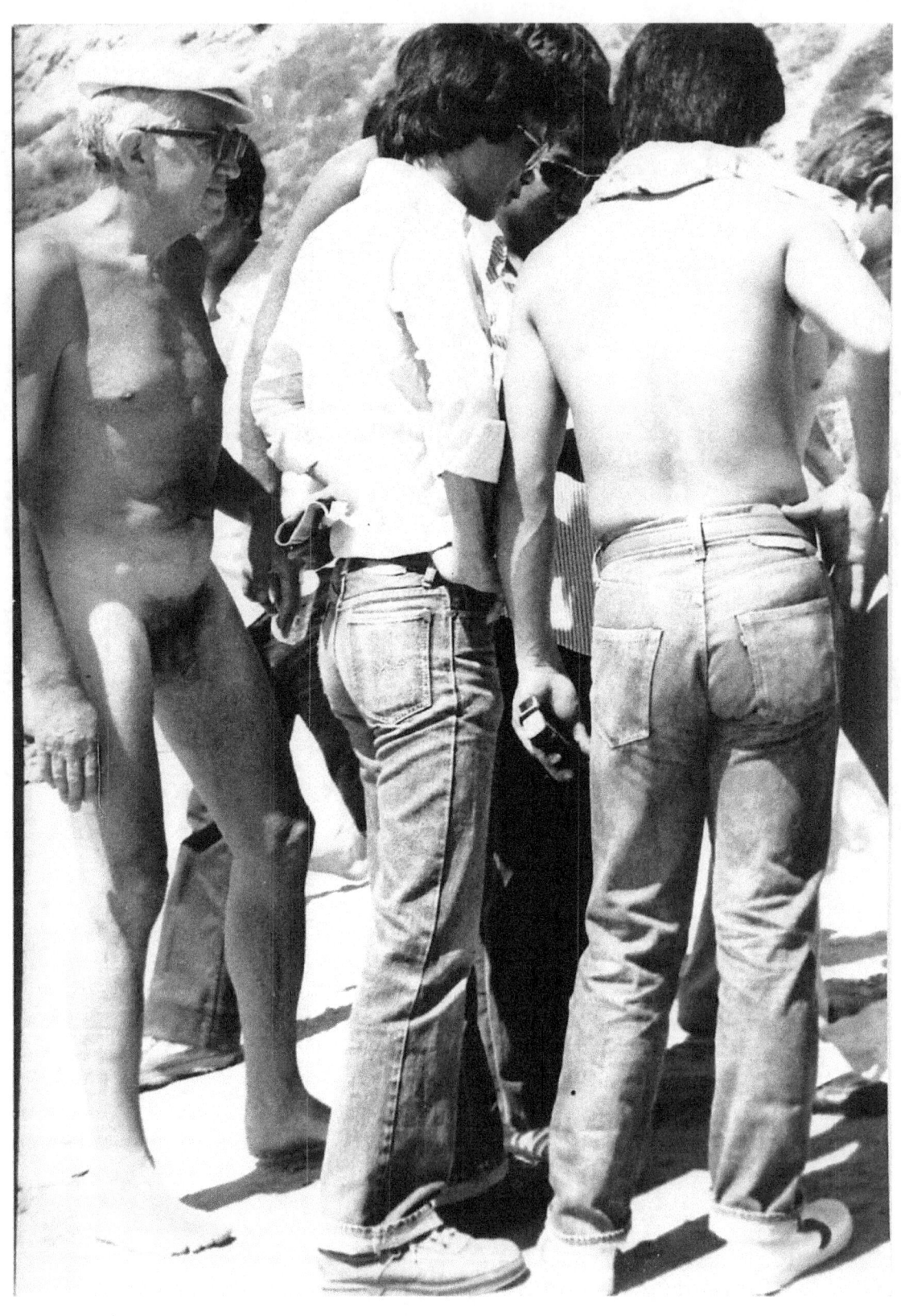

ЖАРКИЙ ДЕНЬ

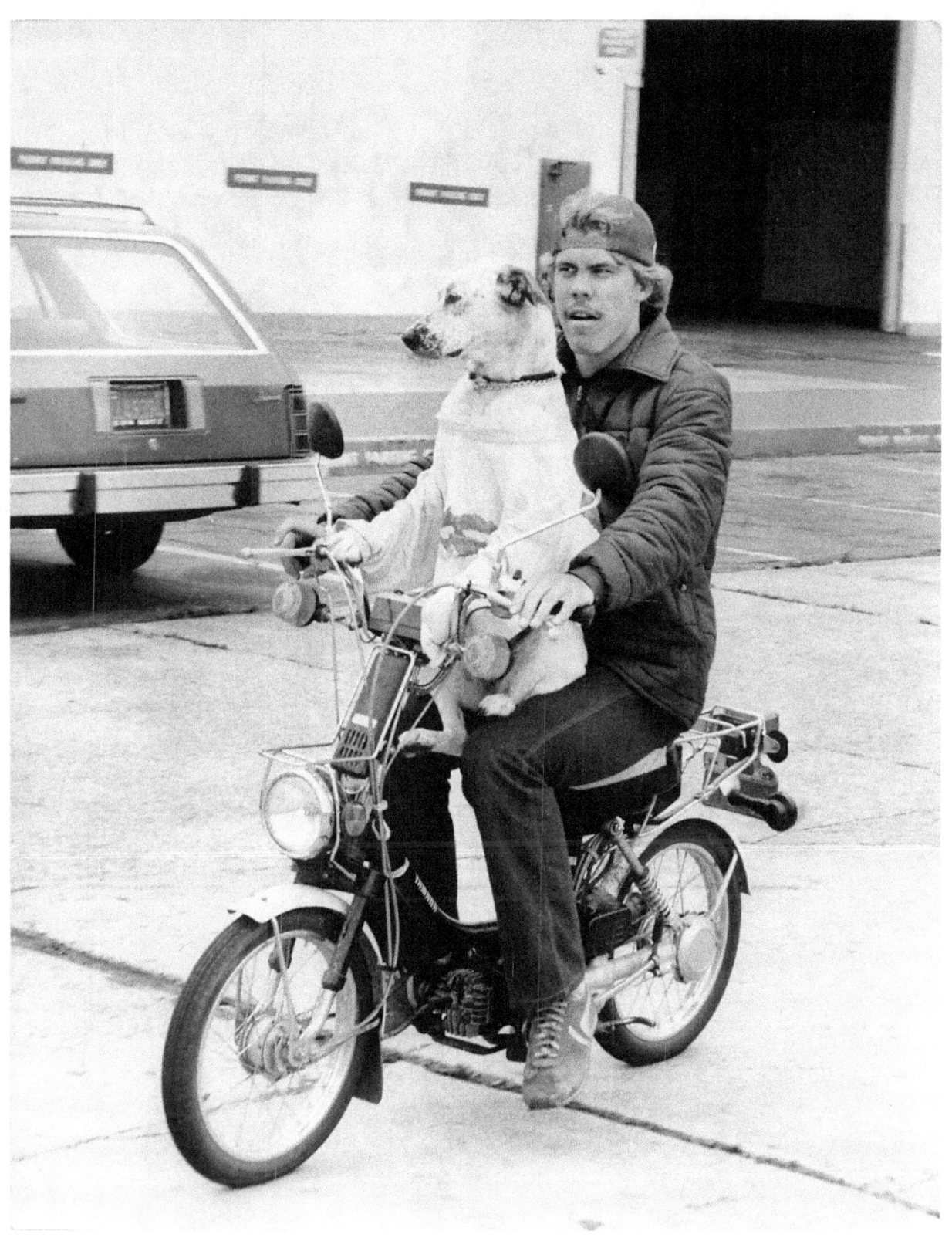

ДВОЕ

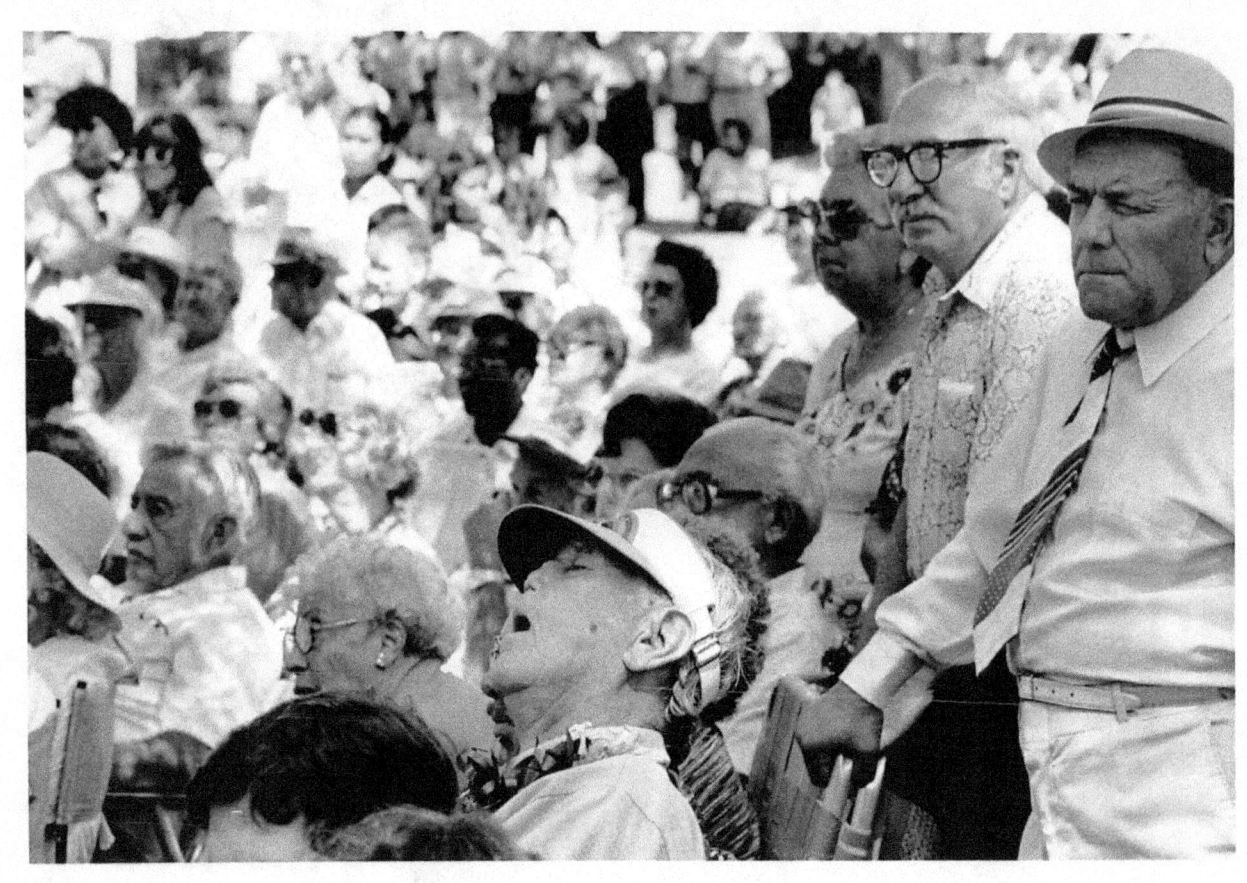

ИНТЕРЕСНЫЙ КОНЦЕРТ

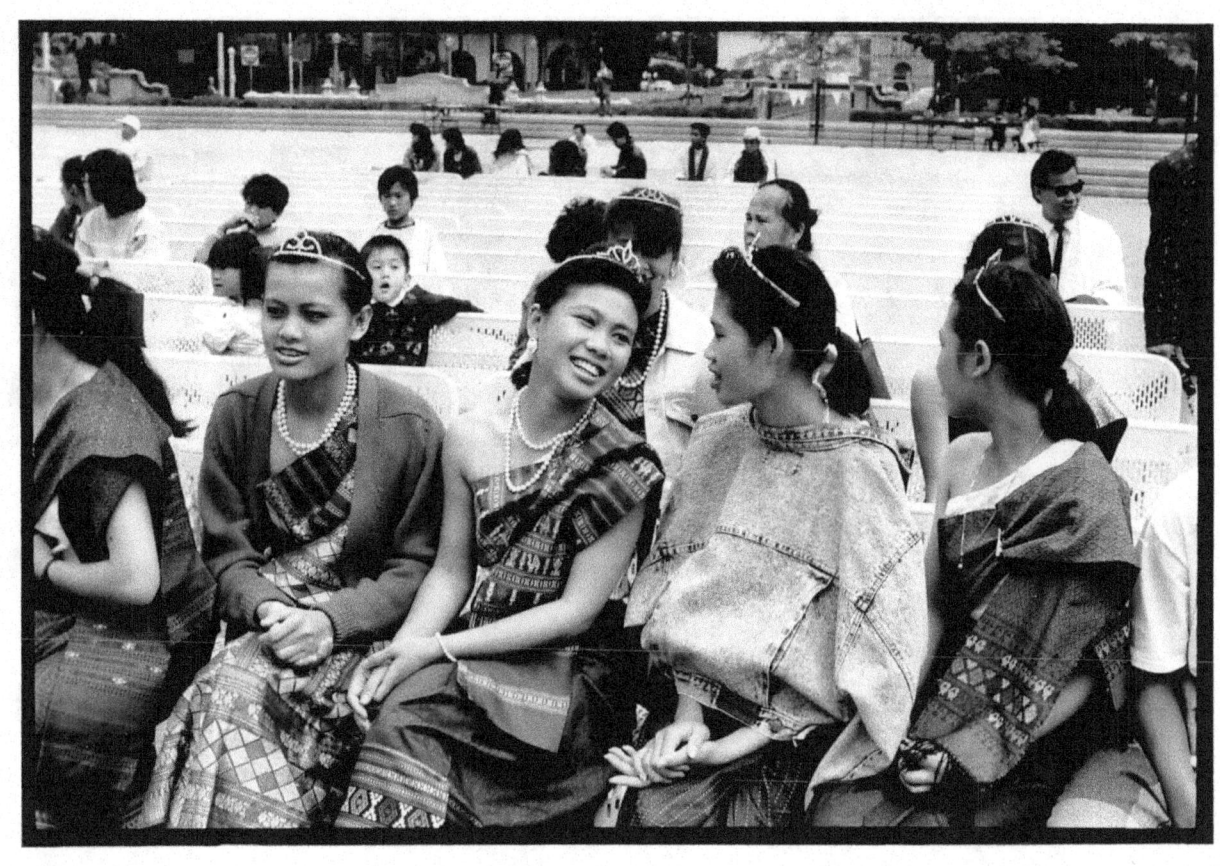

ДЕВУШКИ ЛАОСА (1)

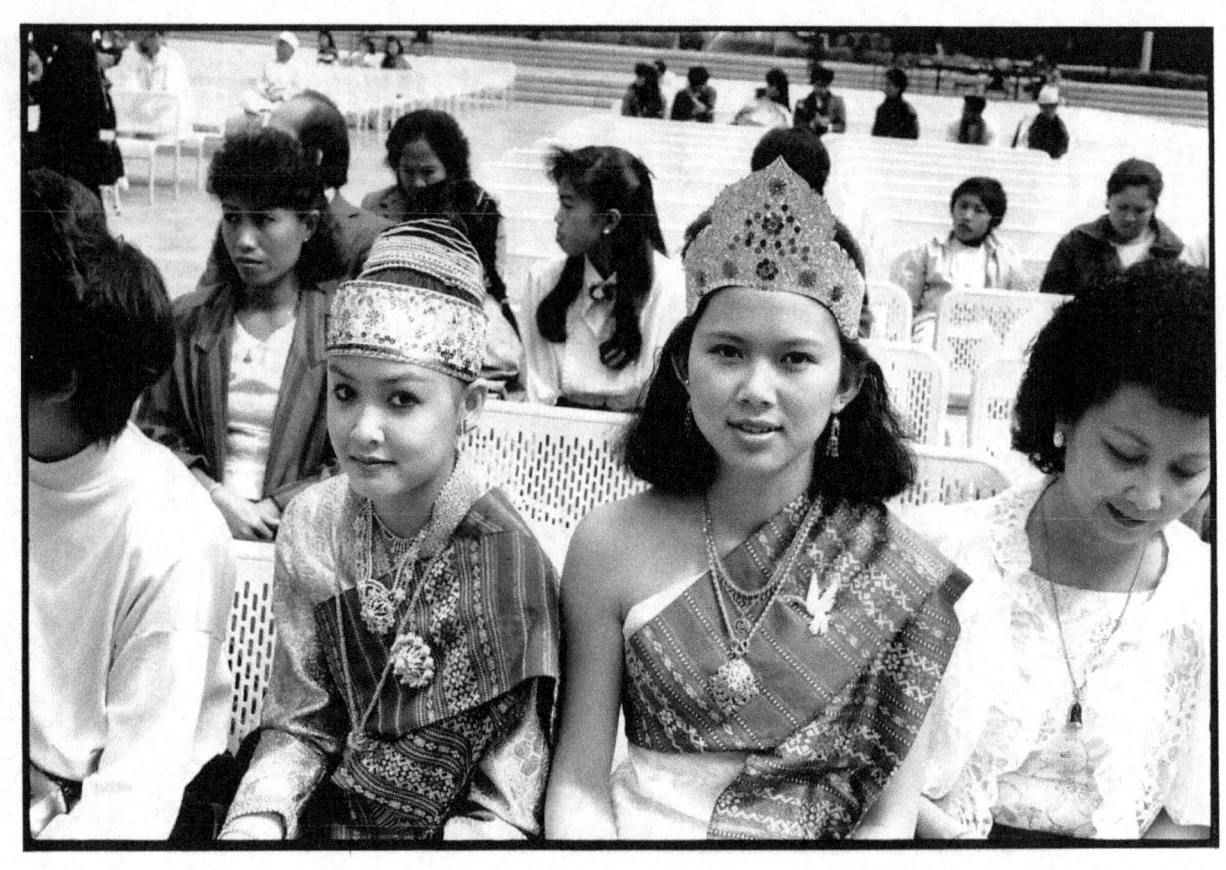

ДЕВУШКИ ЛАОСА (2)

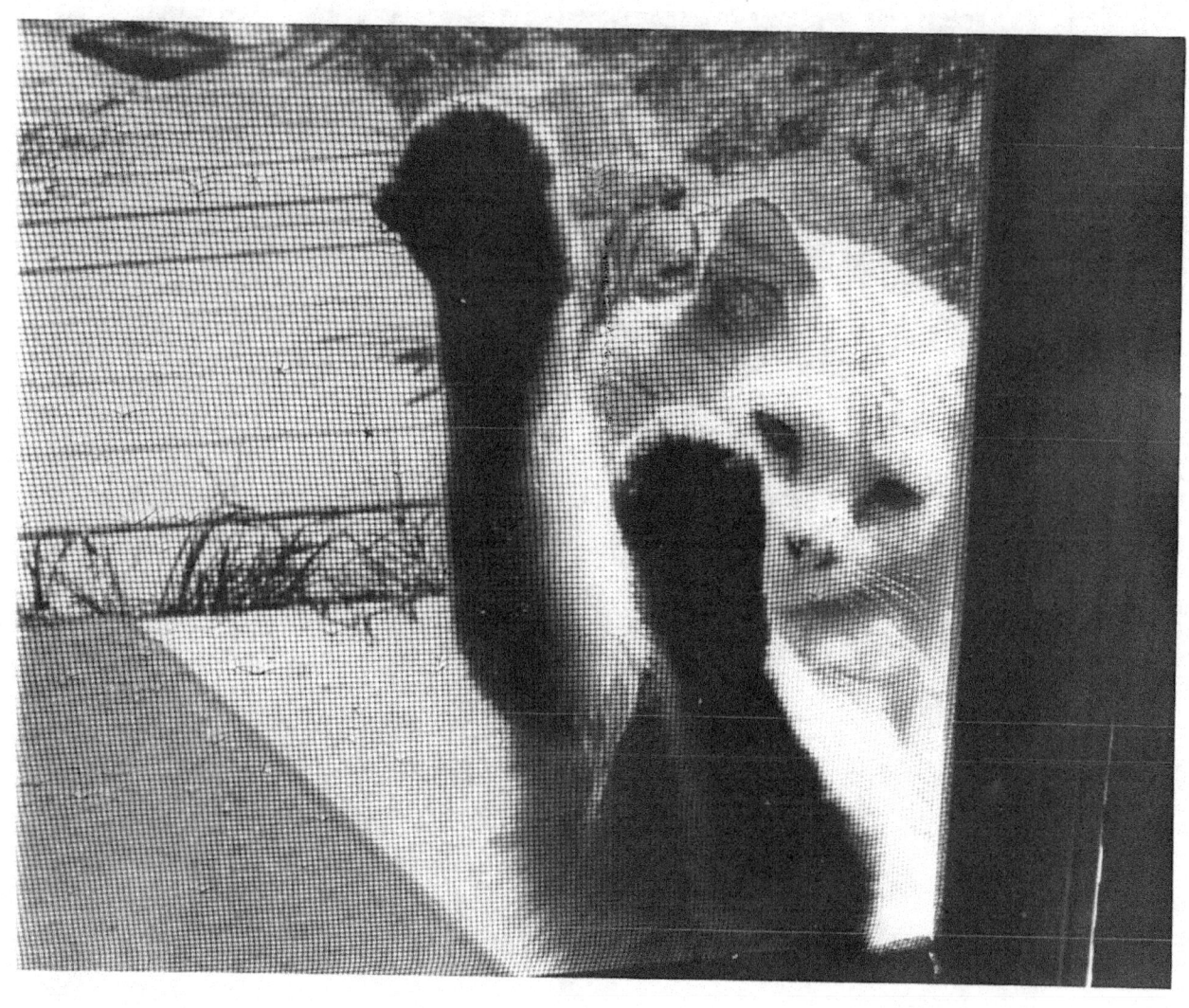

ПРОШУ, ОТКРОЙТЕ ДВЕРЬ

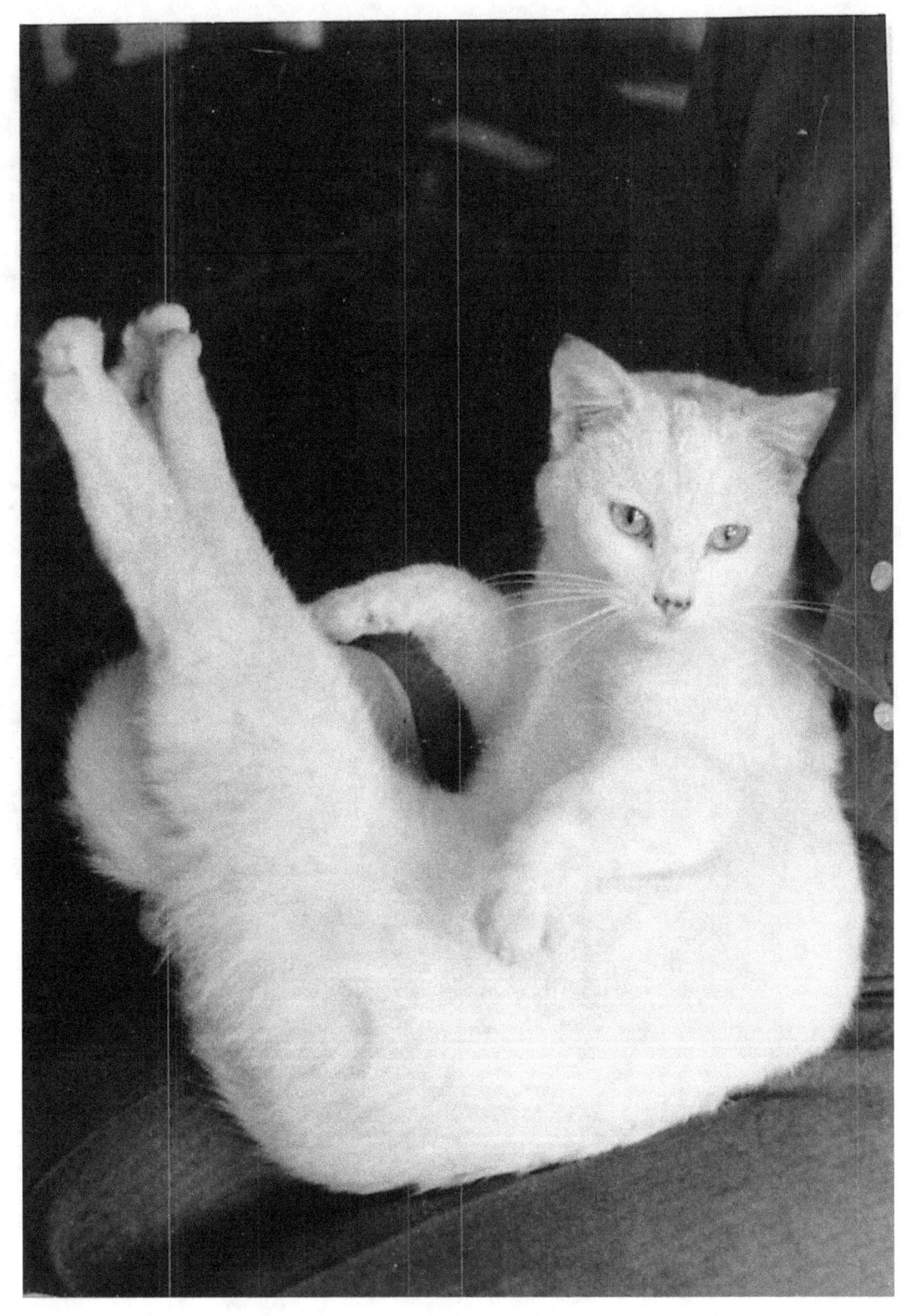

КОКЕТКА

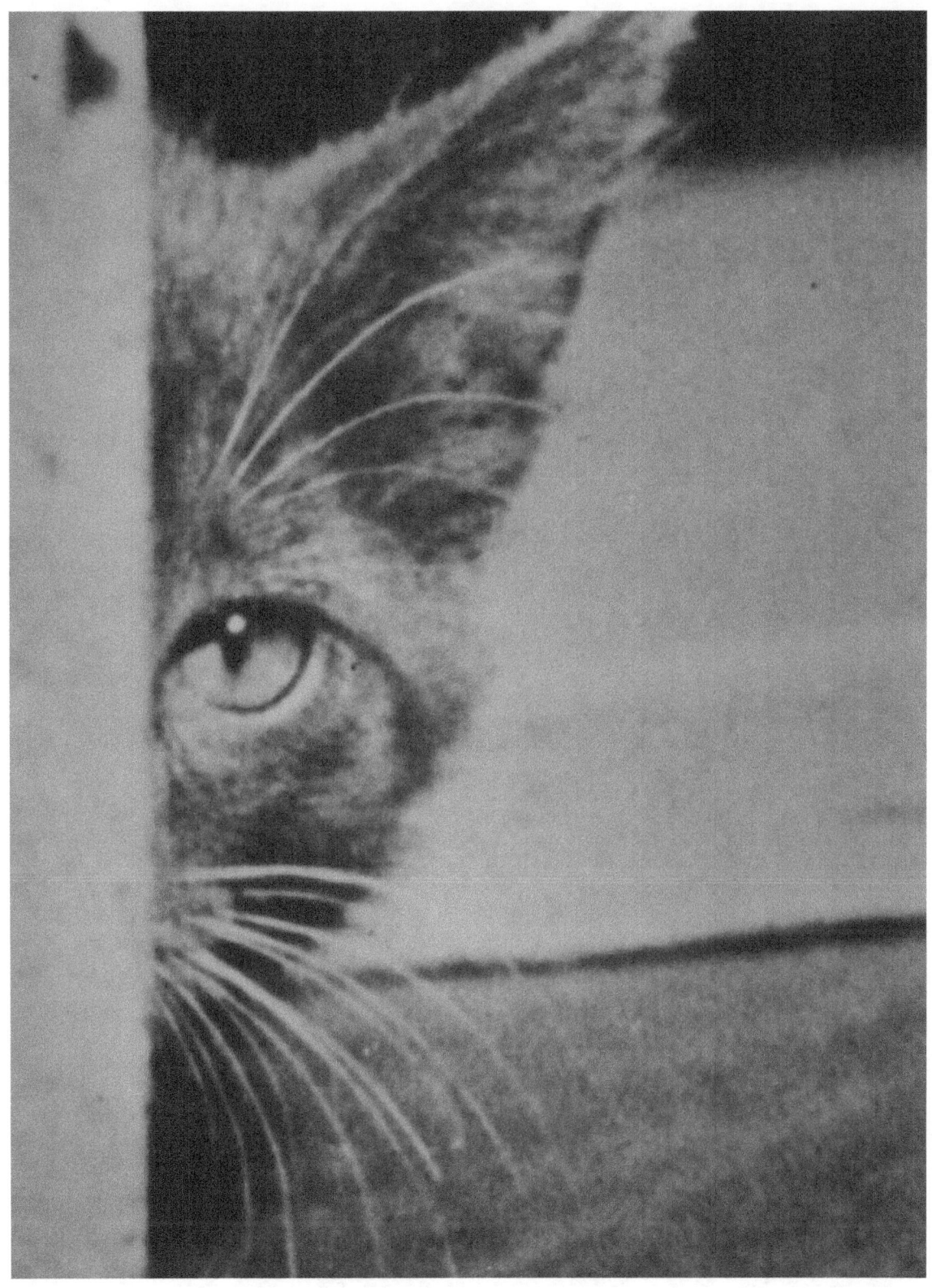

ШПИОН

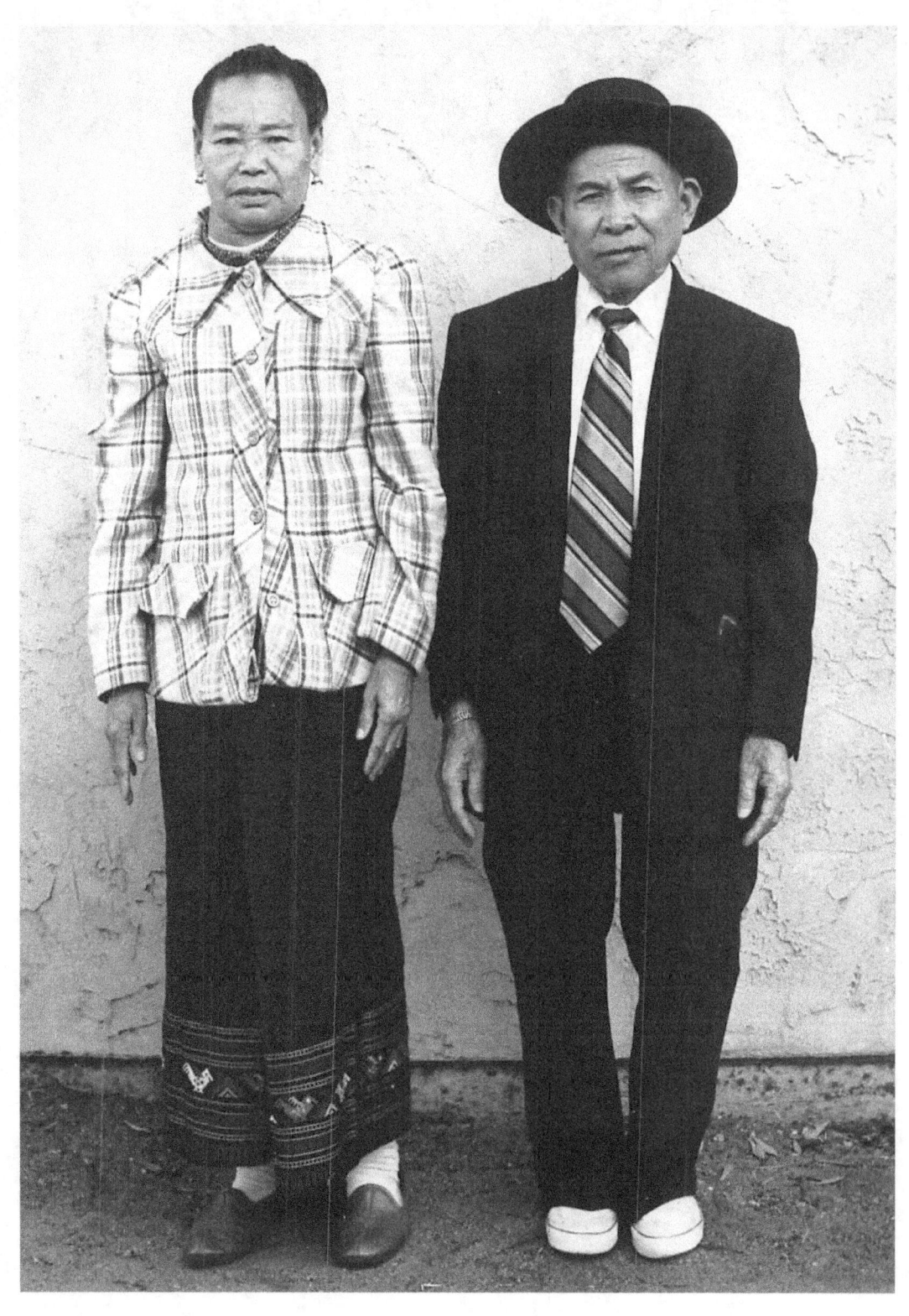

СЕМЬЯ ПЛЕМЕНИ ХМОНГ

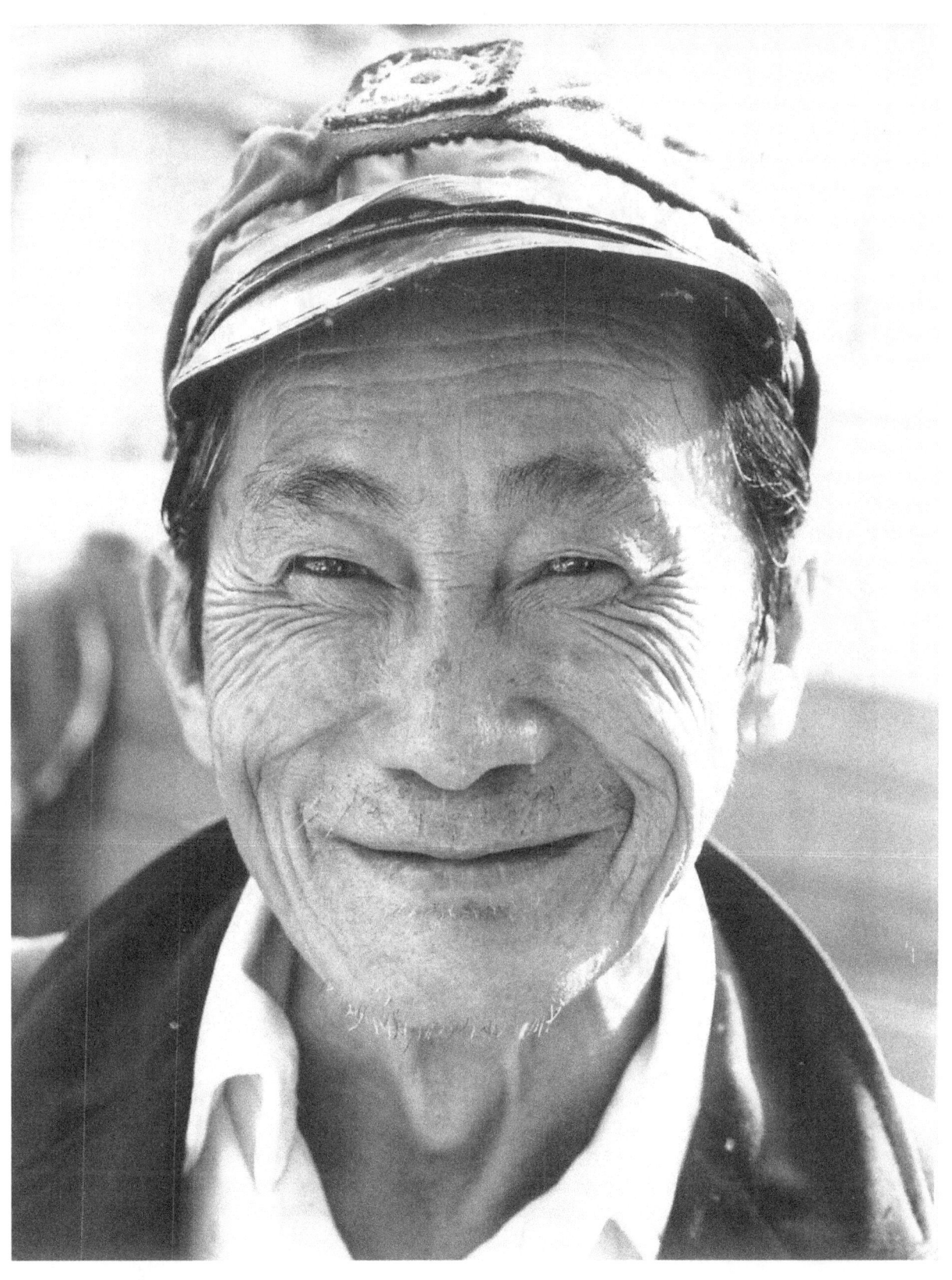

МУЖЧИНА ПЛЕМЕНИ ХМОНГ

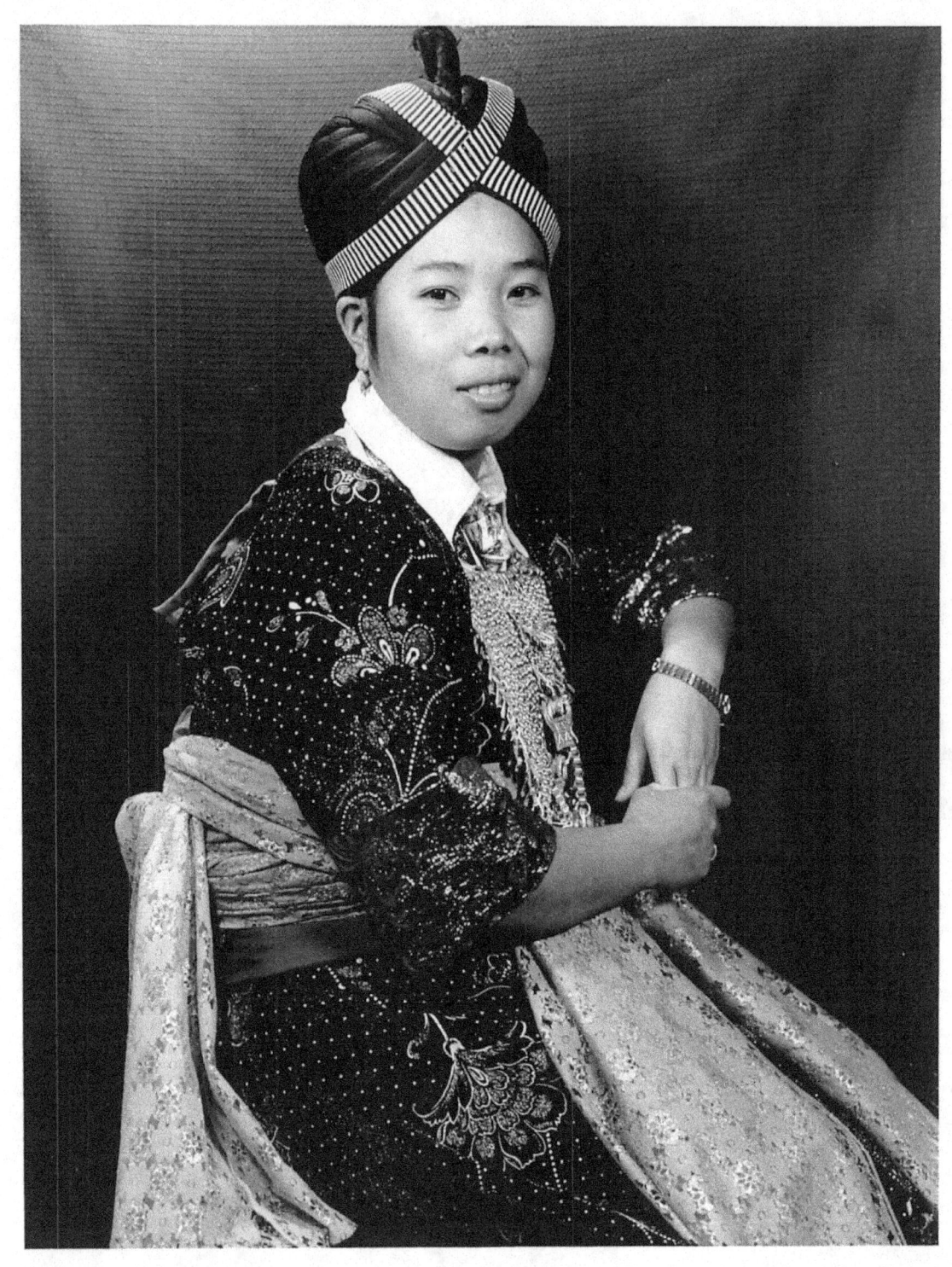

ДЕВУШКА ПЛЕМЕНИ ХМОНГ

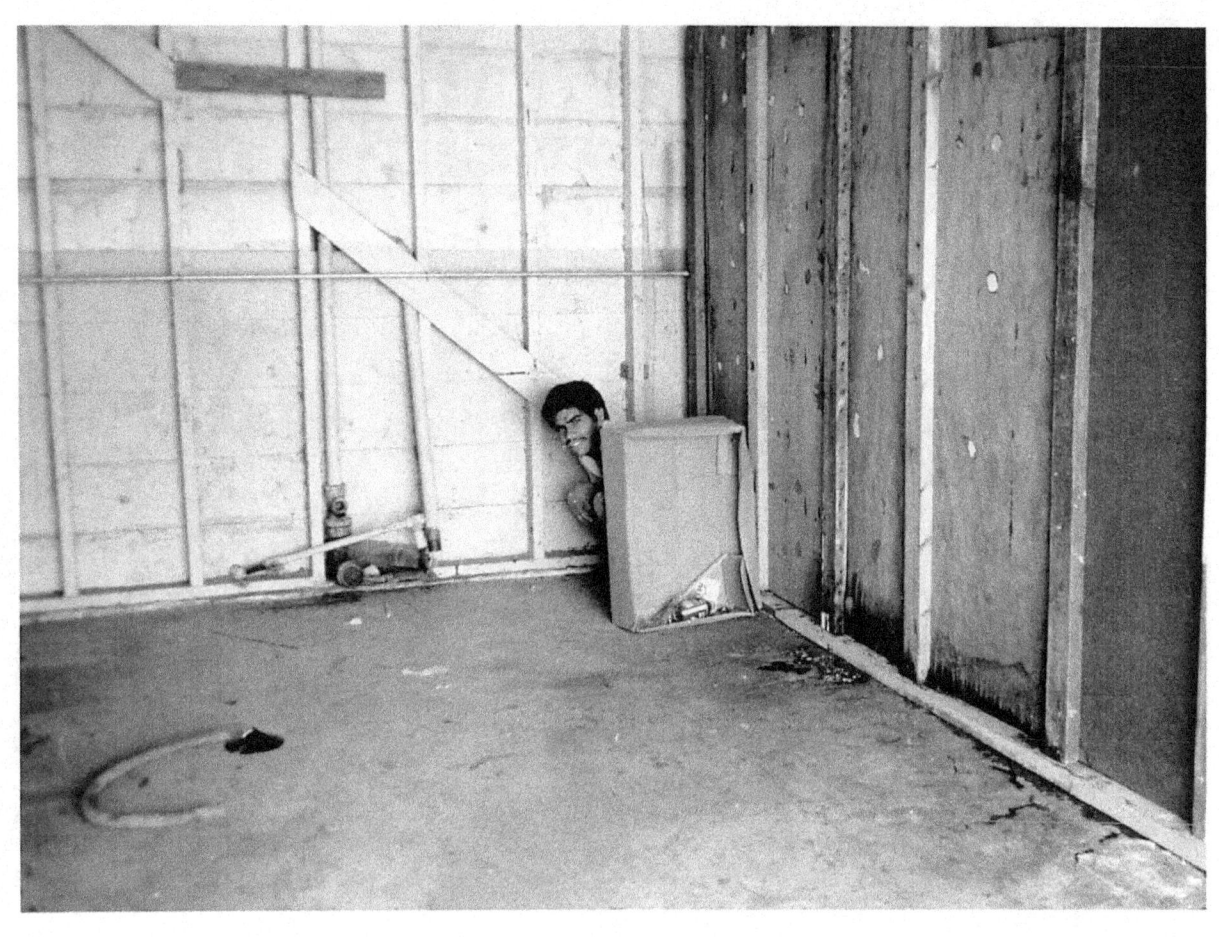

ХОЭЛЬ ДЕЛАЕТ (1)

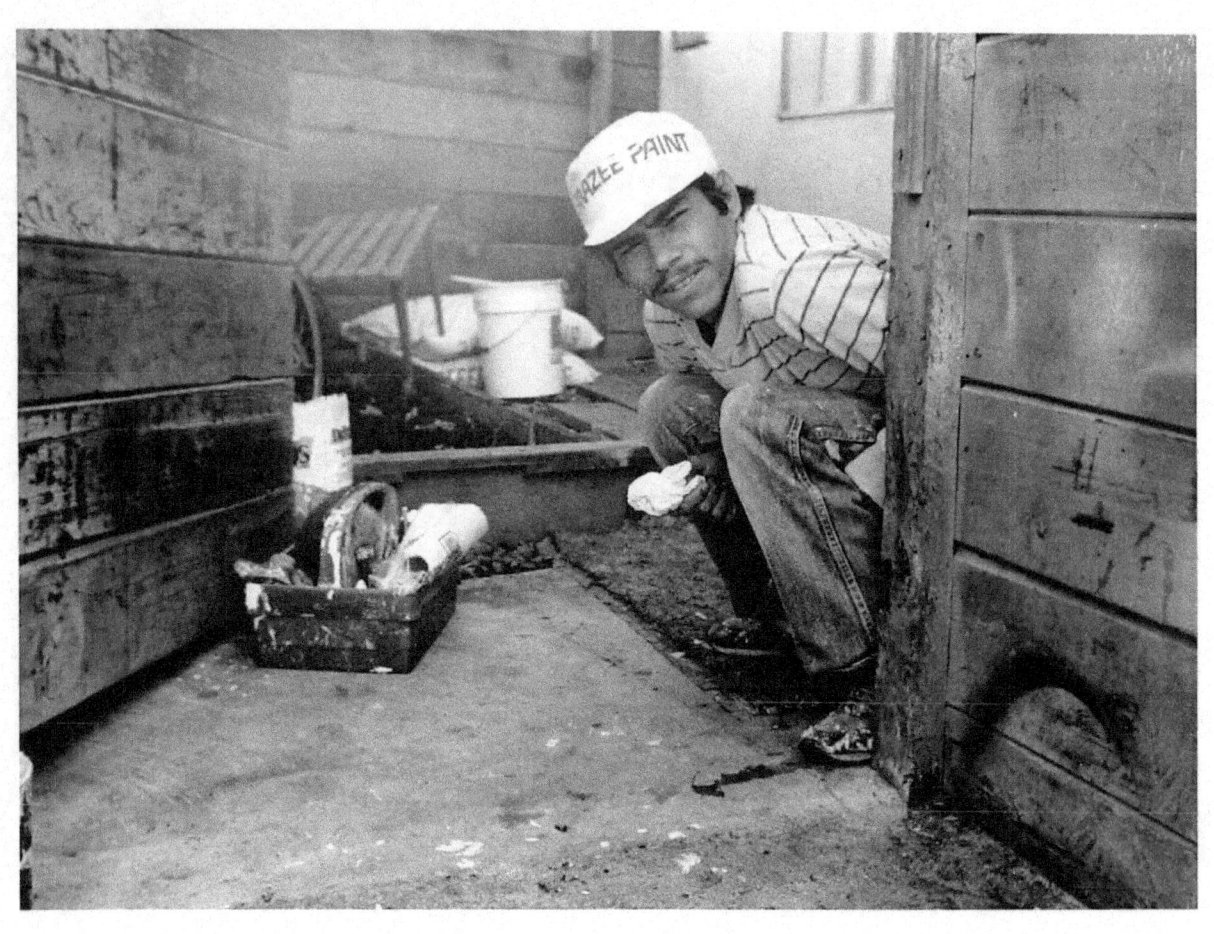

ХОЭЛЬ ДЕЛАЕТ (2)

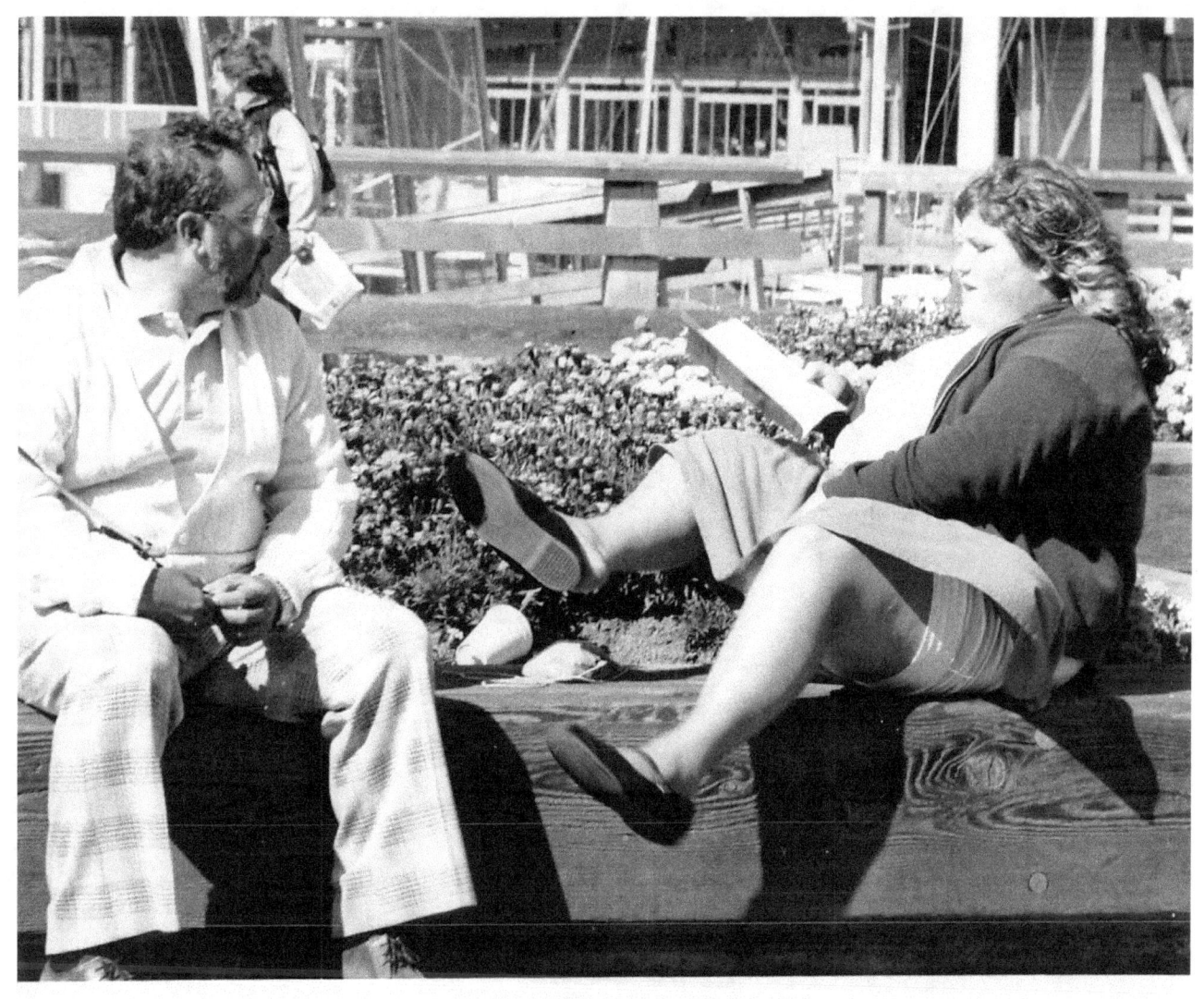

ИНТЕРЕСНАЯ КНИГА

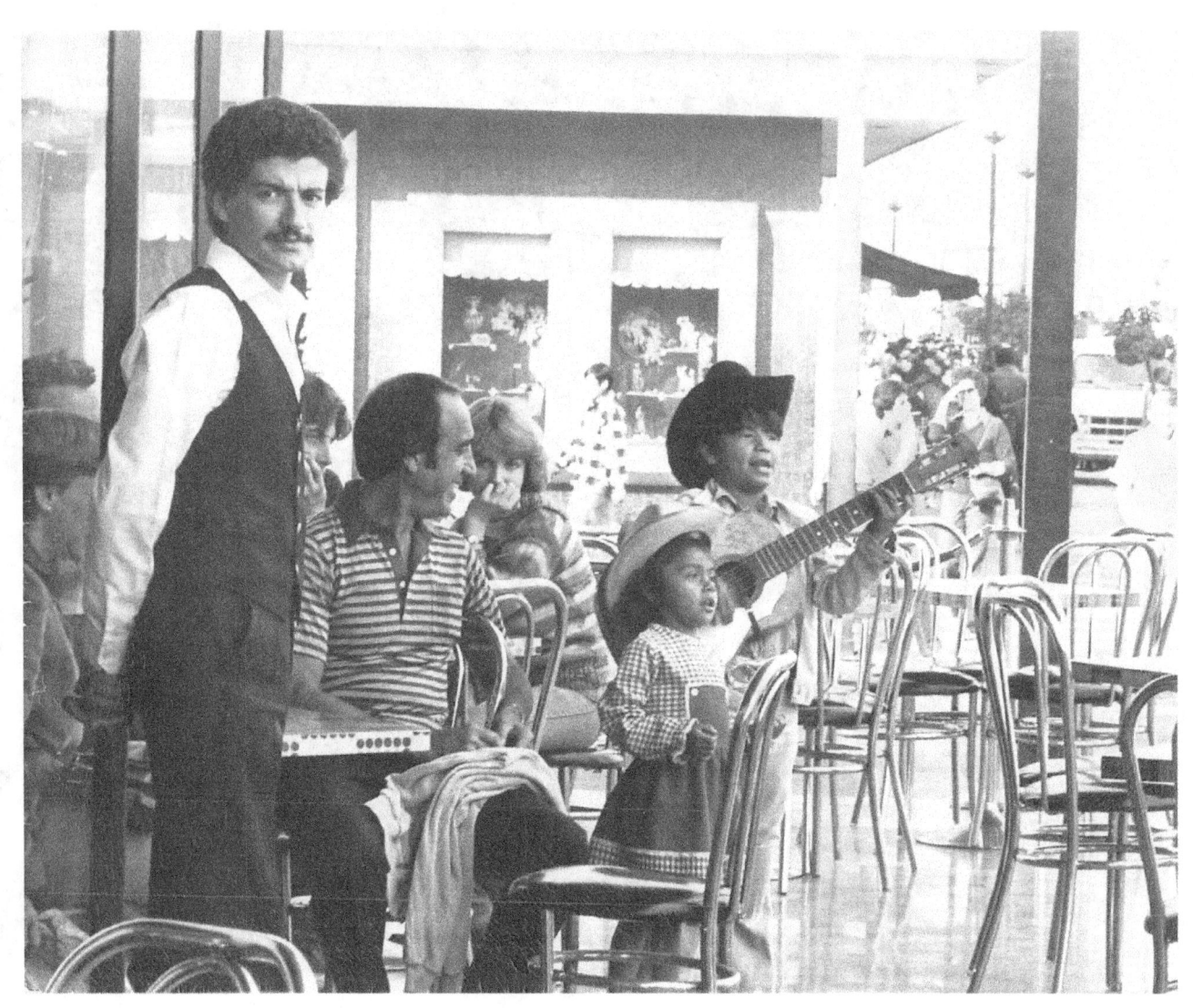

МУЗЫКАНТЫ В ТИХУАНЕ

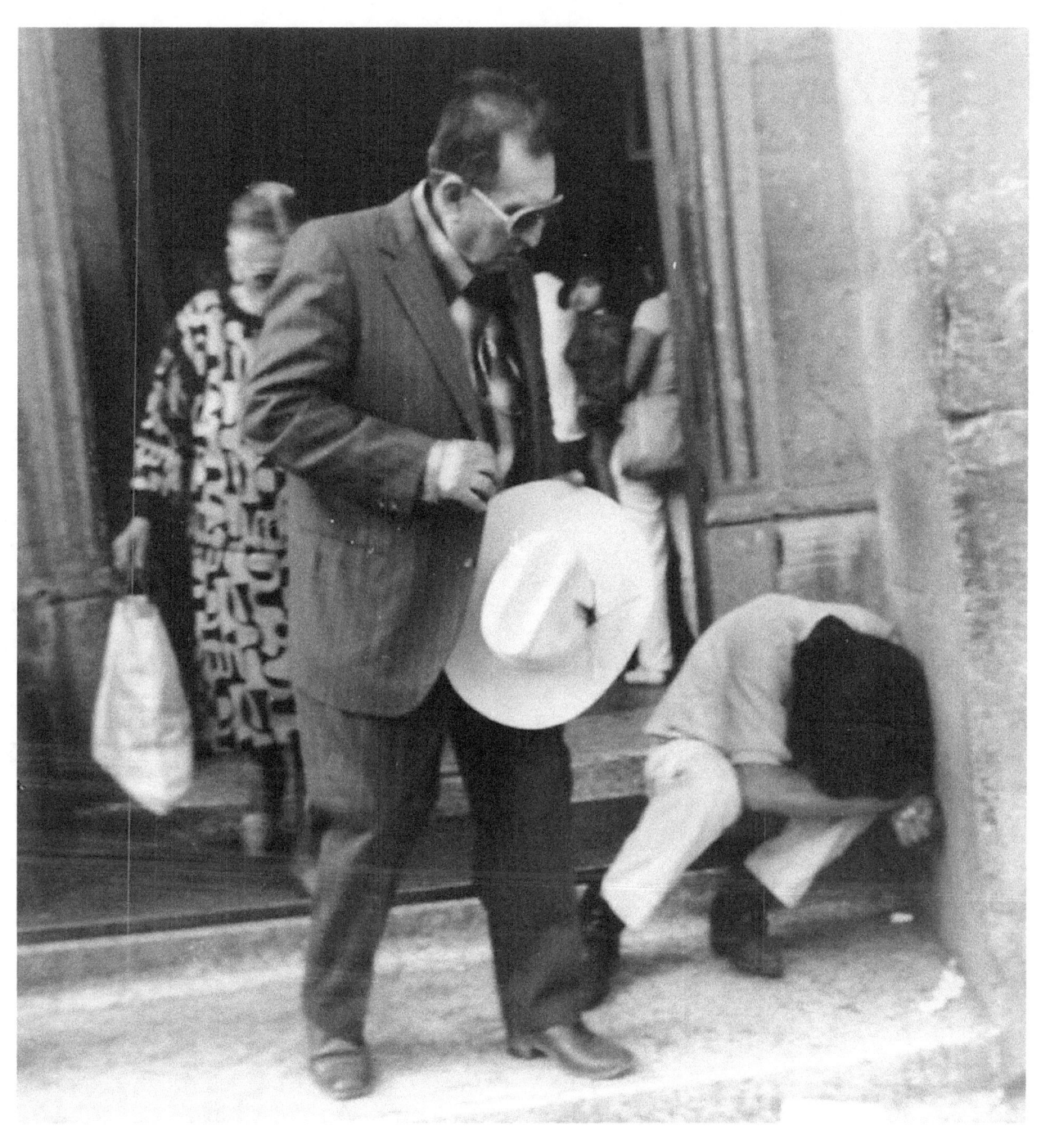

ХОРОШИЙ УДАР. ТИХУАНА

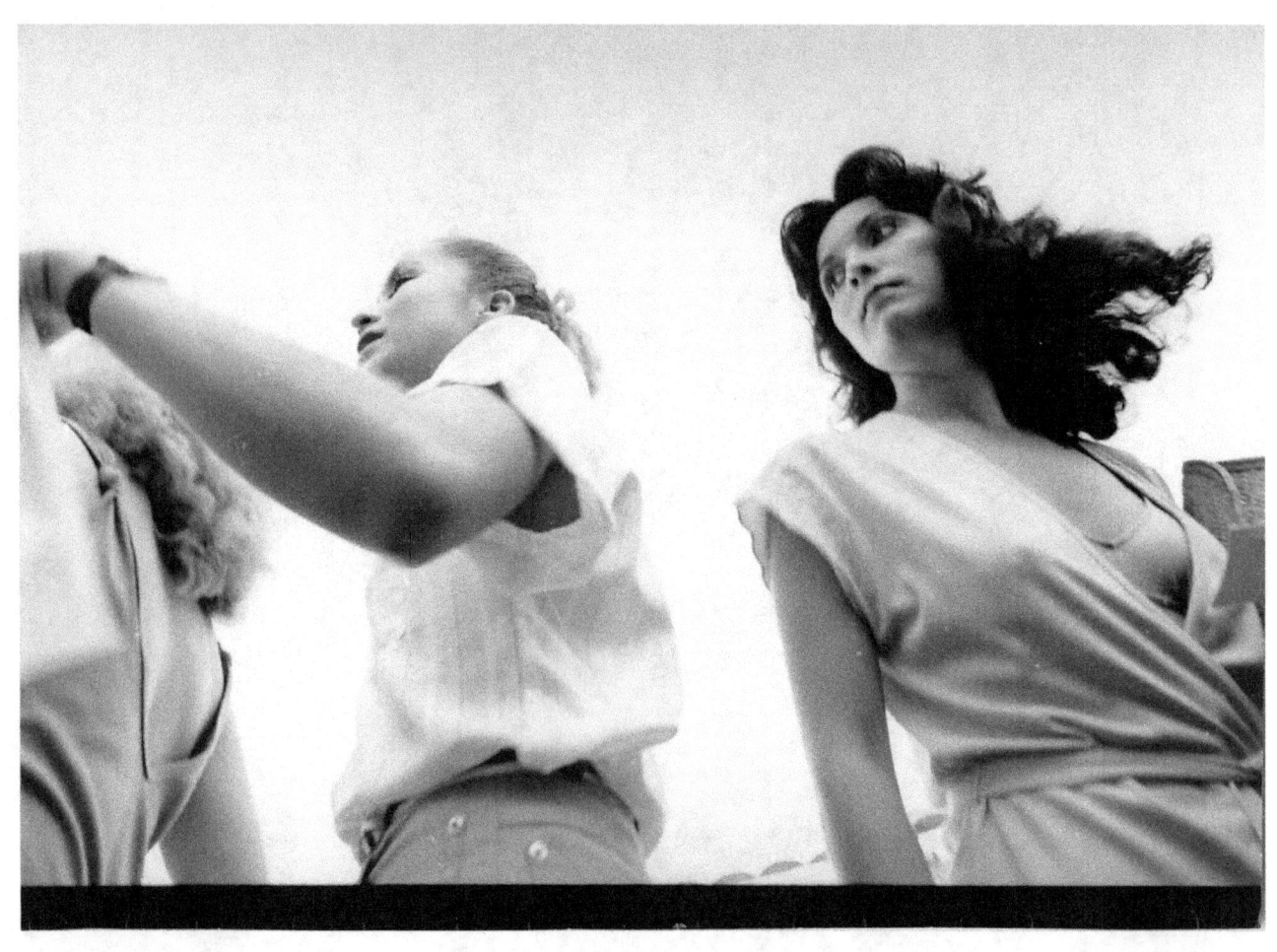

МЕКСИКА

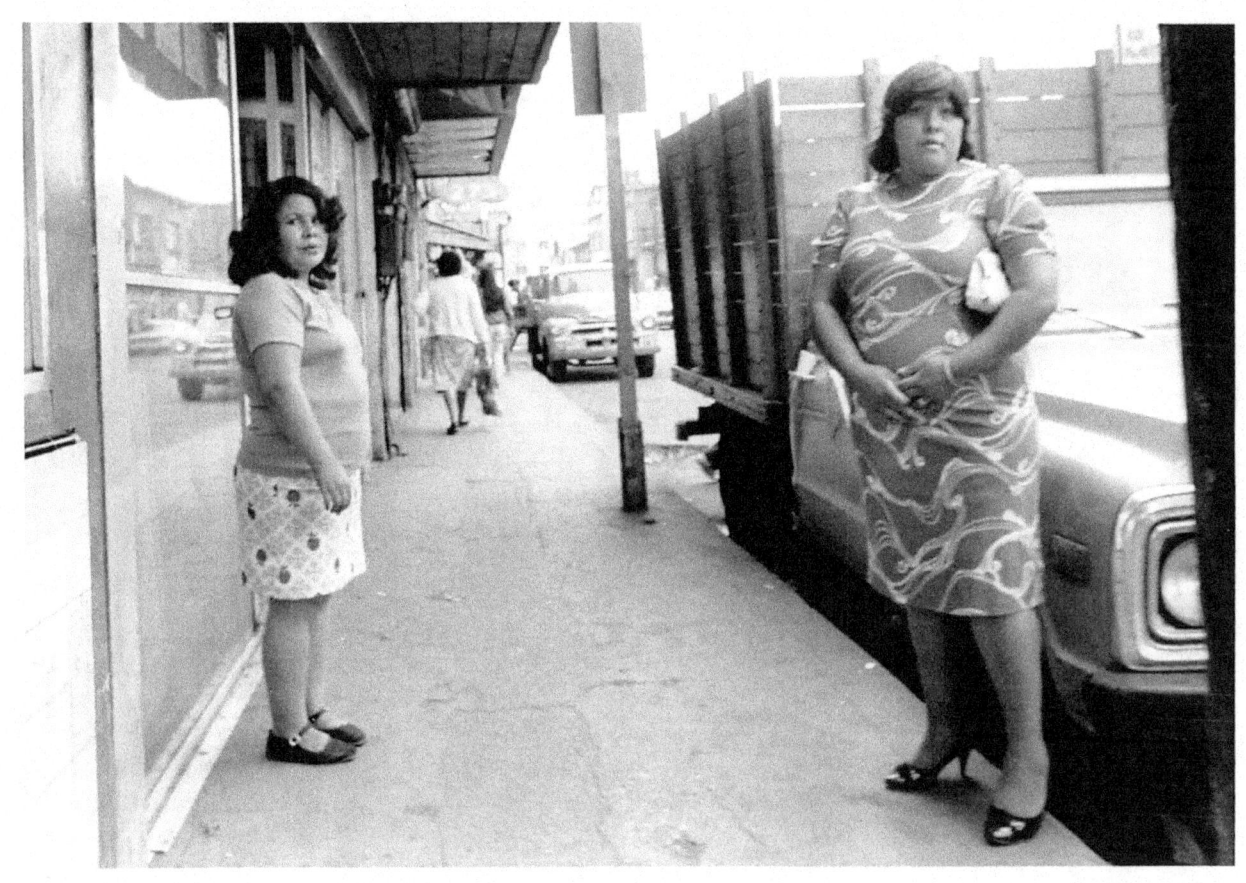

ПРОСТИТУТКИ В ТИХУАНЕ

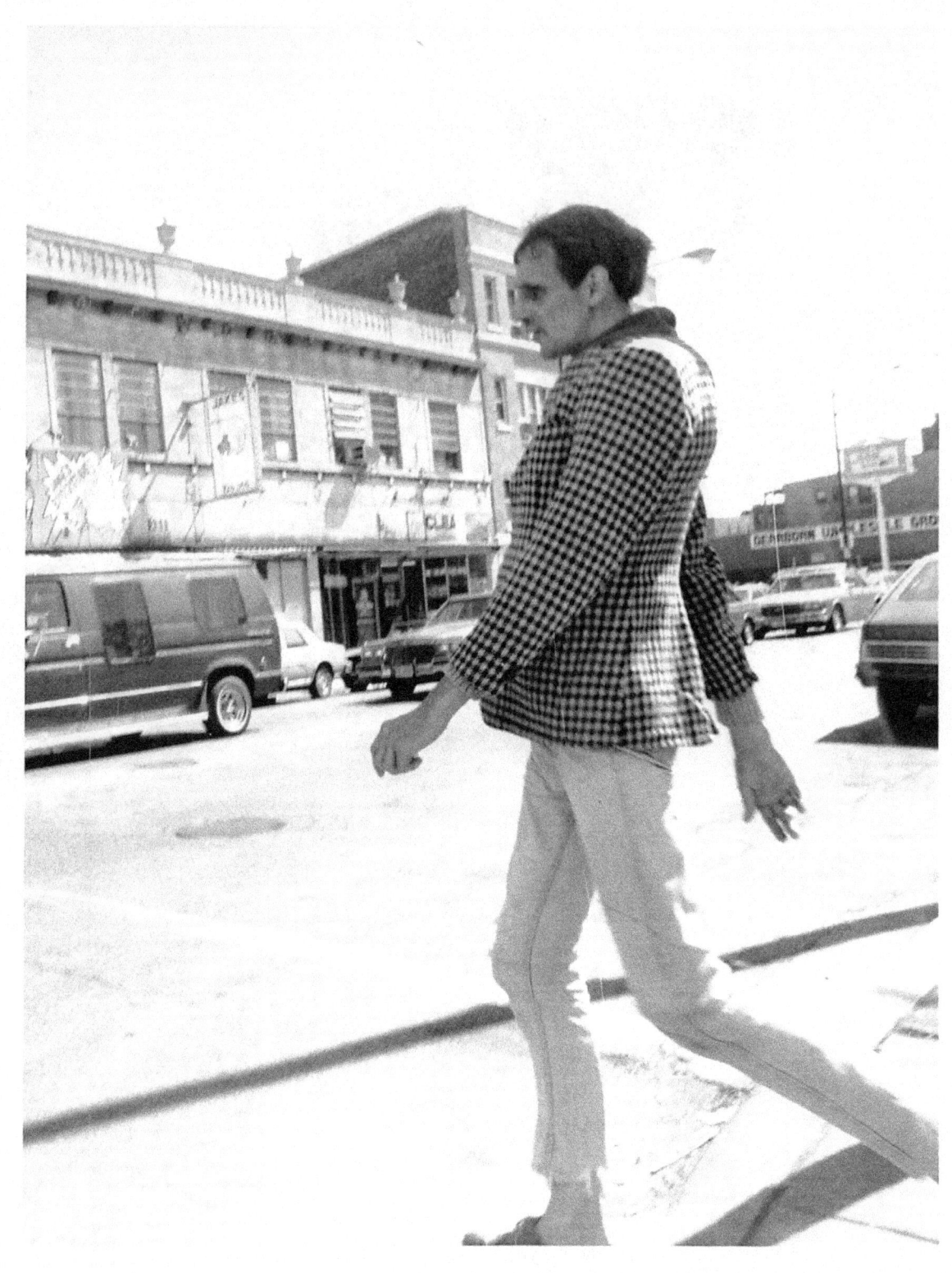

ДРАКУЛА

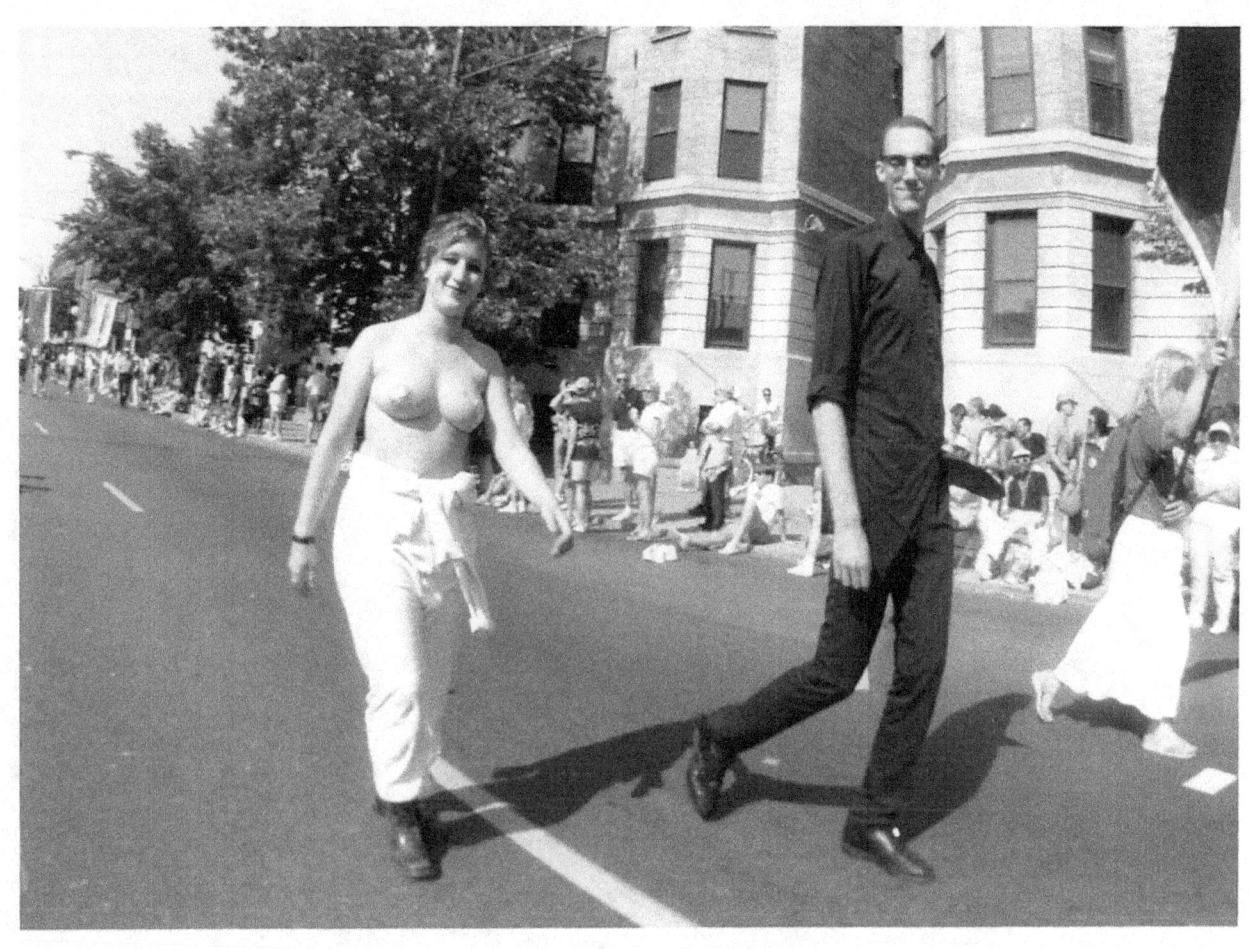

ПАРАД (1)

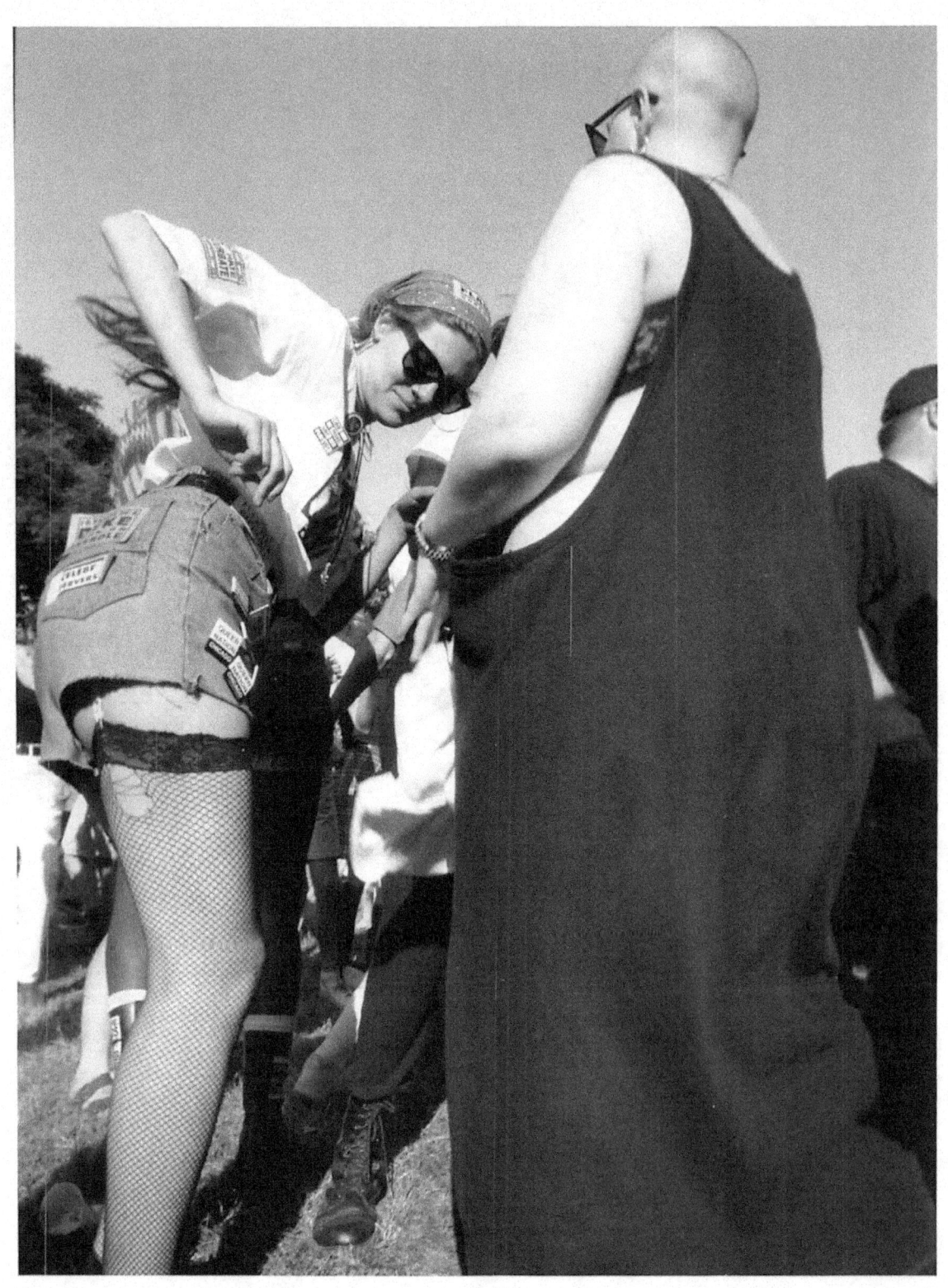

ПАРАД (2)

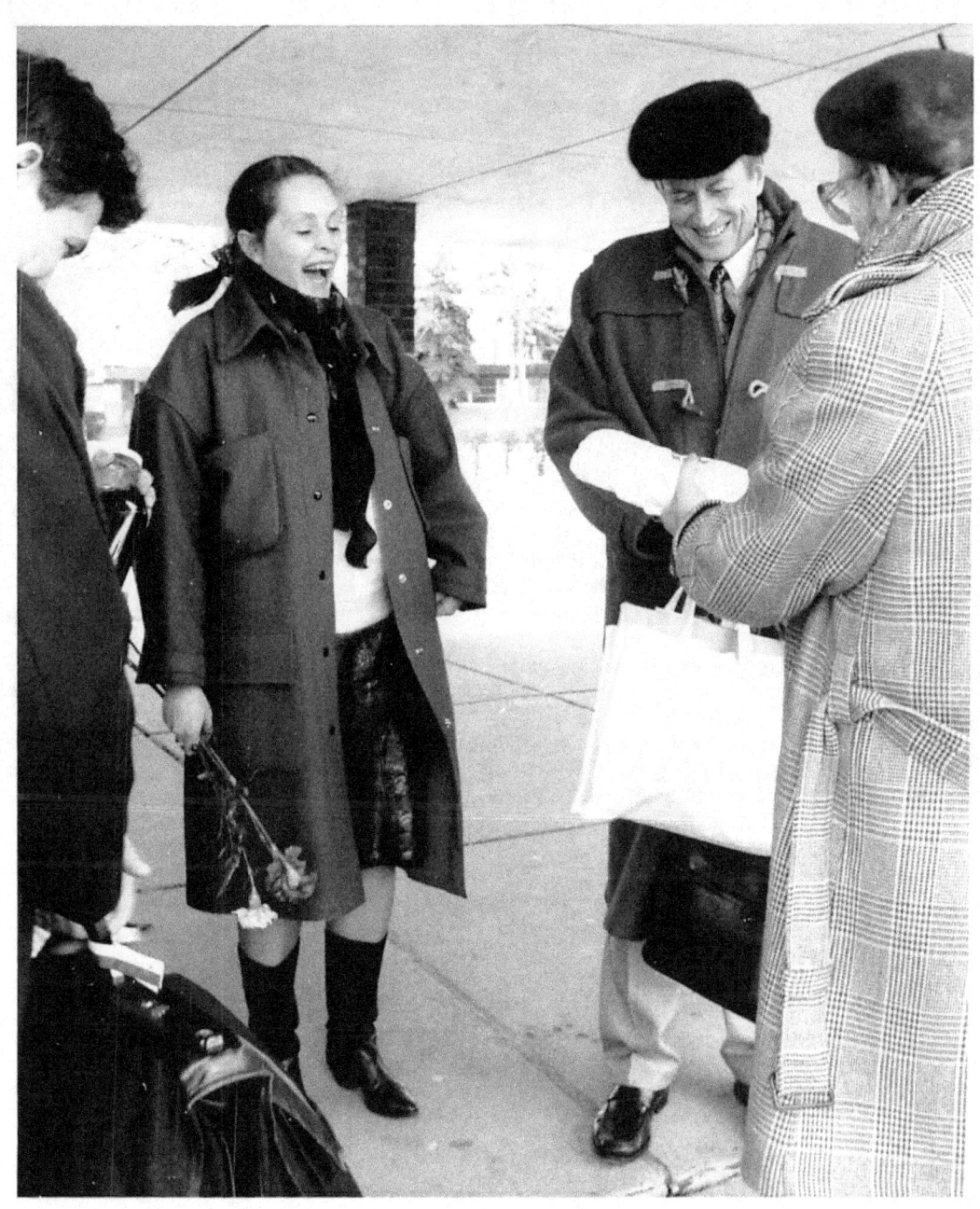

ЕВТУШЕНКО В ЧИКАГО

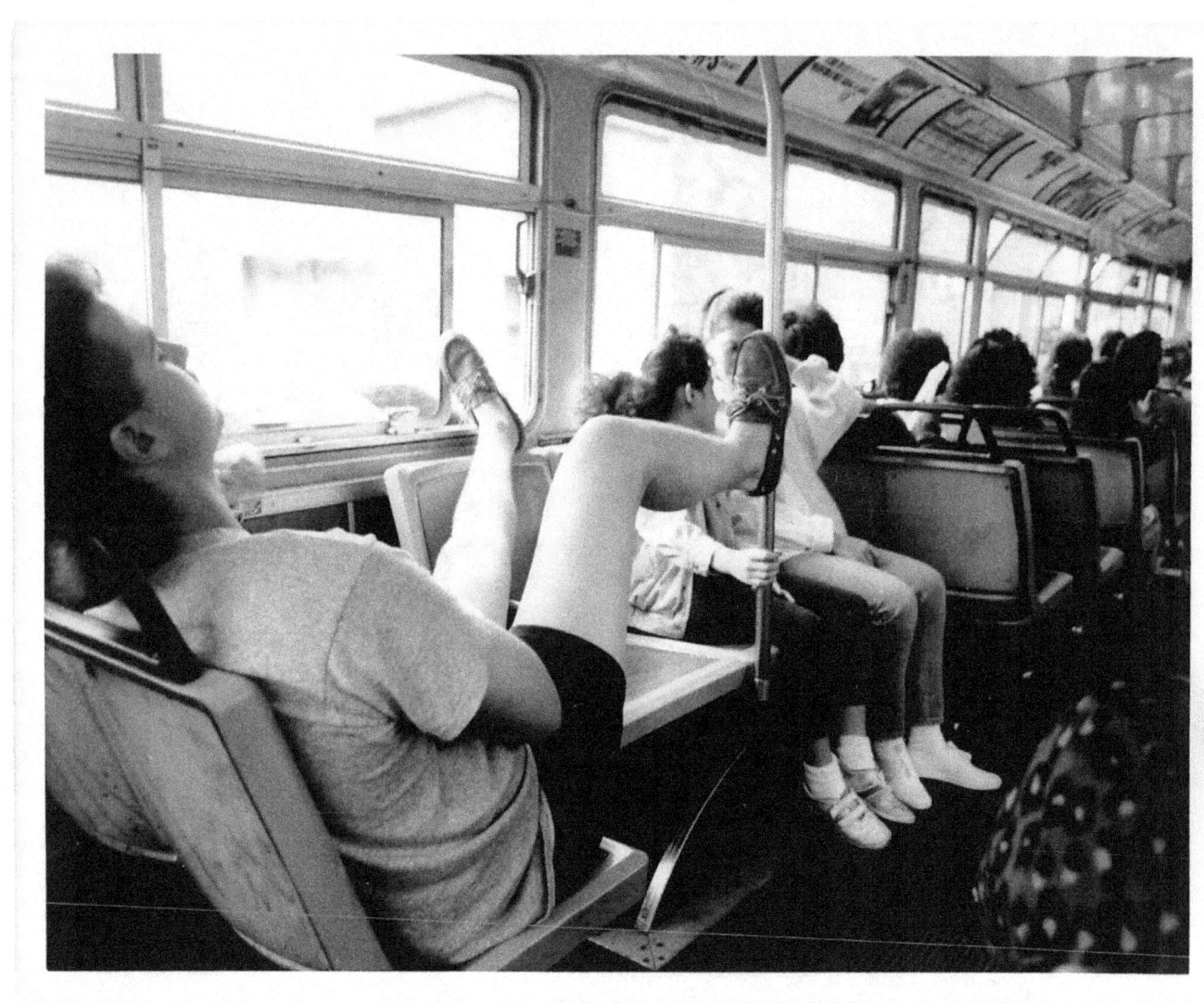

В АВТОБУСЕ (1)

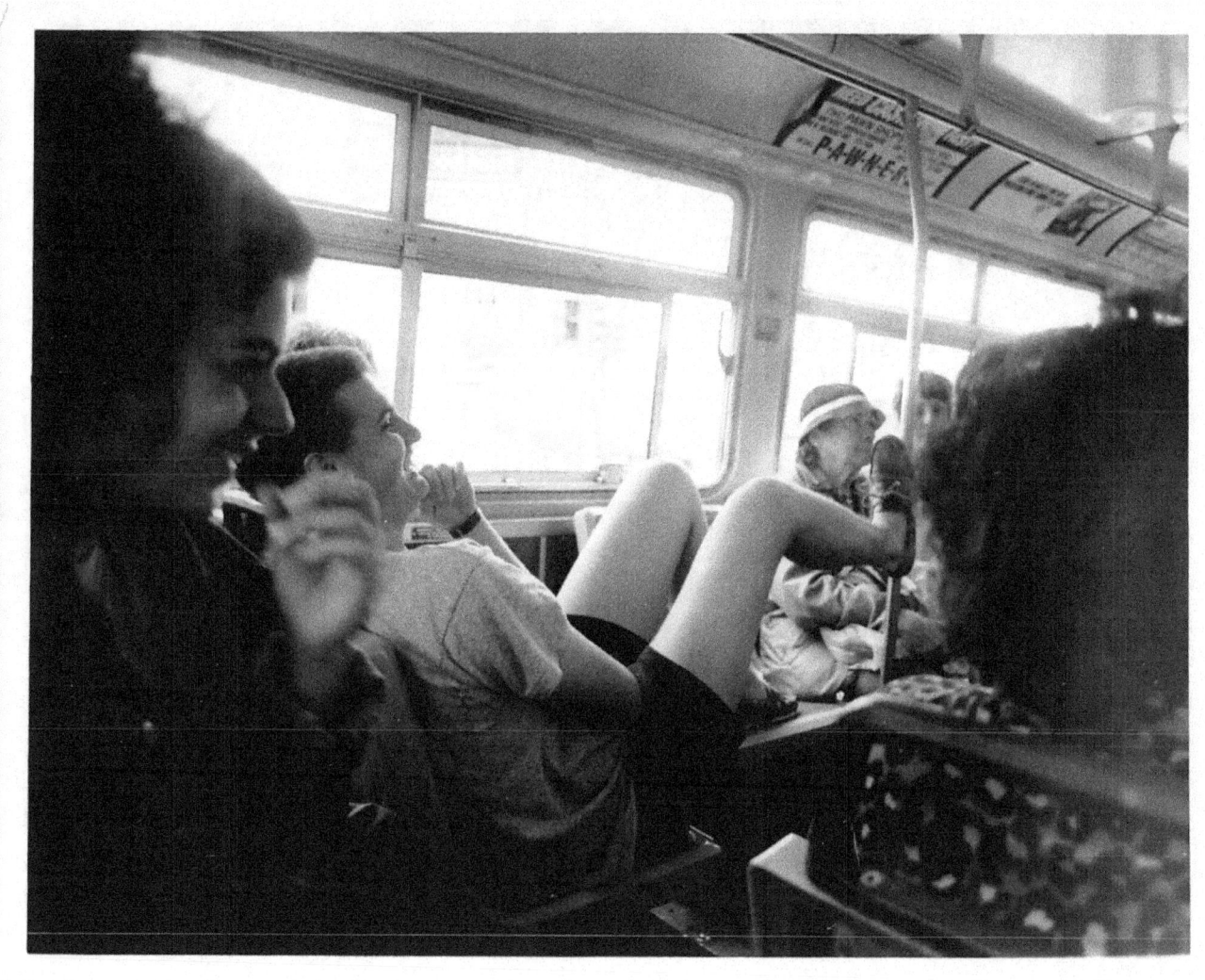

В АВТОБУСЕ (2)

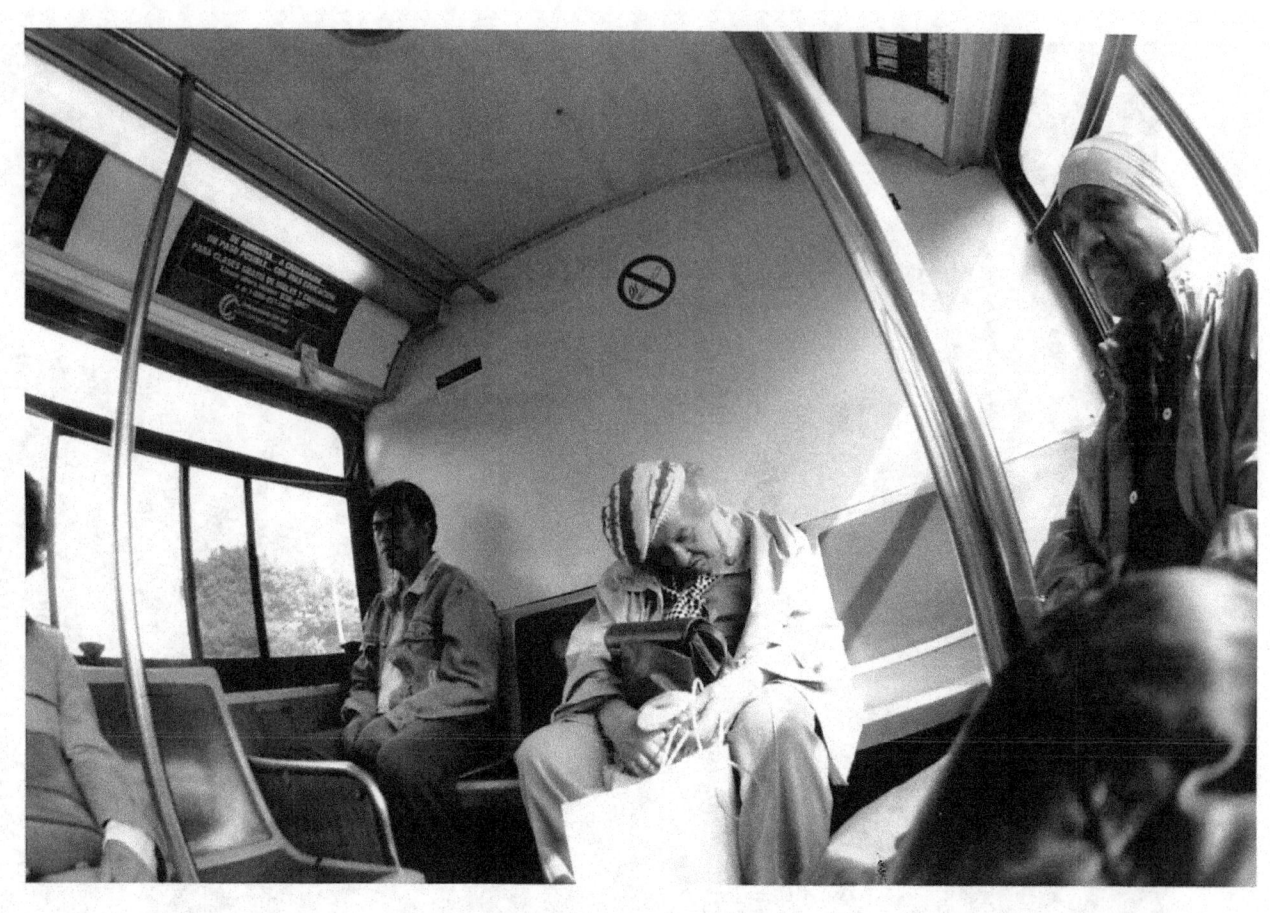

В АВТОБУСЕ (3)

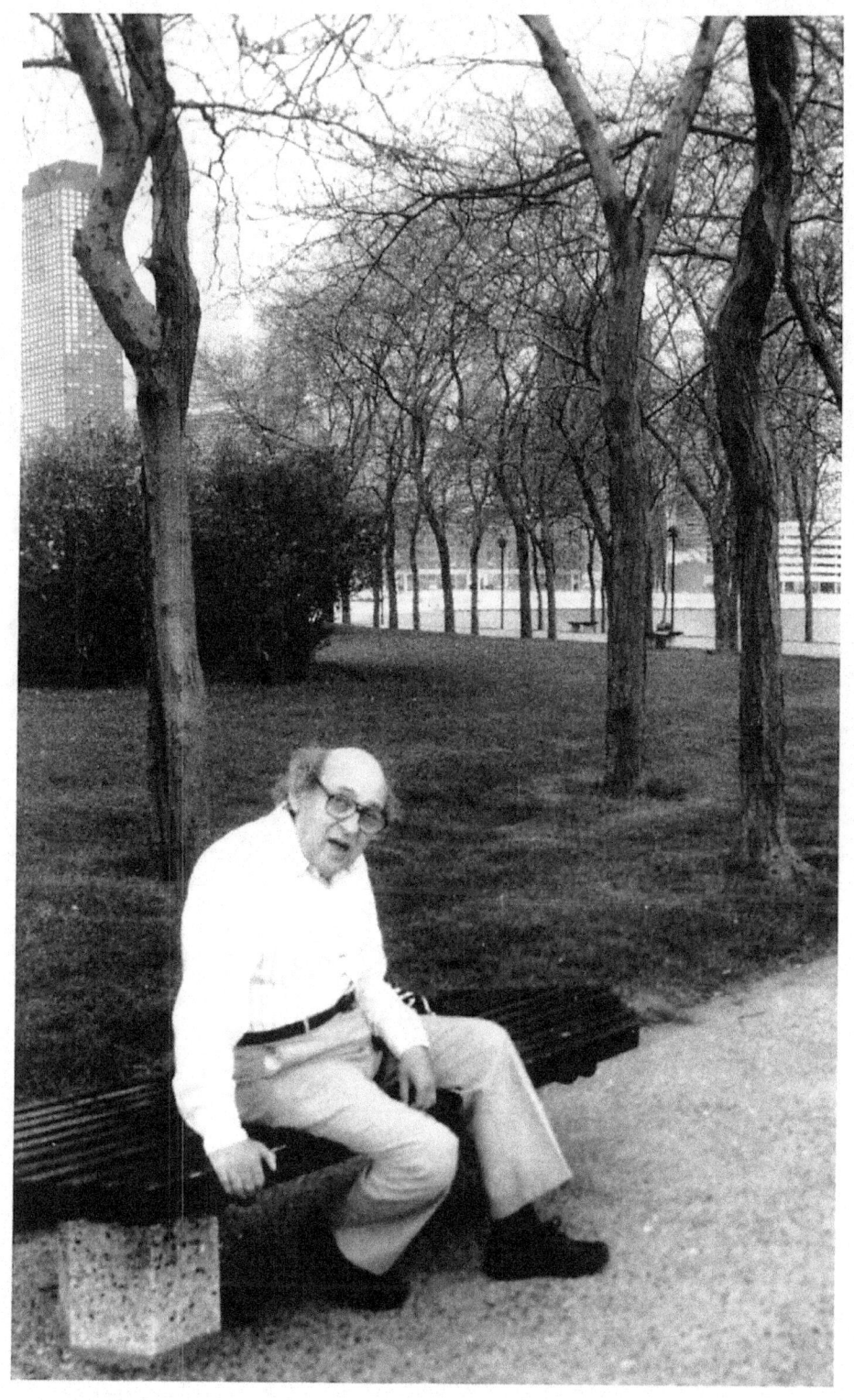

В ПАРКЕ

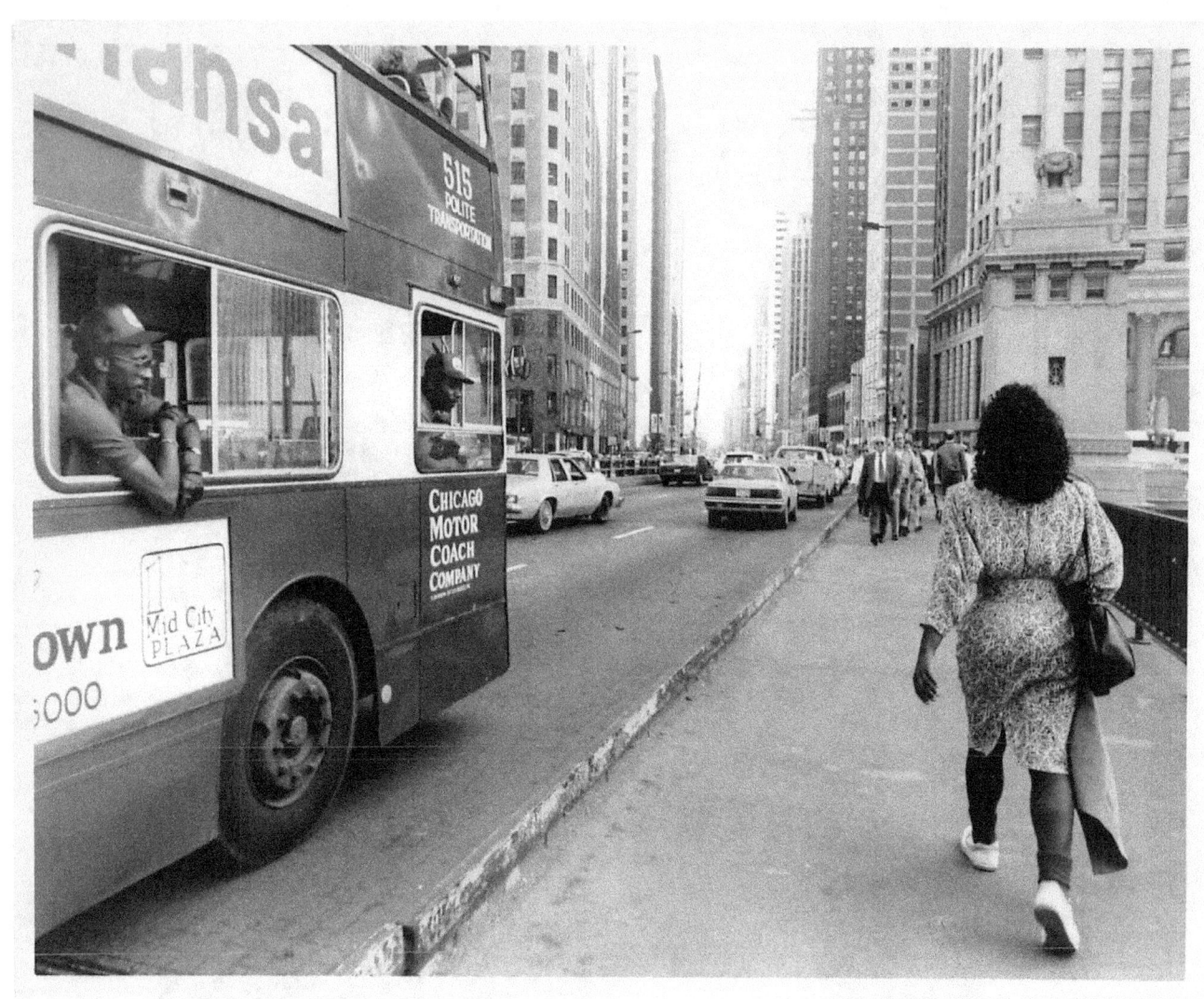

НАВЕРНОЕ, КРАСИВАЯ

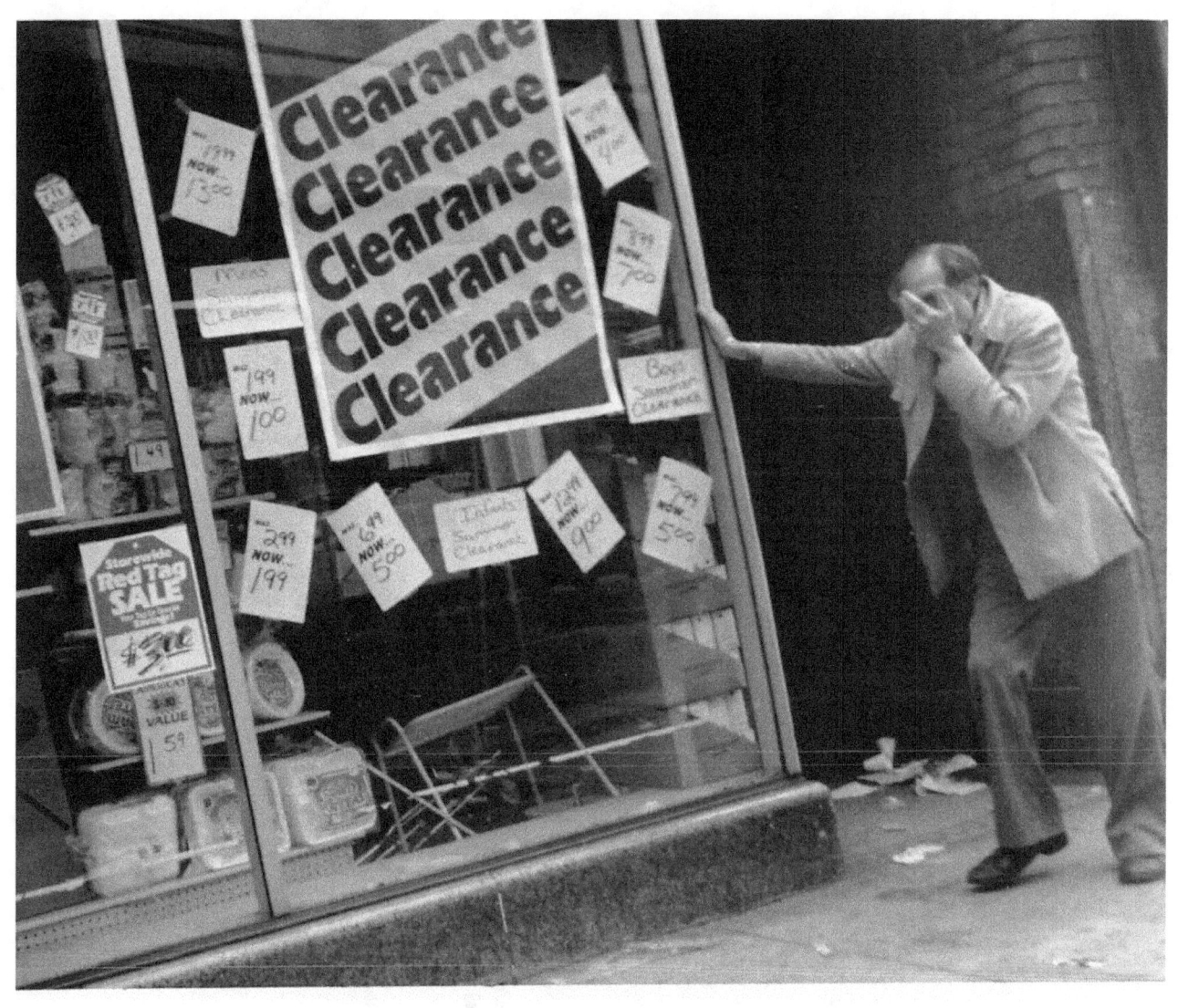

ДУРНО

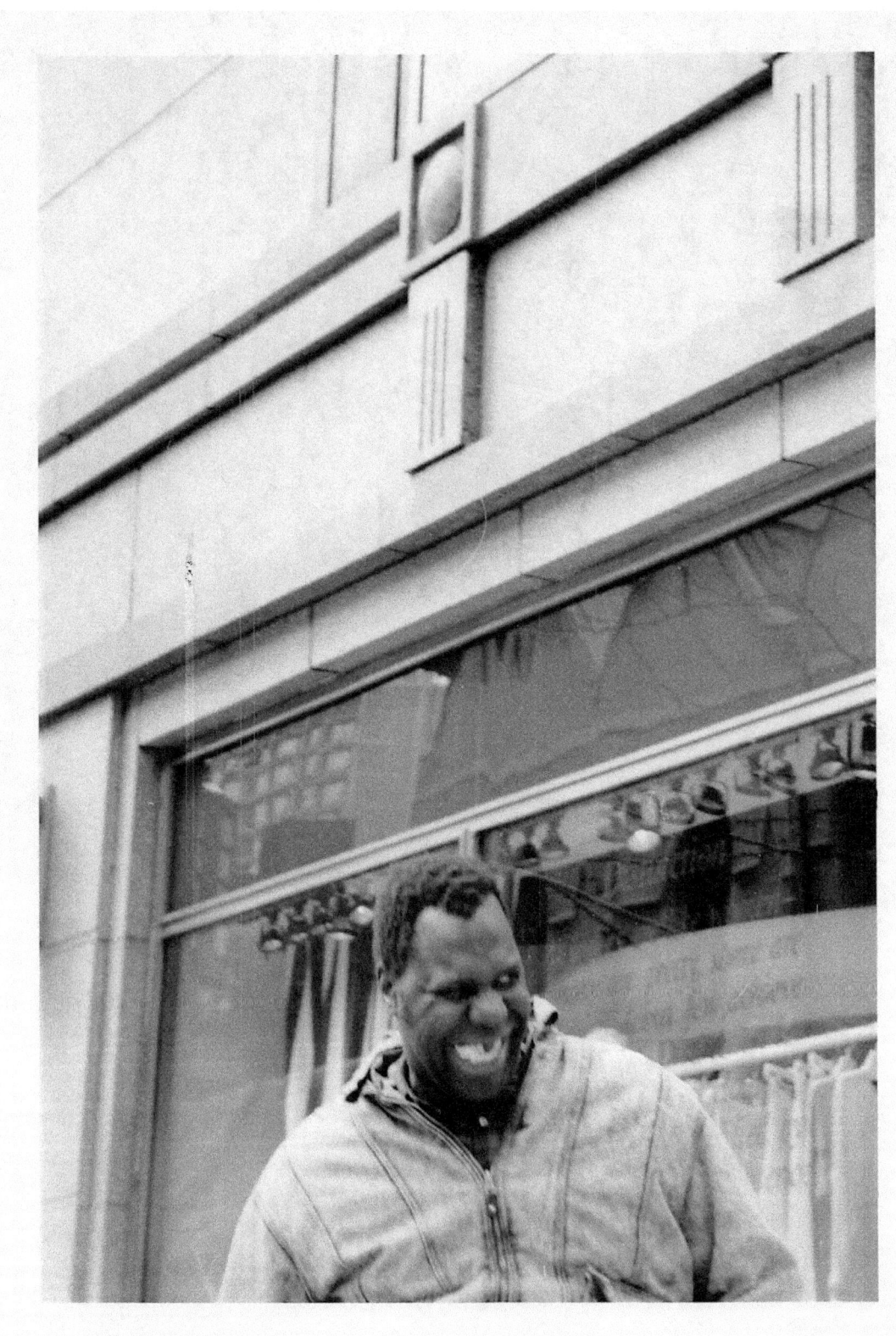

ОЧЕНЬ СМЕШНО (1)

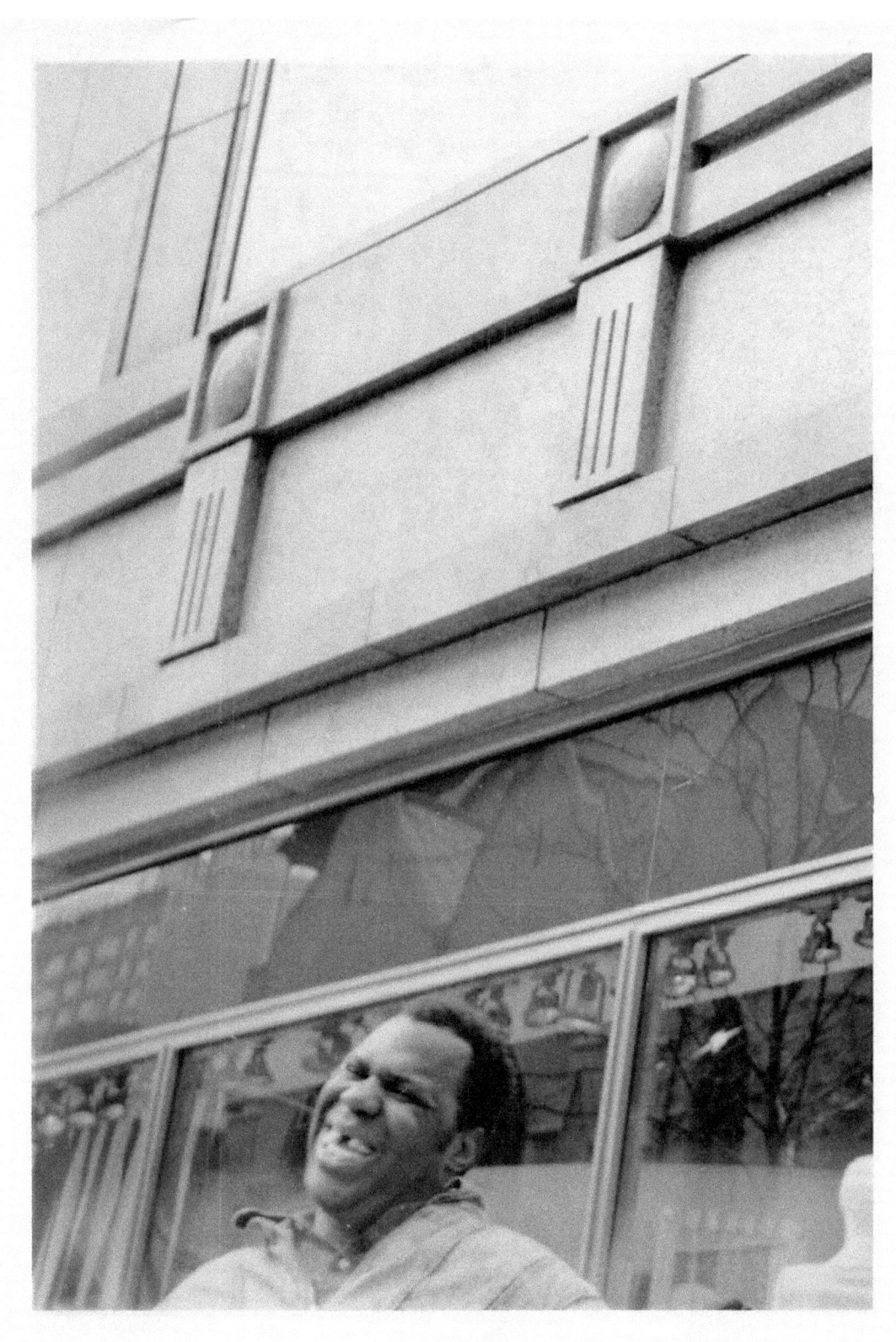

ОЧЕНЬ СМЕШНО (2)

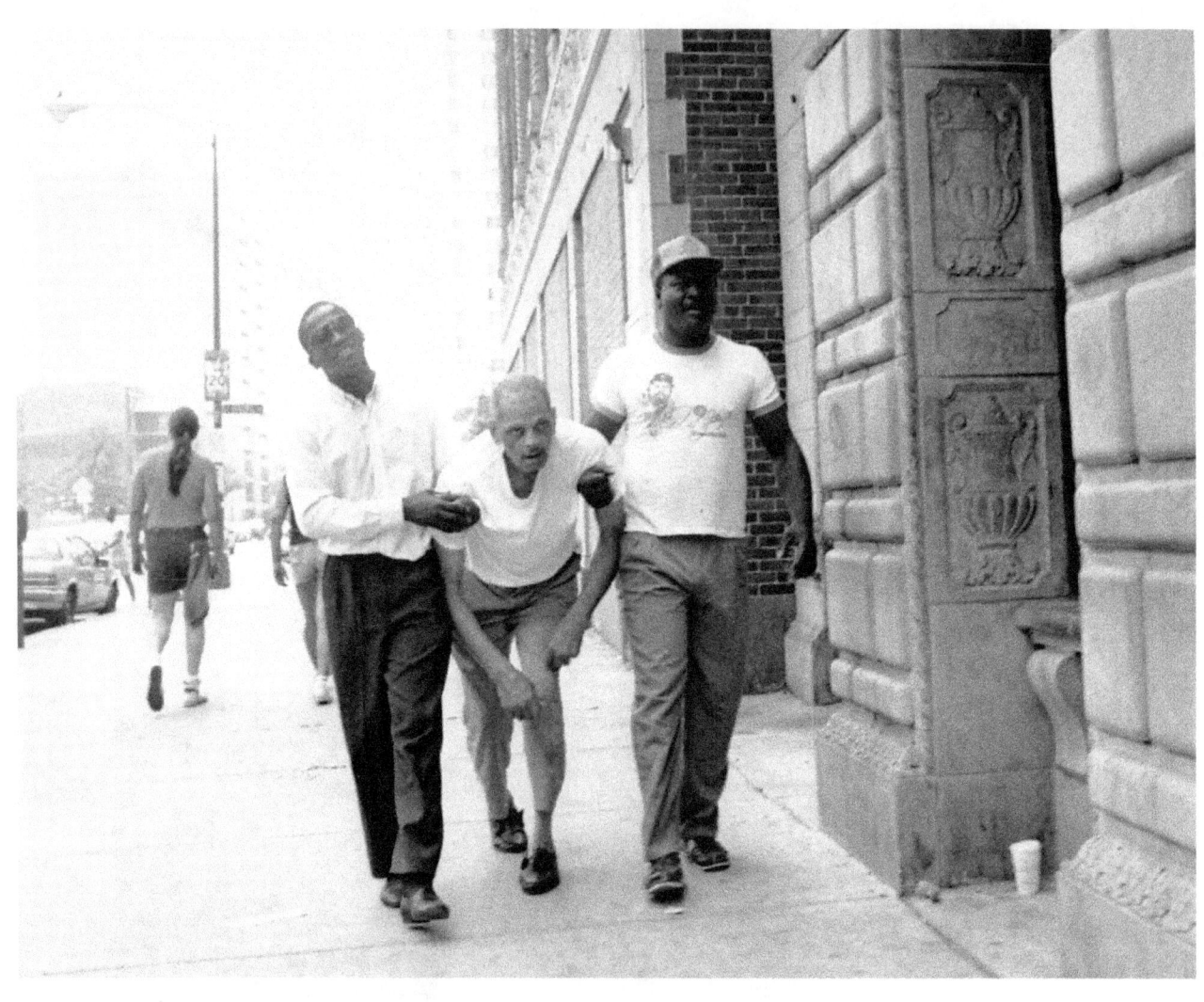

ВЕДУТ, ВЕДУТ…

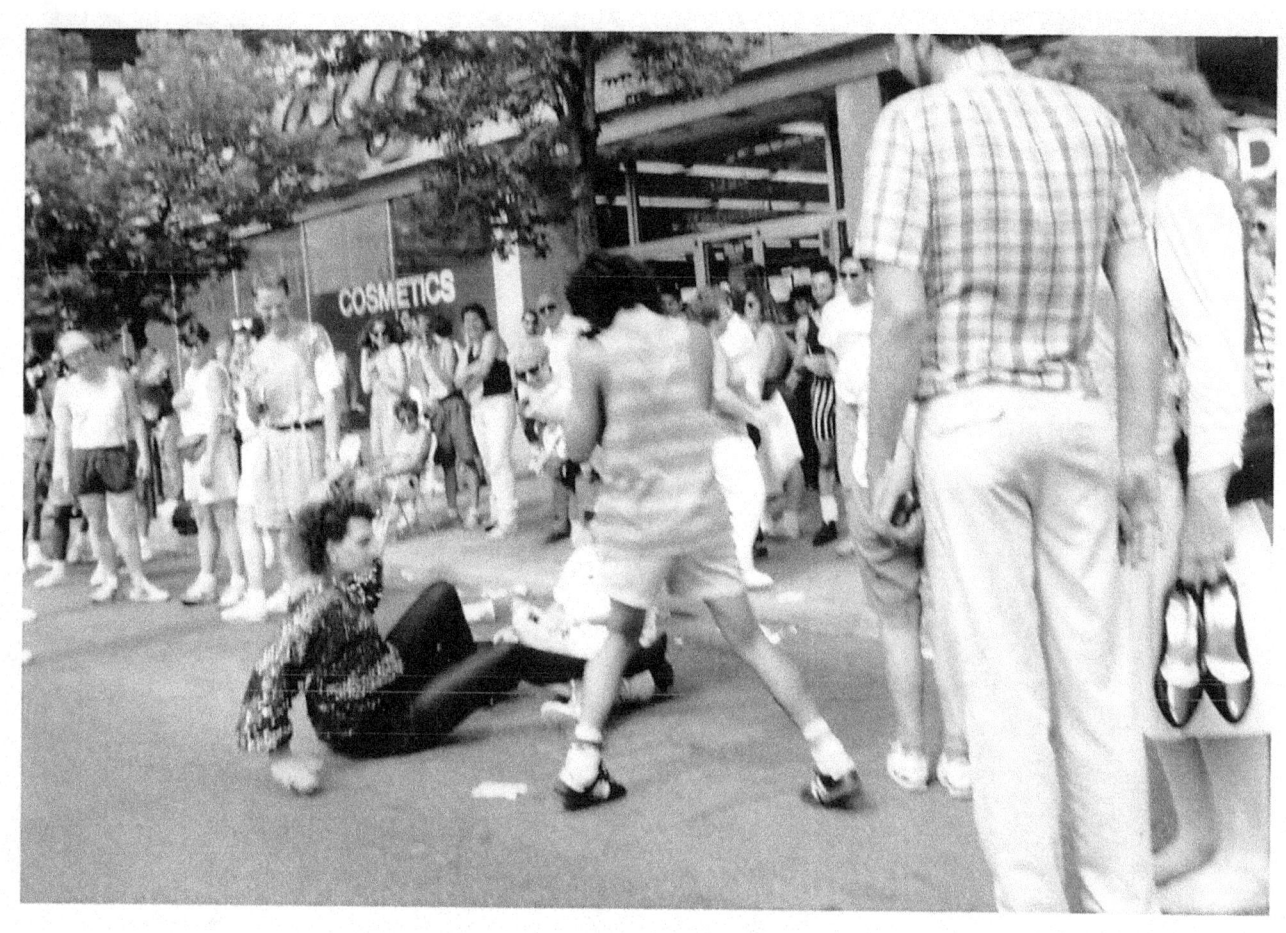

ЖЕСТОКАЯ ДРАКА

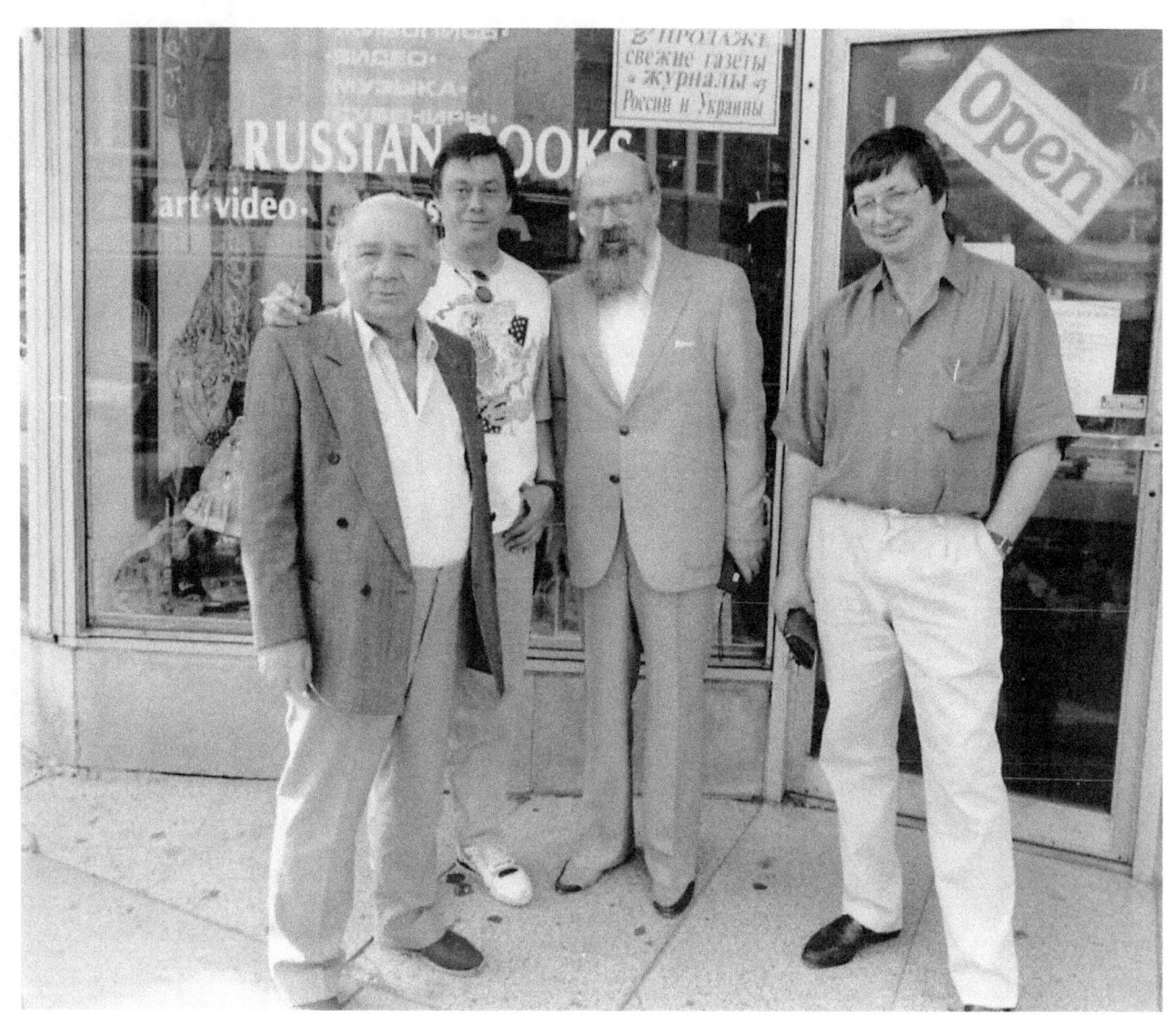

ЛЕОНОВ И КАРАЧЕНЦЕВ В ЧИКАГО

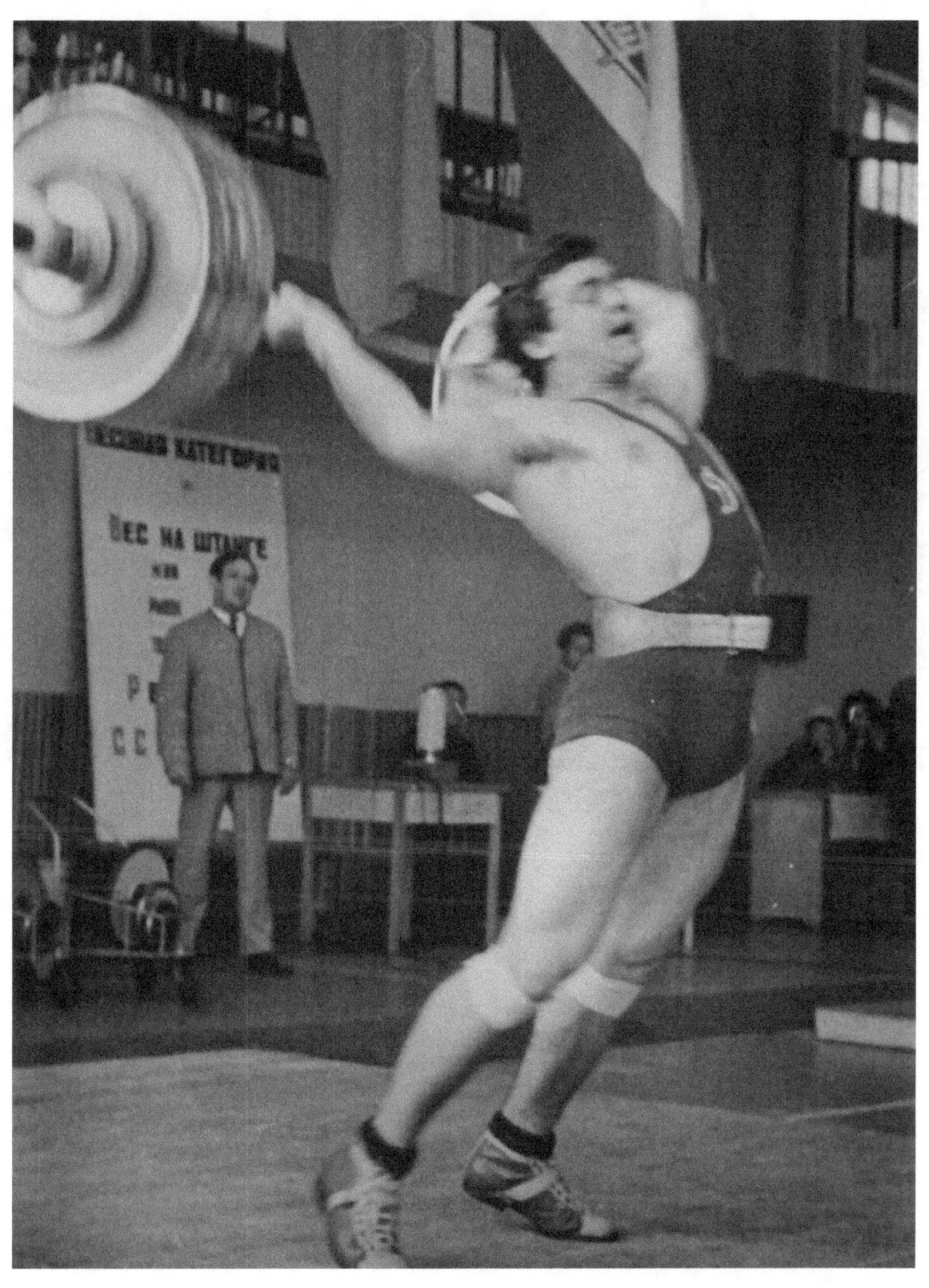

В. РЫЖЕНКОВ (ПОПЫТКА УСТАНОВИТЬ НОВЫЙ МИРОВОЙ РЕКОРД)

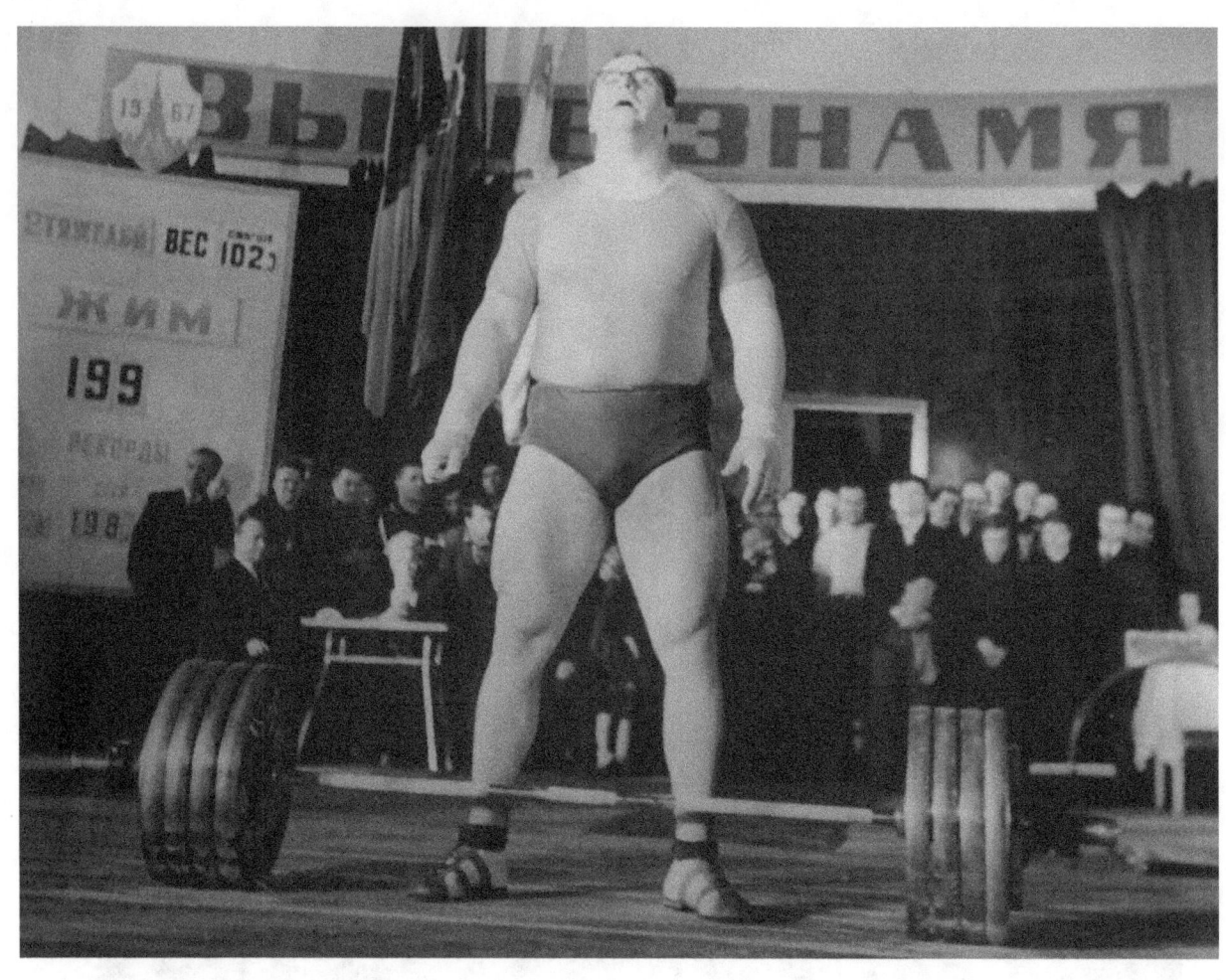

Ю. ВЛАСОВ (ПОПЫТКА УСТАНОВИТЬ НОВЫЙ МИРОВОЙ РЕКОРД)

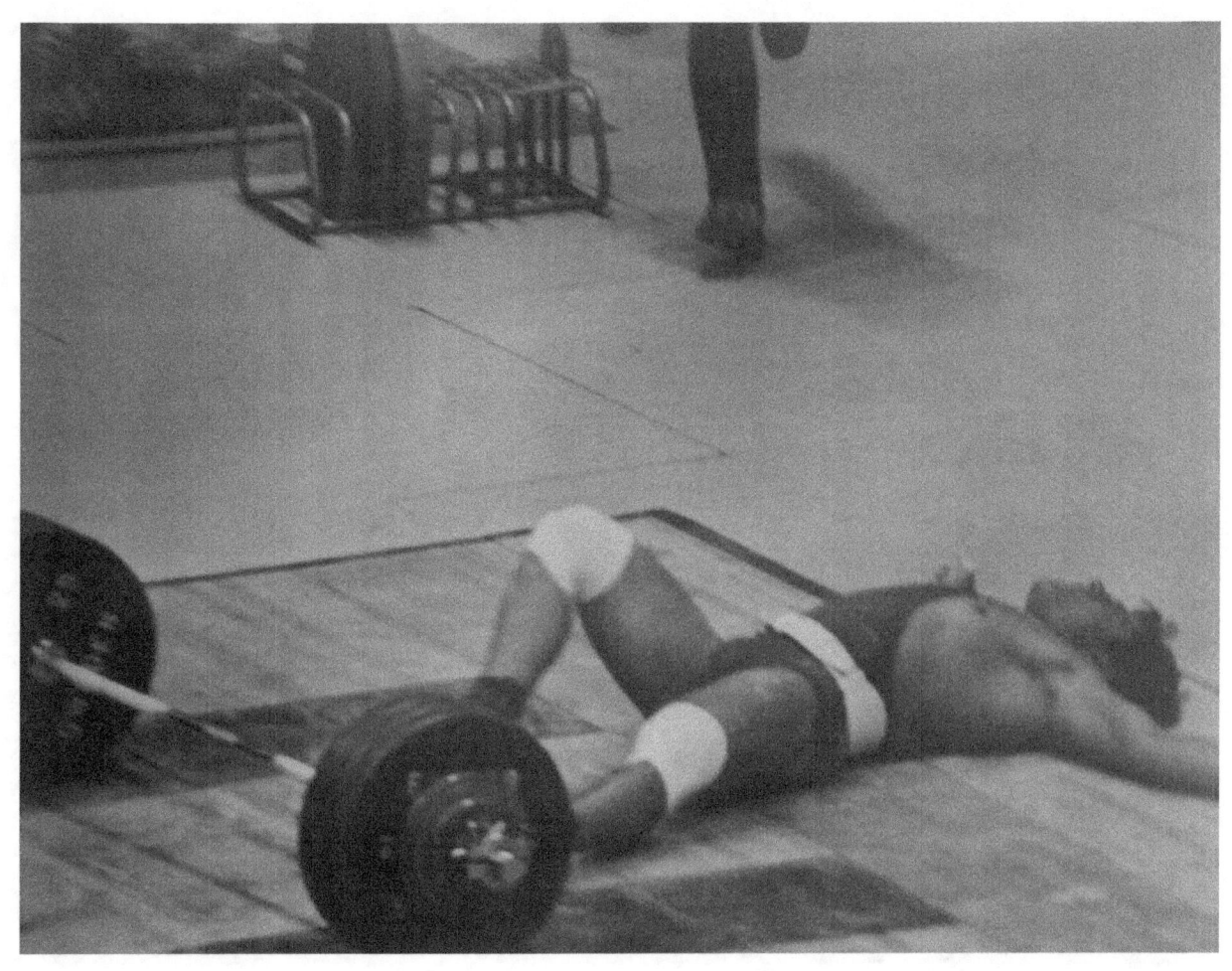

Д. РИГЕРТ (ПОПЫТКА УСТАНОВИТЬ НОВЫЙ МИРОВОЙ РЕКОРД)

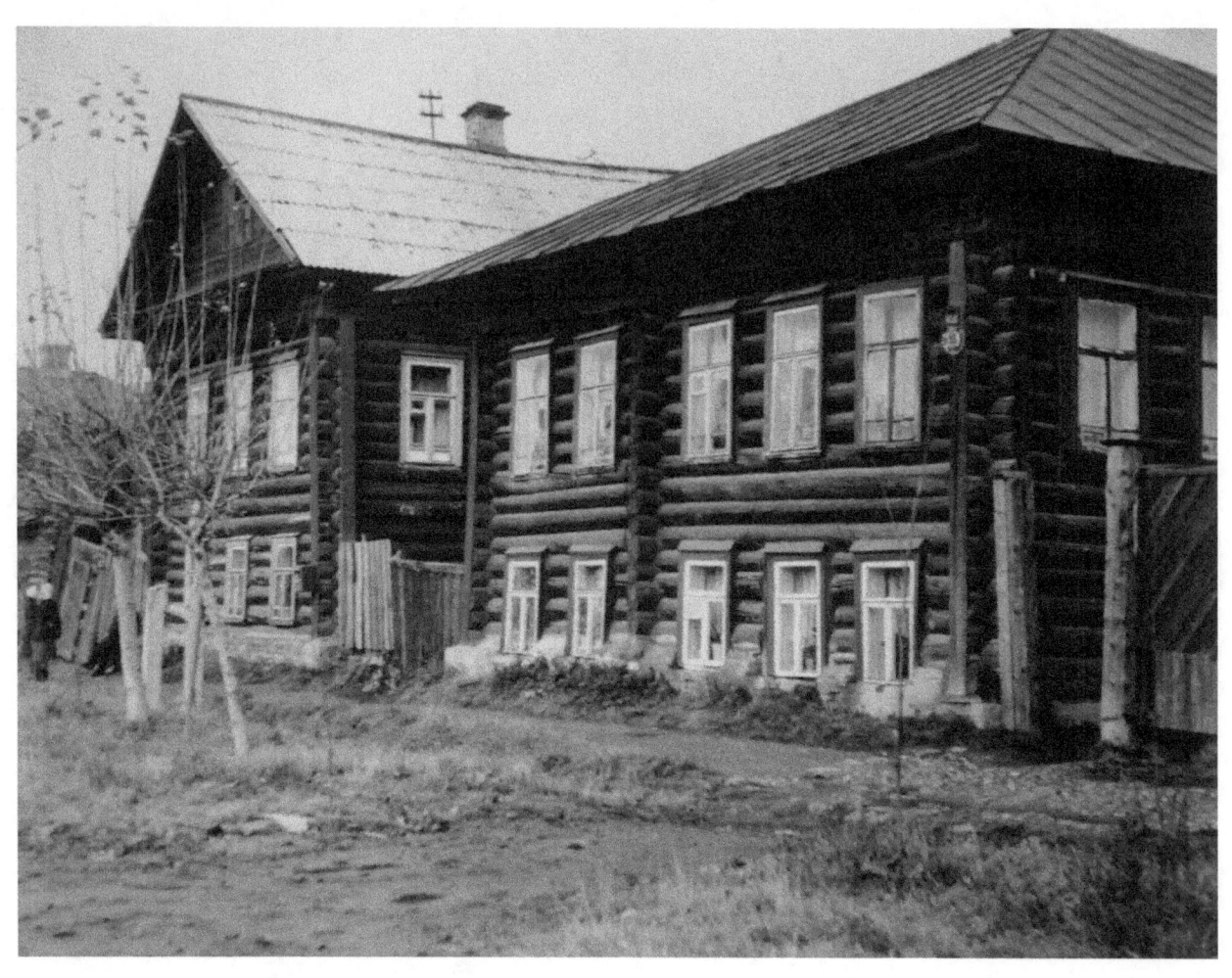

ВЫТЕГРА

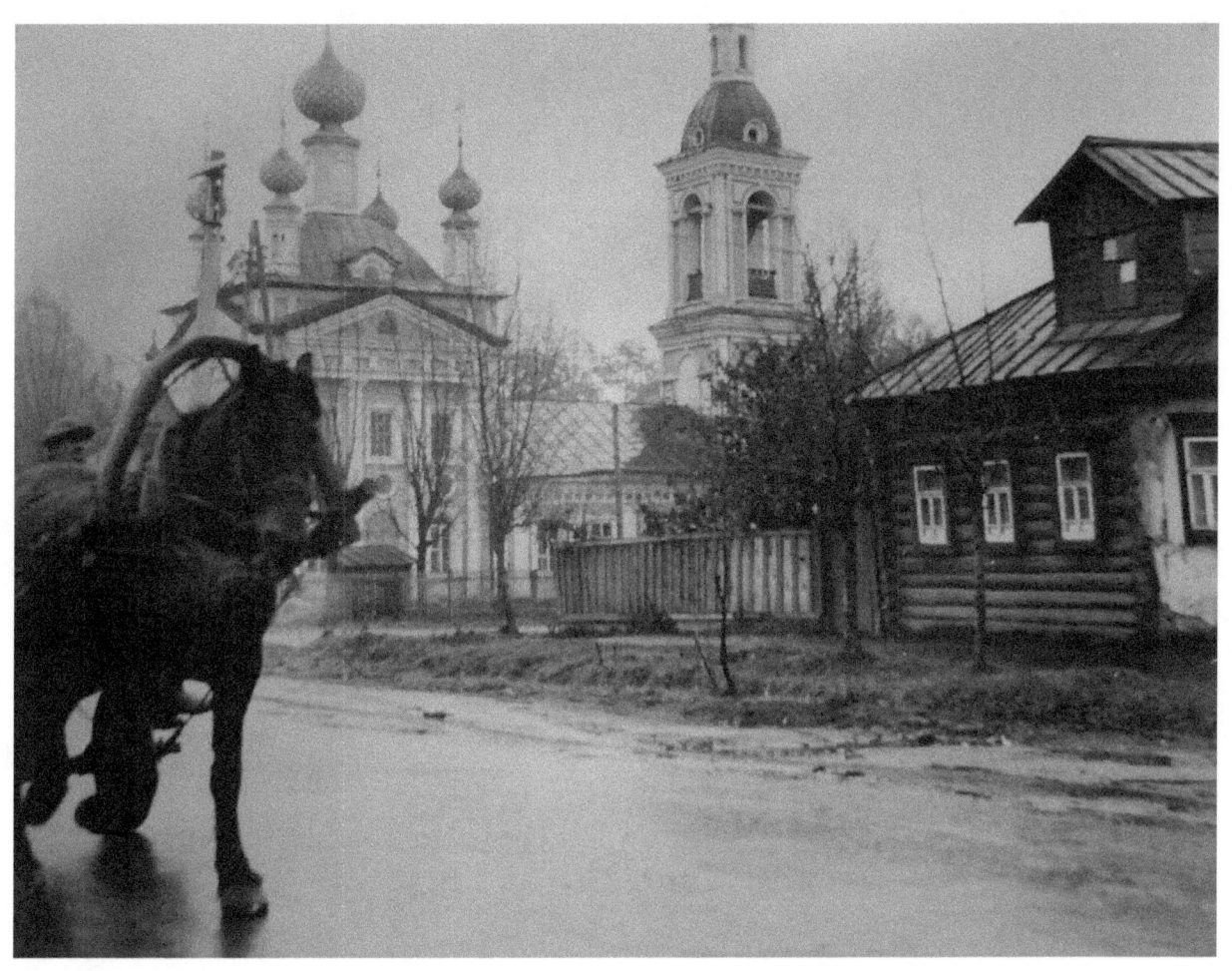

УГЛИЧ

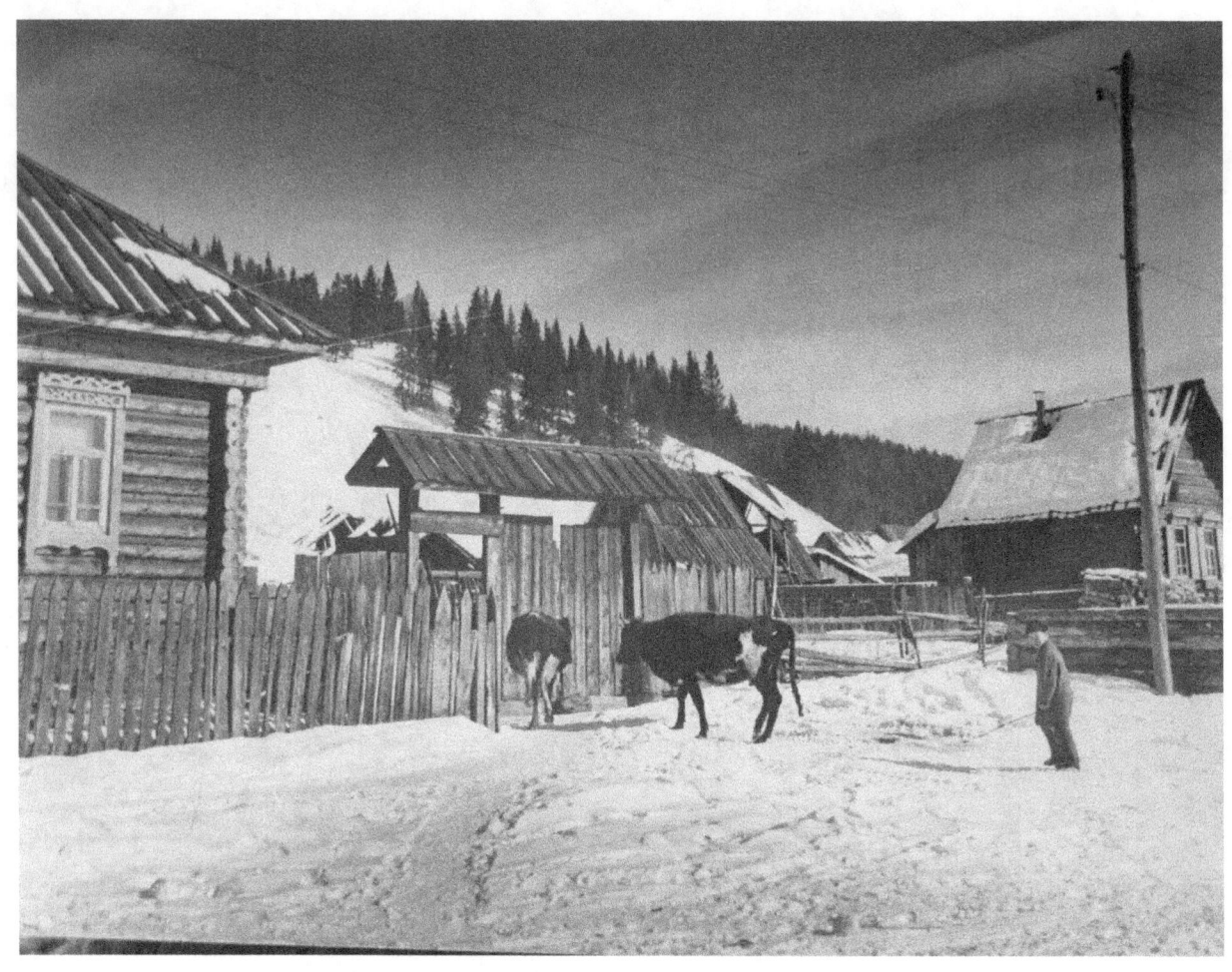

СИБИРЬ

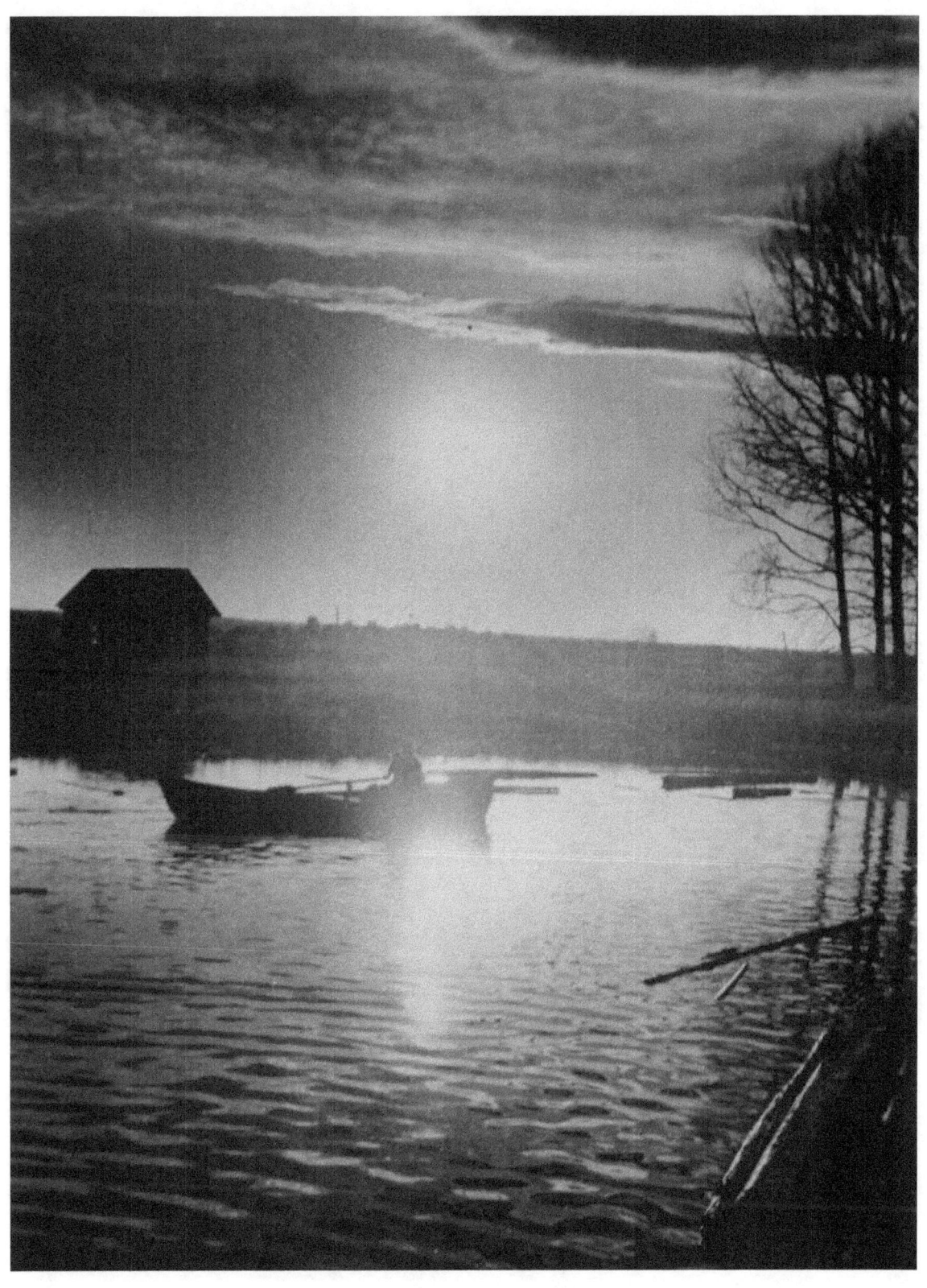

РЫБАЛКА

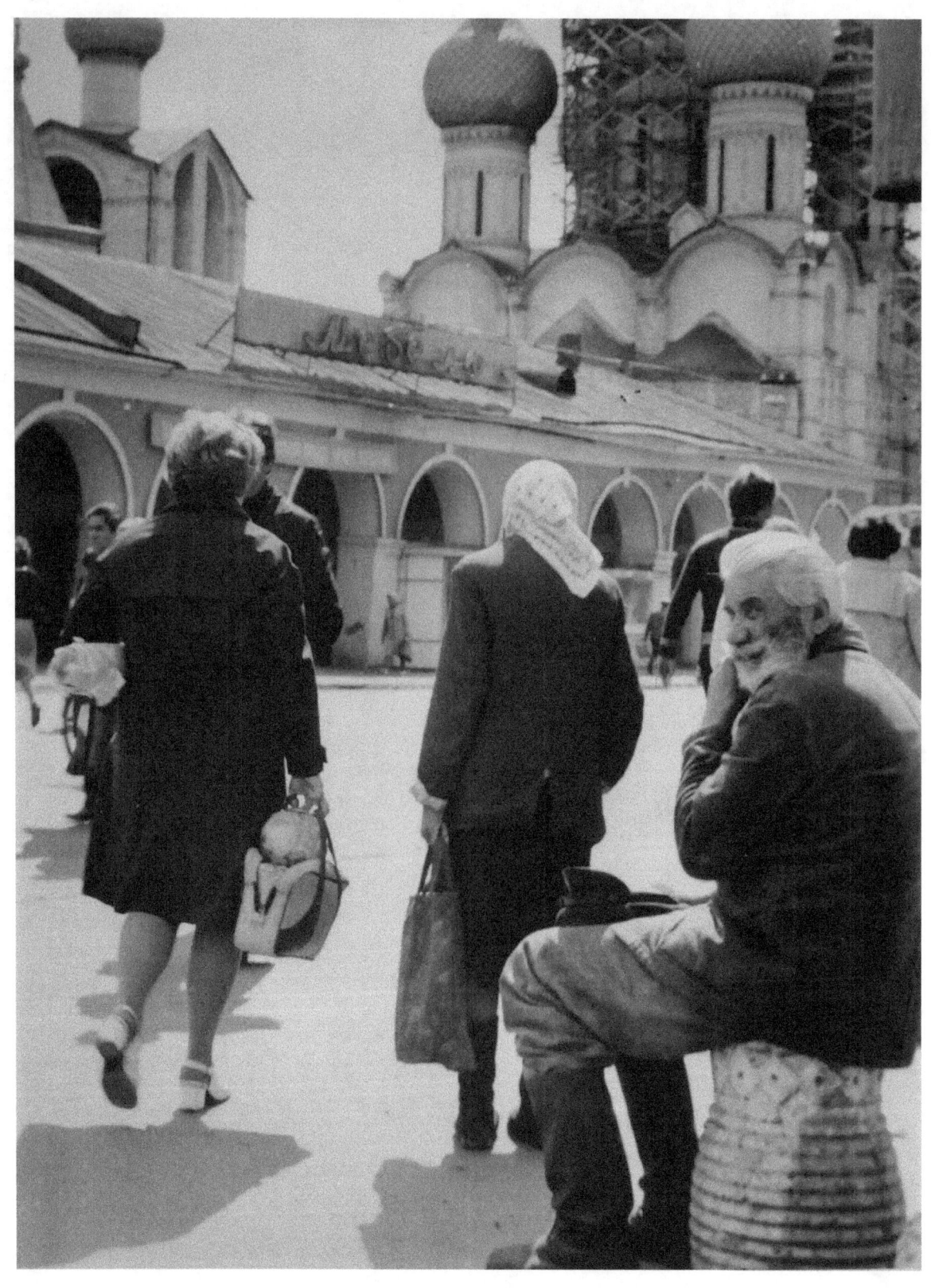

РОСТОВ ВЕЛИКИЙ

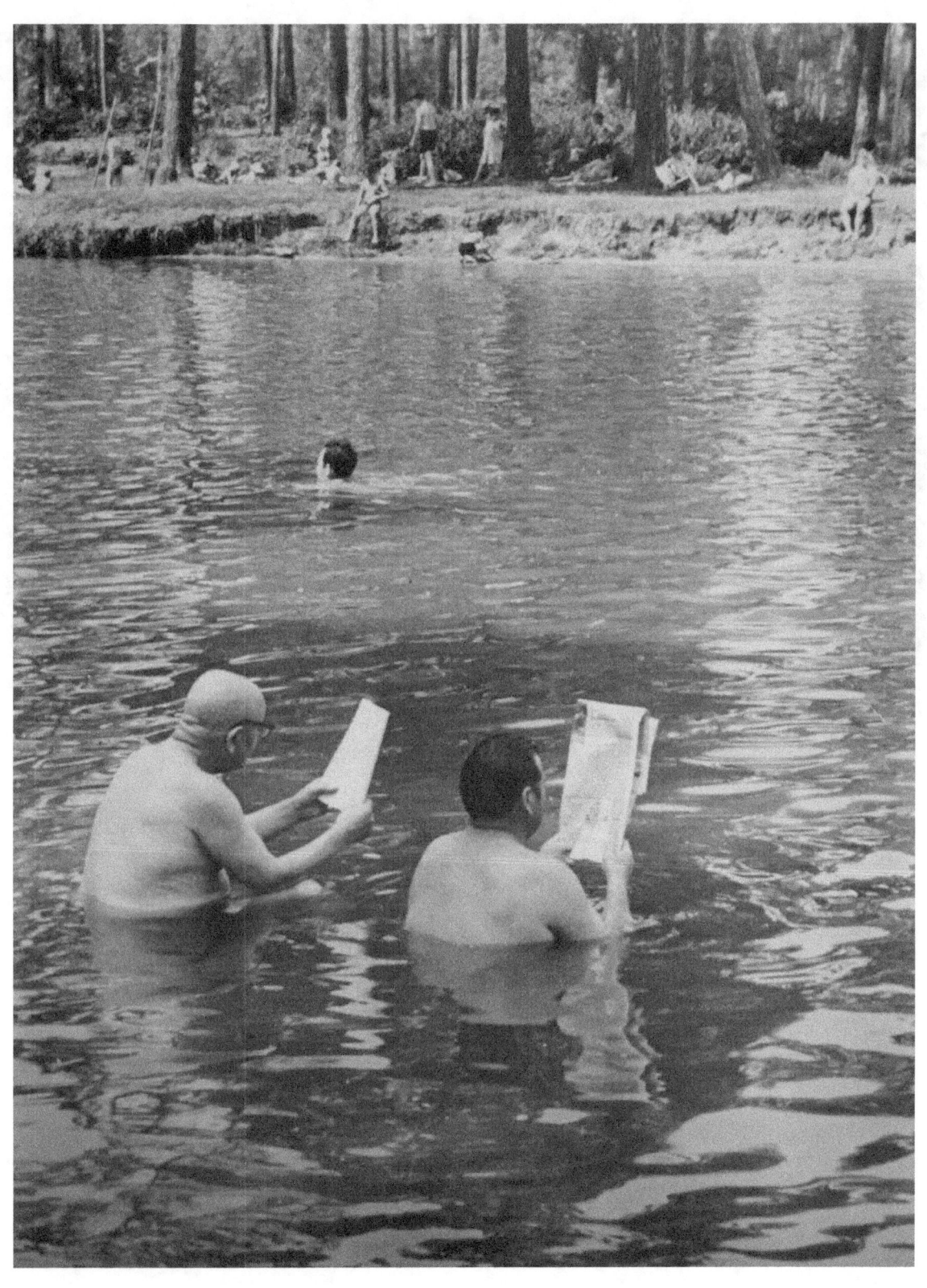

ЖАРКИЙ ДЕНЬ

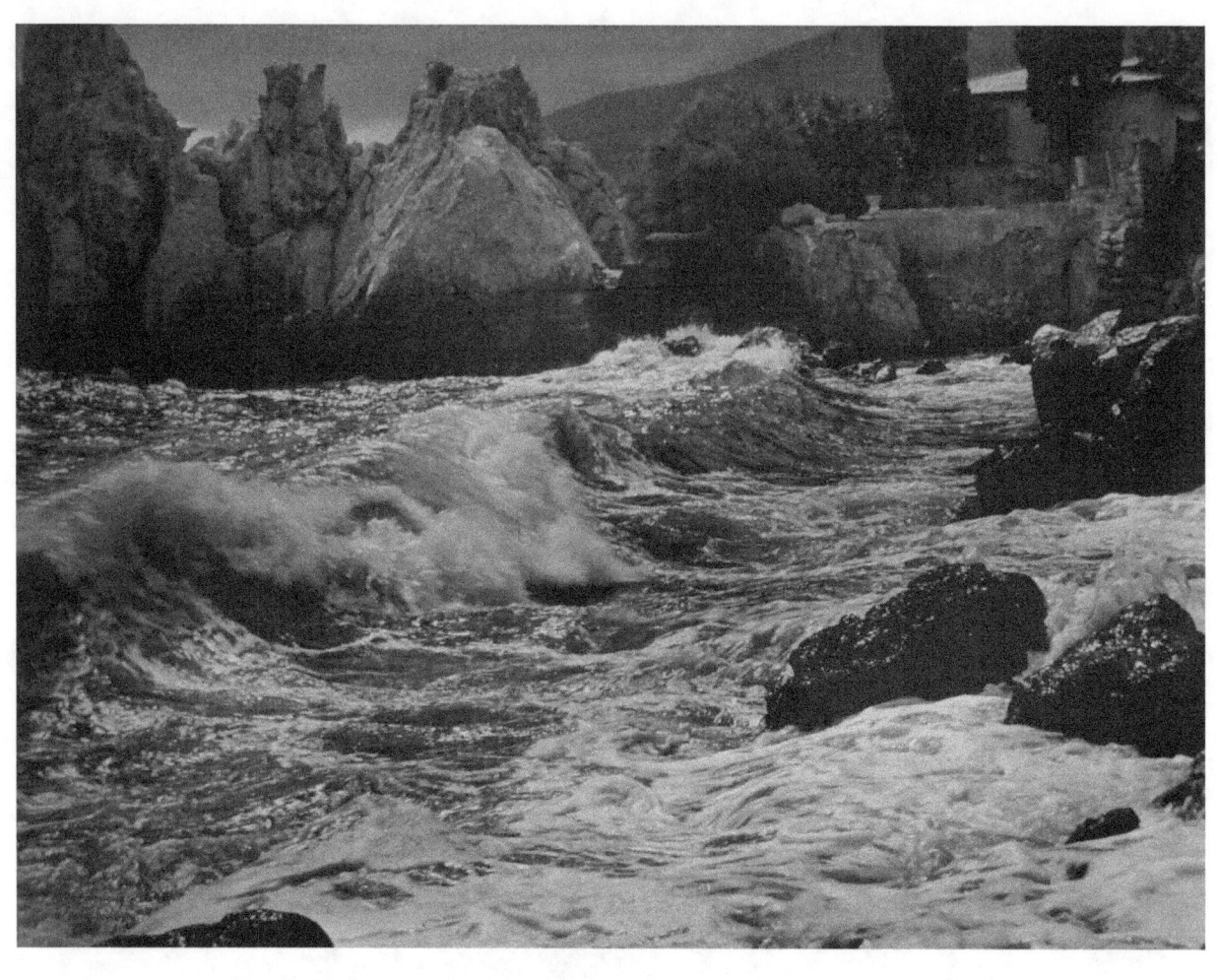

ДОМИК ЧЕХОВА В ГУРЗУФЕ

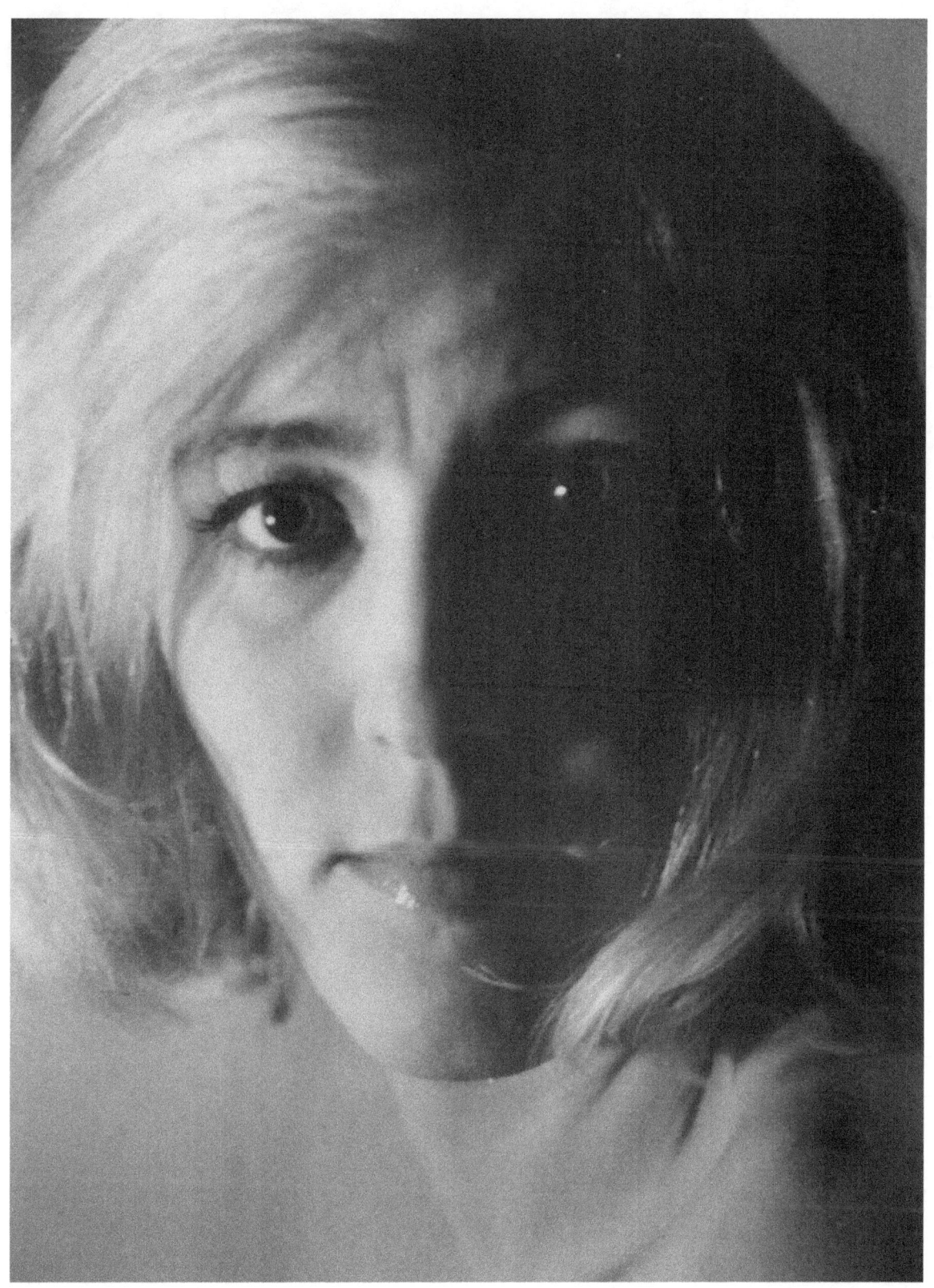

ЛИДА

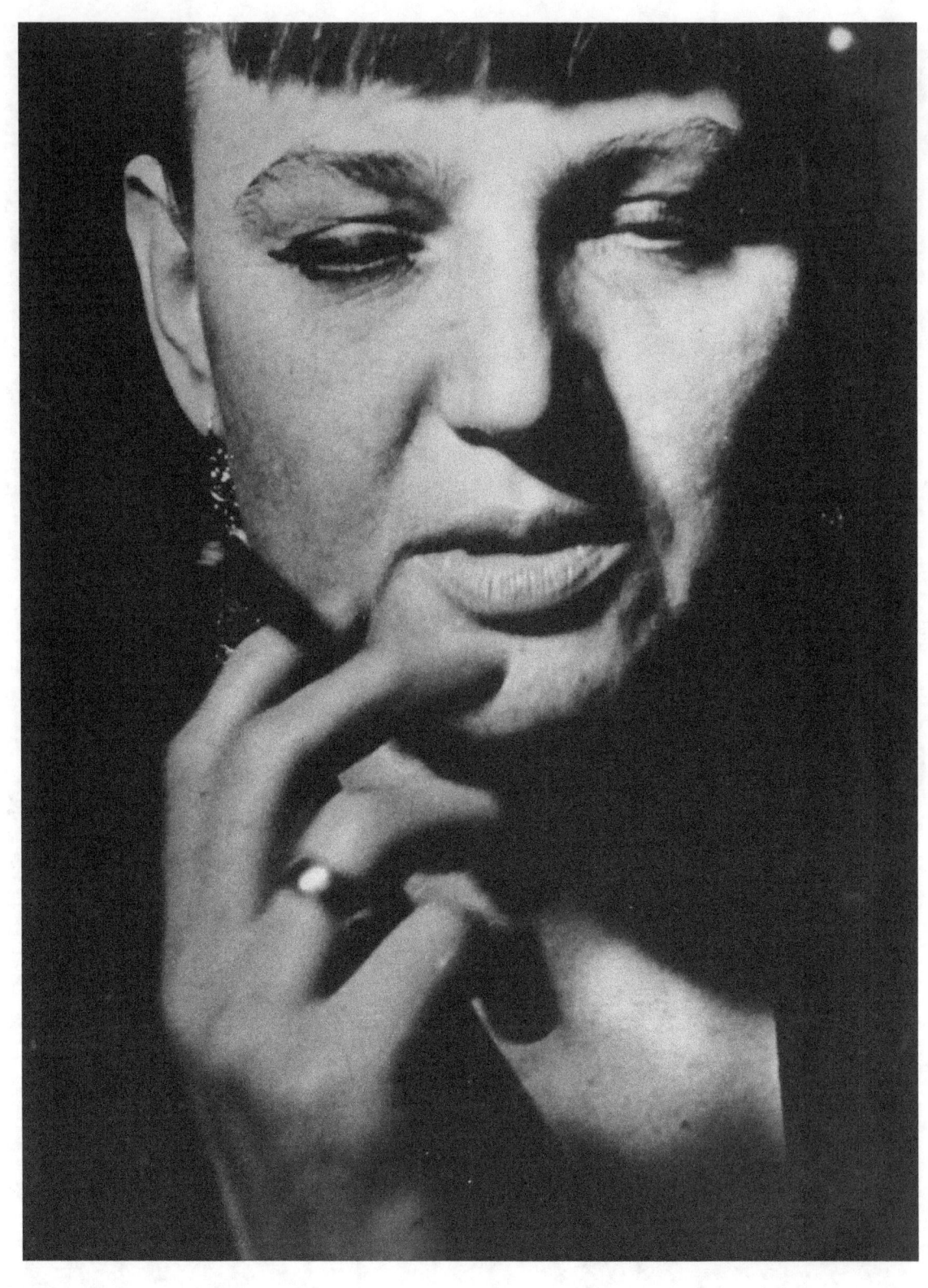

ПОРТРЕТ ХУДОЖНИЦЫ Л.А. КЛОДТ (1)

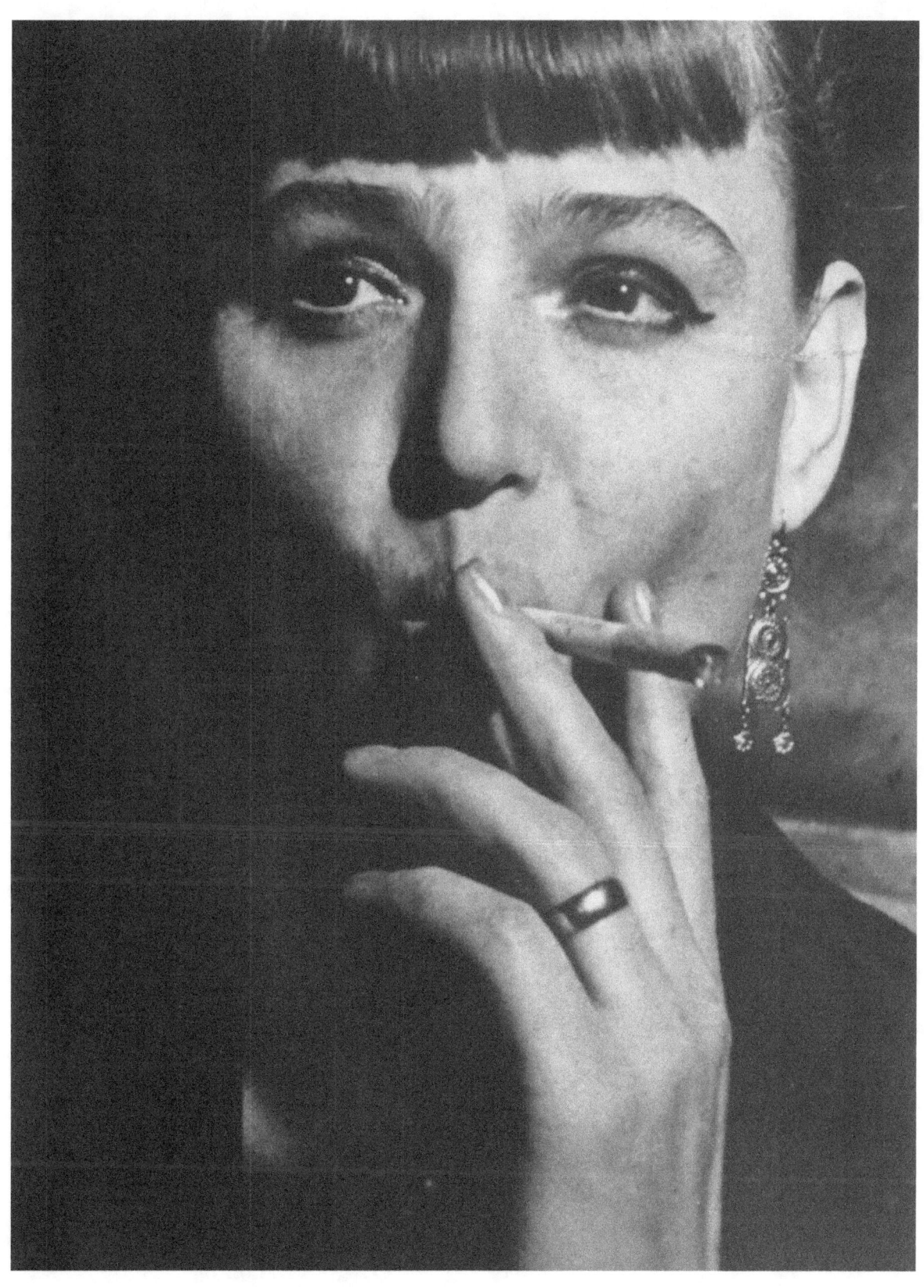

ПОРТРЕТ ХУДОЖНИЦЫ Л.А. КЛОДТ (2)

www.ingramcontent.com/pod-product-compliance
Lightning Source LLC
Chambersburg PA
CBHW080658190526
45169CB00006B/2169